新编日语
视听说教程

第二版

（下）

主　编　王　磊
副主编　黄　周　王永东
主　审　川野宏平　小西幹
摄　影　张　俊　沈家平

苏州大学出版社
Soochow University Press

图书在版编目(CIP)数据

新编日语视听说教程. 下 / 王磊主编. -- 2 版.
-- 苏州：苏州大学出版社，2024.7. -- ISBN 978-7-5672-
4886-1

Ⅰ. H369.9

中国国家版本馆 CIP 数据核字第 20249Q9M17 号

```
本书配套视频和练习参考答案可在苏州大学出版社网站
(http://www.sudapress.com)"教学资源下载"下载。
```

书　　名：新编日语视听说教程（下）（第二版）
　　　　　（XINBIAN RIYU SHITINGSHUO JIAOCHENG）（XIA）
　　　　　（DI-ER BAN）
主　　编：王　磊
责任编辑：金莉莉
装帧设计：刘　俊
出版发行：苏州大学出版社（Soochow University Press）
社　　址：苏州市十梓街 1 号　邮编：215006
网　　址：www.sudapress.com
E - mail：sdcbs@suda.edu.cn
印　　装：苏州工业园区美柯乐制版印务有限责任公司
邮购热线：0512-67480030　销售热线：0512-67481020
网店地址：https://szdxcbs.tmall.com/（天猫旗舰店）
开　　本：787mm×1092mm　1/16　印张：22（共两册）　字数：482 千
版　　次：2024 年 7 月第 2 版
印　　次：2024 年 7 月第 1 次印刷
书　　号：ISBN 978-7-5672-4886-1
定　　价：58.00 元（共两册）

凡购本社图书发现印装错误，请与本社联系调换。服务热线：0512-67481020

（下）

第 21 課	犯罪・事件	167
第 22 課	就職雇用	172
第 23 課	文芸	178
第 24 課	芸能ニュース	184
第 25 課	スポーツ	190
第 26 課	オリンピック・パラリンピック	195
第 27 課	政党・選挙	200
第 28 課	皇室	206
第 29 課	中日交流	212
第 30 課	日本外交	217
第 31 課	国際交流	222
第 32 課	海外事情	227
第 33 課	日本経済	232
第 34 課	世界経済	237
第 35 課	農業経済	242
第 36 課	経済政策	248
第 37 課	農業・農村1	253
第 38 課	農業・農村2	259
第 39 課	中国の声1	265
第 40 課	中国の声2	271

スクリプト …… 278

犯罪・事件

第 21 課

> **ガイダンス**
>
> 　この課では犯罪・事件に関する映像を見ながら、犯罪・事件に関する日本語の語彙や表現を学び、十分に聞き取ることや表現することができるようになることを目指します。
> 　犯罪について考える際、「何が罪とされているか」と「人はなぜその罪を犯すのか」の両面に注意することが必要です。前者にはその集団の価値観や規範が反映されますし、後者には個人や個人を取り巻く社会環境・時代状況が反映されます。
> 　したがって、この課の映像を視聴する際は「犯罪はよくない」という感想を述べるだけではなく、その犯罪が発生する社会状況や、その行為が犯罪としてみなされている時代背景などについて、自分なりの意見を持てるように意識して映像を見てみましょう。

ステップ1 ウォーミングアップ

次のキーワードで日本語の資料を調べ、関連知識、語彙を前もってインプットしてください。その後、調べた情報や知識を授業の初めにクラスメートに紹介してください。（毎回3、4人の学生に発表してもらう。）

キーワード

特殊詐欺、オレオレ詐欺、シムスワップ詐欺、刑法犯罪、偽ブランド時計

したがき　シート

 予備知識（ビデオを見る前に覚える単語リスト）

詐欺（さぎ）	①	诈骗，欺诈
警察庁（けいさつちょう）	④③	警察厅
オレオレ詐欺（オレオレさぎ）	⑤	我我欺诈（日本的一种电话诈骗）
架空（かくう）	⓪	虚构
請求（せいきゅう）	⓪	请求，要求；索取
手口（てぐち）	①	手法，手段
なりすます	④⓪	冒充
だまし取る（だましとる）	④	欺骗，诈骗，骗取
急増（きゅうぞう）	⓪	剧增，猛增，陡增，骤增
押し入る（おしいる）	③	强行闯入
逃走（とうそう）	⓪	逃跑

面識（めんしき）	⓪	互相见过面，相识
ツイッター	①②	X（原推特）
ツイート	⓪	在X上发消息
加担（かたん）	⓪	参与，支持
俯く（うつむく）	③⓪	低头
乗っ取る（のっとる）	③	侵占
シム	①	SIM卡，智能卡
スワップ	②	交换，互换
ターゲット	①	目标
フィッシング	①⓪	钓鱼
ネットバンキング	④	网上银行
根こそぎ（ねこそぎ）	⓪②	一点不留地，全部
リンク	①	链接
生体（せいたい）	⓪	生物，活体
セキュリティ	②	安全保障
刑法（けいほう）	①	刑法
窃盗（せっとう）	⓪	盗窃，偷盗
強盗（ごうとう）	⓪	抢劫，强盗
振り込む（ふりこむ）	③	（把钱）存入，汇入
検挙（けんきょ）	①	逮捕，拘留

ステップ2
視　聴

ビデオ①　「特殊詐欺」去年認知件数、7年連続で増加

内容確認：

ビデオを見て、正しい答えを一つ選んでください。

（　　）1.「特殊詐欺」の狙いは誰ですか。

　　　　A. 高齢者　　　　　　　　　B. 親族
　　　　C. 警察官　　　　　　　　　D. 金融関係職員

（　　）2.「オレオレ詐欺」で急増している手口は何ですか。
　　　A. 有料サイトの利用料金を請求する
　　　B. 警察官や金融関係職員になりすます
　　　C. 親族になりすます
　　　D. 高齢者になりすます

発展練習：
次の質問に自分の言葉で答えてください。
1.「特殊詐欺」によくある手口は何ですか。
2.「特殊詐欺」が増加する原因は何だと思いますか。

ビデオ②　闇バイトに手を染める

内容確認：
ビデオを見て、次の質問に答えてください。
1. 今月8日に、東京銀座の＿＿＿＿＿＿＿＿＿＿が押し入り、腕時計を奪い逃走したという事件が起こりました。
2. ＿＿＿＿＿＿＿＿＿＿とみて、警察が調べを進める中、互いに面識はないと話したことから、闇バイトではないかと疑われました。
3. 大学生が興味があると伝えると、＿＿＿＿＿＿＿＿＿＿が必要と言われ、大学生は個人情報を送ってしまいました。
4. 大学生は指示されるがまま＿＿＿＿＿＿＿＿＿＿を受け取り、引き出した金を男に渡しました。

発展練習：
次の質問に自分の言葉で答えてください。
1.「闇バイト」というのはどういうことですか。
2. 詐欺に遭わないようにするには、我々はどうすればいいと思いますか。

ビデオ③　スマートフォン乗っ取り

内容確認：
ビデオの内容と合っていれば○、違っていれば×をつけてください。
（　　）1. スマホ乗っ取りを通して、ターゲットの個人情報を取得して、免許証などの身分証を偽造することができます。
（　　）2. 金融犯罪に詳しい専門家によりますと、クレジットカードの不正利用という被害が一番多いです。

発展練習:
次の質問に自分の言葉で答えてください。
1. スマホ乗っ取りとはどういうものですか。
2. スマホを乗っ取られたら、何を気をつければいいですか。

ビデオ④　上半期　刑法犯罪の認知件数「戦後最少」に

内容確認:
ビデオを見て、下線に適当な言葉を書いてください。

今年上半期に起きた刑法犯罪の認知件数が、39万件余りと＿＿(1)＿＿となっていることが分かりました。

＿＿(2)＿＿によりますと、今年上半期の刑法犯罪の認知件数は、およそ＿＿(3)＿＿で、戦後最少だった＿＿(4)＿＿をさらに下回りました。

全体の7割以上を占める窃盗の認知件数が、去年の同じ時期に比べ＿＿(5)＿＿、重要犯罪の殺人や強盗はわずかに増えました。

振り込め詐欺の認知件数は、2012年以降＿＿(6)＿＿にありましたが、今年上半期は、依然、＿＿(7)＿＿ではあるものの去年の同じ時期と比べると＿＿(8)＿＿しました。

一方で、振り込め詐欺の検挙者の数は1266人と増加していて、中でも＿＿(9)＿＿が去年の同じ時期に比べ2倍以上に急増し、検挙者全体の＿＿(10)＿＿を占めているということです。

発展練習:
次の質問に自分の言葉で答えてください。
1. 今年上半期に起きた刑法犯罪の認知件数の概要を述べてください。
2. 振り込め詐欺における少年の検挙人数急増について、あなたの意見を発表してください。

ステップ3　宿題

1. ビデオ⑤を視聴した後、グループに分かれて自分たちでテーマを設定し、それについてディスカッションしてください。
2. 4つのビデオの内容を自分の言葉で要約し、録音して担当の先生に提出してください。
3. 次の課のステップ1の準備をして次の授業で発表してください。

就職雇用

第22課

ガイダンス

　この課では就職雇用に関する映像を見ながら、就職雇用に関する日本語の語彙や表現を学び、十分に聞き取ることや表現することができるようになることを目指します。

　現在の日本は少子化の影響もあり、これまで65歳とされてきた定年を延長しようとする動きが出てきていて、就職雇用問題は若者の求職者や働き盛り世代だけの問題ではなくなっています。また、労働力不足を解決するために、外国からの労働者を積極的に受け入れようとする動きが加速しています。

　映像を見ながら、現状を知ることはもちろん、日本の就職雇用において今後どのような変化が登場し、いかなる問題が予想できるか、自分の視点で考えてみてください。

就職雇用　第22課

ステップ1 ウォーミングアップ

次のキーワードで日本語の資料を調べ、関連知識、語彙を前もってインプットしてください。その後、調べた情報や知識を授業の初めにクラスメートに紹介してください。（毎回3、4人の学生に発表してもらう。）

キーワード

ガクチカ問題、継続雇用年齢、就活、外国人労働者、在留資格、不法滞在

したがき　シート

　予備知識（ビデオを見る前に覚える単語リスト）

就活（しゅうかつ）	⓪	（「就職活動」的省略）就業活動
サークル	⓪	社団
部活（ぶかつ）	⓪	（「部活動」的省略）棒球、美術等倶楽部的活動
PR（ピーアール）	③	宣伝
起立性調節障害（きりつせいちょうせつしょうがい）	⑩	直立性调节障碍
自律神経（じりつしんけい）	④	自主神经（系统）
コロナ禍（コロナか）	③	新冠病毒造成的充满危机、灾难性的状况
エントリーシート	⑥	报名表
血豆（ちまめ）	⓪	血疱

173

レギュラー	①	正式选手
翻弄（ほんろう）	⓪	捉弄，摆布
全世代型（ぜんせだいがた）	①+⓪	全世代型
新卒（しんそつ）	⓪	新毕业（的人）
一括（いっかつ）	⓪	一揽子；合并，总括
キャッシュレス	①	不使用现金，无现金
ブース	①	展位
ネイル	①	美甲
あの手この手（あのてこのて）	③	想方设法
決め台詞（きめぜりふ）	③	决定性台词
キャッチ	①	抓住
ニューノーマル	③	新常态
プレゼン	②⓪	（「プレゼンテーション」的省略）策划；演讲，发表
会見（かいけん）	⓪	招待会
強制（きょうせい）	⓪	强行，强制
退去（たいきょ）	①	出境，离开
身柄（みがら）	⓪	本人
引き取る（ひきとる）	③	领回
除外（じょがい）	⓪	不在此限
乱発（らんぱつ）	⓪	滥发，乱发

ステップ2
視　聴

ビデオ① 就活生悩む「ガクチカ」問題

内容確認：
ビデオを見て、正しい答えを一つ選んでください。
（　　）1. 加藤七海さんについて、正しくないのは次のどれですか。
　　　　A. 就活の悩みは「ガクチカ」をどう書くかわからないことです。

B. 仕事を探す傍ら、上海留学も計画しています。
　　　C. 医薬品関連会社への就職を目指しています。
　　　D. 中学3年間、起立性調節障害に苦しんでいました。
（　　）2. 就職支援事業を行う会社は、学生側に「ガクチカ」について、どのようにすればいいと話していますか。
　　　A. 大学時代に頑張ったという経験を書けばいいです。
　　　B. 大学以外の自分自身が一番輝いた瞬間を書き留めてもいいです。
　　　C. 大学時代に無理くりっていうことではなくてもいいです。
　　　D. 企業のことをこれだけ調べましたという熱意が伝わればいいです。

発展練習：
次の質問に自分の言葉で答えてください。
1. もしあなたが「ガクチカ」を書くなら、どう書きますか。
2. 新美峻也さんの面接結果はどうなると思いますか。その理由も述べてください。

ビデオ② 継続雇用年齢65歳以上への引き上げ検討へ

内容確認：
ビデオの内容と合うように、次の文を完成させてください。
1. 安倍内閣の最大チャレンジで＿＿＿＿＿＿＿＿＿＿＿＿＿＿＿です。
2. 新たな成長戦略では＿＿＿＿＿＿＿＿＿＿＿＿＿＿＿という雇用制度を検討しました。
3. 全世代型社会保障改革は継続雇用年齢の65歳以上への引き上げや＿＿＿＿＿＿＿＿＿＿＿＿＿＿＿＿＿＿＿＿などを含めています。
4. 生活習慣病の予防に取り組む、健康保険組合などの保険者への支援を強化するのは＿＿＿＿＿＿＿＿＿＿＿＿＿＿＿ためです。

発展練習：
次の質問に自分の言葉で答えてください。
1. 日本政府の継続雇用年齢65歳以上への引き上げについて、あなたはどう思いますか。
2. 日本政府の雇用制度改革や社会保障改革は中国にとってどのような参考となるか、あなたの意見を発表してください。

ビデオ③ 就職売り手市場で

内容確認：
ビデオの内容と合っていれば〇、違っていれば×をつけてください。
（　　）1. 採用活動が厳しくなると見込む中、企業はあの手この手で学生たちに宣

伝し、決め台詞で学生の心をキャッチしようとしています。
（　　）2．時代の変化が激しいので、親が知らない企業が増えているようです。

発展練習：
次の質問に自分の言葉で答えてください。
1．企業側はなぜ「オヤカク」に力を入れているのですか。
2．就職するとき、あなたは仕事の内容（専門が合うかどうか）、給料、勤め先、家賃補助、有給休暇の有無や額、将来性などについて、どういう順番で考えますか。また、なぜですか。

ビデオ④　外国人労働者受け入れ　一部制約を検討

内容確認：
ビデオを見て、下線に適当な言葉を書いてください。
　政府は＿＿（1）＿＿、外国人労働者の受け入れ拡大のための＿＿（2）＿＿の導入を目指していますが、＿＿（3）＿＿などの増加を防ぐため、受け入れに一部、＿＿（4）＿＿方向で検討していることが分かりました。
　「外国人材の受け入れに際して、不法滞在者の増加につながらないよう、そうした＿＿（5）＿＿が必要であるというふうに思っています。」（菅官房長官）
　菅官房長官は＿＿（6）＿＿でこのような見解を示した上で、「日本から＿＿（7）＿＿となった外国人の身柄を引き取らない国について、受け入れ対象から除外するということも検討課題の一つになっている」と述べました。
　政府はこの他、＿＿（8）＿＿申請を乱発する国や不法滞在者が多い国には新たな在留資格を与えるかどうか、より厳重に＿＿（9）＿＿ことなども検討しています。
　こうした検討を踏まえて、政府は臨時国会に＿＿（10）＿＿改正案を提出する方針です。

発展練習：
次の質問に自分の言葉で答えてください。
1．日本政府の外国人労働者の受け入れに一部制約を設けるやり方について、あなたはどう思いますか。
2．（中国あるいは日本の）外国人材の受け入れ政策に対してどんな提言がありますか。

ステップ3
宿　題

1. ビデオ⑤を視聴した後、グループに分かれて自分たちでテーマを設定し、それについてディスカッションしてください。

2. 4つのビデオの内容を自分の言葉で要約し、録音して担当の先生に提出してください。

3. 次の課のステップ1の準備をして次の授業で発表してください。

文芸

第23課

ガイダンス

　この課では文芸に関する映像を見ながら、文芸に関する日本語の語彙や表現を学び、十分に聞き取ることや表現することができるようになることを目指します。

　この課で扱っている映像では、文芸作品を執筆した作者にインタビューしたり、作者や作品について紹介したりしています。それぞれの作品が執筆されるにあたって、どのような思いや背景があったのか、映像を見ながら探ってみましょう。

　また、文芸について深く理解するためには、単に知識を覚えるだけではなく、実際に自分で読んで感じたことや思ったことを自分の言葉に置き換える作業が必要です。この課に登場する文学者や文芸作品に興味を持ったならば、ぜひ自分で作品を読んで、思ったり、感じたり、考えたりしたことを自分の言葉にしてみてください。

文芸　第23課

ステップ1　ウォーミングアップ

次のキーワードで日本語の資料を調べ、関連知識、語彙を前もってインプットしてください。その後、調べた情報や知識を授業の初めにクラスメートに紹介してください。（毎回3、4人の学生に発表してもらう。）

キーワード

ノーベル賞、芥川賞、直木賞、モチーフ

したがき　シート

　予備知識（ビデオを見る前に覚える単語リスト）

ノミネート	③	提名，推荐为候选人
ニムロッド	①	猎人号 Nimrod
ビットコイン	④	比特币
プロボクサー	③	职业拳手
がむしゃら	⓪	冒失，莽撞，蛮干
贈呈（ぞうてい）	⓪	赠送
肥後（ひご）	①	肥后（古国名，今熊本县）
狂句（きょうく）	①	狂句
ファンタジー	①	幻想性；幻想
幻影（げんえい）	⓪	幻影

179

新编日语视听说教程

黄昏（たそがれ）	⓪	黄昏
ノンフィクション	③	纪实文学
自筆（じひつ）	⓪	亲笔
寄贈（きぞう）	⓪	捐赠，赠与
勝る（まさる）	②⓪	胜过
書斎（しょさい）	⓪	书斋，书房
倒幕（とうばく）	⓪	倒幕
誕生（たんじょう）	⓪	诞生
ギャラリー	①	长廊，画廊
教鞭（きょうべん）	⓪	教鞭
執筆（しっぴつ）	⓪	执笔，写作，撰稿
境目（さかいめ）	④⓪	交界线；关键
ヴィクトリア	③	维多利亚
沿道（えんどう）	⓪	沿道，沿途
比類（ひるい）	⓪	类比，匹敌

ステップ2
視　聴

ビデオ①　芥川賞に上田岳弘さん・町屋良平さん、直木賞は真藤順丈さん

内容確認：

ビデオを見て、正しい答えを一つ選んでください。

（　　）1. 芥川賞の受賞作品は次のどれですか。
　　　　A.『ニムロッド』と『宝島』
　　　　B.『ビットコイン』と『宝島』
　　　　C.『ニムロッド』と『1R1分34秒』
　　　　D.『ビットコイン』と『1R1分34秒』

（　　）2. ビデオの内容と合っていないものはどれですか。
　　　　A. 町屋良平さんは5回のノミネートで受賞した

B.『1R1分34秒』は21歳のプロボクサーが主人公の青春小説だ
　　C.『ニムロッド』は、仮想通貨を題材にした物語だ
　　D.『宝島』は第二次世界大戦後の沖縄を舞台にした作品だ

発展練習：
次の質問に自分の言葉で答えてください。
1. 芥川賞と直木賞の違いについて話してください。
2. 近年、両賞が若手作家の登竜門のような存在と見なされる傾向が強いですが、そのような現象をどう思いますか。

ビデオ②　熊本県民文芸賞　授賞式

内容確認：
ビデオの内容と合うように、次の文を完成させてください。
1. ＿＿＿＿＿＿＿＿＿＿＿熊本県民文芸賞の授賞式が行われました。
2. 原誠也さんの作品『残映』は、＿＿＿＿＿＿＿＿＿＿＿ファンタジーです。
3. 現実と幻影を織り交ぜながら＿＿＿＿＿＿＿＿＿＿＿点が評価されました。
4. 主催した団体によりますと、今年は＿＿＿＿＿＿＿＿＿＿＿応募が増えました。

発展練習：
次の質問に自分の言葉で答えてください。
1. ビデオの中で紹介された『残映』という小説のあらすじについて説明してください。
2. 高齢者が創作に携わり、文学賞に応募することについてどう思いますか。

ビデオ③　村上春樹さん　国内で37年ぶりの会見

内容確認：
ビデオの内容と合っていれば○、違っていれば×をつけてください。
（　　）1. 早稲田大学は寄贈されたものを活用し、村上文学の展示館をつくります。
（　　）2. 村上春樹が寄贈するものは、自筆の原稿や資料、愛読の本などです。

発展練習：
次の質問に自分の言葉で答えてください。
1. ビデオの内容によると、村上春樹は何を望んで寄贈したのですか。
2. 村上春樹の作品は中国でも広く読まれていますが、中国の村上現象について意見を述べてください。

ビデオ④　明治の文豪、夏目漱石

内容確認：

ビデオを見て、下線に適当な言葉を書いてください。

明治の文豪、夏目漱石。日本人なら、この名を知らない人はいないでしょう。

しかし、この文豪が、新宿の地で生まれ、新宿で＿＿(1)＿＿ことは、あまり知られていません。

夏目漱石は、1867年（慶応3年2月9日）、徳川幕府倒幕の1年ほど前、牛込馬場下横町、現在の新宿区喜久井町に誕生しました。

漱石生誕140年を記念して開かれた「漱石ギャラリー」。

漱石は、東京帝国大学卒業後、松山や熊本で教師を務め、33歳の時イギリスへ留学。帰国して東京帝国大学などで＿＿(2)＿＿、『吾輩は猫である』を雑誌『ホトトギス』に発表、これが評判になり『坊ちゃん』などを執筆。40歳の時、朝日新聞社に入社し、小説家夏目漱石としての＿＿(3)＿＿を開始します。

数々の名作を＿＿(4)＿＿夏目漱石とは、どのような人物だったのでしょう。

「彼がイギリスに留学したことが、やはりたいへん大きいと思います。ちょうどあの時は、あー、＿＿(5)＿＿で、ヴィクトリア女王という大英帝国を体現した女王が亡くなった時に、彼はその葬式に行って、それを見ております。えー、沿道から見ておるわけですけども、つまり、えー、ひとりの人物、ひとりの王様を、王女様ですが、なくなるということと、それから時代が大きく変わるということを＿＿(6)＿＿見た。この辺が彼の明治の、あるいは明治天皇への見方、えー、時代を見る目、そういうものを、私は、養ったと言いましょうか、＿＿(7)＿＿のではないかと思います。そういう意味での、その、ただ＿＿(8)＿＿ではなく、同時に＿＿(9)＿＿である、ということを私はたいへん強く惹かれました。」　（牧村健一郎）

新宿で生まれ、新宿でこの世を去った夏目漱石。この国民的作家が生んだ＿＿(10)＿＿は、これからも数えきれない人々の人生に、深い感銘を残していくことでしょう。

発展練習：

次の質問に自分の言葉で答えてください。

1. ビデオの内容によると、イギリス留学のどのような経験が漱石に大きな影響を与えましたか。
2. 今まで読んだ漱石の作品を例に挙げながら、感想を述べてください。（読んだことのない学生は漱石、またその作品への印象を述べてください。）

ステップ3
宿　題

　1．ビデオ⑤を視聴した後、グループに分かれて自分たちでテーマを設定し、それについてディスカッションしてください。

　2．4つのビデオの内容を自分の言葉で要約し、録音して担当の先生に提出してください。

　3．次の課のステップ1の準備をして次の授業で発表してください。

芸能ニュース

第24課

> **ガイダンス**

　この課では芸能ニュースに関する映像を見ながら、芸能ニュースに関する日本語の語彙や表現を学び、十分に聞き取ることや表現することができるようになることを目指します。

　この課では、映画やドラマと、その制作に関わった人々に関する映像を中心に扱っています。私たちが普段慣れ親しんでいる映画やドラマ、その制作背景には、どのような人々のいかなる思いが存在しているのでしょうか。

　作品や制作活動について作り手や出演者が自ら語る言葉の意味を、ただ単に日本語の意味を追うだけでなく、「この人は作品を通して何を伝えようとしたのか」「自分はこの人から何を受け取ることができるのか」などと自問自答しながら、豊かに捉え、理解してみましょう。

芸能ニュース　第24課

ステップ1 ウォーミングアップ

次のキーワードで日本語の資料を調べ、関連知識、語彙を前もってインプットしてください。その後、調べた情報や知識を授業の初めにクラスメートに紹介してください。（毎回3、4人の学生に発表してもらう。）

キーワード
アカデミー賞、ハリウッド、オーディオドラマ

したがき　シート

予備知識（ビデオを見る前に覚える単語リスト）

日本語	アクセント	中国語
アカデミー賞（アカデミーしょう）	④	奥斯卡金像奖
報道陣（ほうどうじん）	③	报道阵容
ロサンゼルス	④	洛杉矶
激励（げきれい）	⓪	激励，鼓舞，鼓励
ウィンストン・チャーチル	⓪+①	温斯顿・丘吉尔
ヒトラー	①②	希特勒
メーク	①	化妆
手がける（てがける）	③	亲自动手，亲手做
メイクアップ・ヘアスタイリング	④+④	化妆与发型设计
アニメーター	③	卡通作家
ストップモーション	⑤	瞬间静止镜头

185

コミュニティー	②	団体，共同体
被爆（ひばく）	⓪	被炸；遭受（原子弾、氢弾等）轰炸
調律師（ちょうりつし）	④	调律师
ルーツ	①	根本，起源
意気込み（いきごみ）	⓪③	干劲，热情
クランクイン	④⑤	开始摄影
おくりびと	③	入殓师，送行人
オファー	①	提供；提案；报价
メガホン	①	喇叭筒，传声筒；导演（用「メガホンをとる」的形式）
絆（きずな）	⓪①	纽带
起用（きよう）	⓪	起用，任用
ハリウッド	①	好莱坞
顔負け（かおまけ）	⓪	相形见绌，逊色
秘める（ひめる）	②	隐藏，隐瞒
ゆりかご	⓪	摇篮
ヒロイン	②	女主角
手探り（てさぐり）	②	摸索；试探
ヒューマニズム	④	人道主义，人文主义
ドキュメンタリー	③	纪录片
手話（しゅわ）	①	手语
聴覚障害（ちょうかくしょうがい）	⑤	听觉障碍
ディレクター	②	导演；指挥
ナレーション	②	解说，解说词
音色（ねいろ）	⓪	音色
オーディオドラマ	⑤	广播剧
風船（ふうせん）	⓪	气球

芸能ニュース 第24課

ステップ2
視　聴

ビデオ①　アカデミー賞発表へ…ノミネート日本人語る

内容確認：
ビデオを見て、正しい答えを一つ選んでください。
（　　）1. 辻一弘さんはどの作品、もしくは部門でノミネートされましたか。
　　　　A. 長編アニメ賞
　　　　B. メイクアップ・ヘアスタイリング賞
　　　　C. ネガティブ・スペース
　　　　D. 短編アニメ賞
（　　）2. 桑畑かほるさんはどの作品、もしくは部門でノミネートされましたか。
　　　　A. ウィンストン・チャーチル/ヒトラーから世界を救った男
　　　　B. メイクアップ・ヘアスタイリング賞
　　　　C. 長編アニメ賞
　　　　D. 短編アニメ賞

発展練習：
次の質問に自分の言葉で答えてください。
1. アカデミー賞を受賞した日本の映画は何がありますか。
2. 今まで見た日本の映画を一つ紹介してください。

ビデオ②　映画『おかあさんの被爆ピアノ』製作発表

内容確認：
ビデオの内容と合うように、次の文を完成させてください。
1. 映画は原爆から奇跡的に焼け残った『おかあさんの被爆ピアノ』を修復し、＿＿＿＿＿を開く調律師の矢川光則さんをモデルにしています。
2. この後出演者たちは湯崎知事を訪ね＿＿＿＿＿＿を語りました。

発展練習：
次の質問に自分の言葉で答えてください。
1. ビデオによると、映画『おかあさんの被爆ピアノ』はどんな内容ですか。
2. 広島についてあなたの知っていることを紹介してください。

187

ビデオ③　『おくりびと』滝田監督が中国で映画を製作

内容確認：

ビデオの内容と合っていれば〇、違っていれば×をつけてください。

（　　）1. 滝田洋二郎監督がメガホンを取るこの映画は中国人向けの映画です。

（　　）2. 滝田洋二郎監督がメガホンを取るこの映画は最新のCGを使ったファンタジーやアクションとして評価されています。

発展練習：

次の質問に自分の言葉で答えてください。
1. なぜ中国映画に滝田監督が起用されたのですか。
2. 中日の映画交流は両国の新たな関係を築く中でどんな役割を果たすでしょうか。

ビデオ④　文化庁芸術祭　大賞に『透明なゆりかご』などNHKの2作品

内容確認：

ビデオを見て、下線に適当な言葉を書いてください。

命ってなんだろう。

このうち、テレビ・ドラマ部門ではNHKのドラマ10『透明なゆりかご』が大賞に選ばれました。

　町の小さな＿＿(1)＿＿を舞台に、清原果耶さん演じる＿＿(2)＿＿を通して命とは何かを問いかけた内容で、若い世代の院長や看護師らが手探りで＿＿(3)＿＿に迫る姿を誠実に描いたとして評価されました。

　また、テレビ・ドキュメンタリー部門ではETV特集『静かで、にぎやかな世界手話で生きる子どもたち』が大賞に選ばれました。

　聴覚障害のあるディレクターが授業のすべてが＿＿(4)＿＿に密着し、＿＿(5)＿＿な子どもたちの生き生きとした日常と、＿＿(6)＿＿の双方を＿＿(7)＿＿を使わずに制作した点が評価されました。

　このほか、＿＿(8)＿＿部門では『長崎　祈りの音色』、ラジオ・ドラマ部門では特集オーディオドラマ『73年前の紙風船』がそれぞれ優秀賞に、放送個人賞にドラマ10『女子的生活』の主演・志尊淳さんが選ばれました。

発展練習：

次の質問に自分の言葉で答えてください。
1. 今まで見た日本のテレビドラマを一つ紹介してください。
2. あなたはテレビを見ますか。どんな番組を見ますか。

ステップ3
宿　題

　1．ビデオ⑤を視聴した後、グループに分かれて自分たちでテーマを設定し、それについてディスカッションしてください。

　2．4つのビデオの内容を自分の言葉で要約し、録音して担当の先生に提出してください。

　3．次の課のステップ1の準備をして次の授業で発表してください。

スポーツ

第 **25** 課

> **ガイダンス**
>
> 　この課ではスポーツに関する映像を見ながら、スポーツに関する日本語の語彙や表現を学び、十分に聞き取ることや表現することができるようになることを目指します。
> 　この課で扱われている映像は、単なるスポーツの勝敗やスポーツ選手の成績のみに焦点を当てたものではありません。あるスポーツやスポーツ選手が社会や人々にどのように受け止められ、いかなる影響をもたらしたのか、そんな視点が含まれています。なぜなら、スポーツとは参加する個人やチームのみならず、観戦するファンや応援する人々まで巻き込む、ひとつの社会現象だからです。
> 　したがって、この課の映像を見る際には、個別のスポーツや選手の成績だけではなく、それらを受け止め後押ししている日本人や日本社会の心理、価値観などについても考えを巡らせてみてください。

スポーツ 第25課

ステップ1 ウォーミングアップ

次のキーワードで日本語の資料を調べ、関連知識、語彙を前もってインプットしてください。その後、調べた情報や知識を授業の初めにクラスメートに紹介してください。（毎回3、4人の学生に発表してもらう。）

キーワード

選手権、野球、バドミントン、相撲、優勝

したがき　シート

 予備知識（ビデオを見る前に覚える単語リスト）

選手権（せんしゅけん）	③	冠军（资格）；竞标赛
ダブルス	①	双打
顕彰式（けんしょうしき）	③	表彰仪式
精進（しょうじん）	①	（佛教）精进，修行；专心致志；斋戒，吃素
ラリー	①	（体育）连续对打；汽车拉力赛
飛び入り（とびいり）	⓪	临时加入，中途加入
スマッシュ	②	（网球、排球、乒乓球）（猛烈）扣球
更なる（さらなる）	①	更，更进一步
フィギュアスケート	⑤	花样滑冰
平昌（ピョンチャン）	①	平昌（韩国江原道下辖的一个郡）
シングル	①	单个的；单人用的；单身的

191

連覇（れんぱ）	①	连续优胜，连续取得冠军
快挙（かいきょ）	①	果敢的行动，壮举，令人称快的行为
表彰式（ひょうしょうしき）	③	表彰仪式，颁奖仪式
BMX（ビーエムエックス）	⑤	自行车越野
スケートボード	⑤	滑板
種目（しゅもく）	⓪①	项目
フリースタイルパーク	⑤＋①	自由式公园赛
顔を揃える（かおをそろえる）		齐聚，一齐参加
エントリー	①	报名参赛，申请参加
インラインスケート	⑦	单排轮滑鞋
ボルダリング	⓪	攀岩
賜杯（しはい）	⓪①	赐杯（天皇、皇族等赠给体育比赛优胜者的优胜杯）
軟式（なんしき）	⓪	软式
制覇（せいは）	①	获得冠军
詰めかける（つめかける）	④⓪	蜂拥而上，拥挤上来
頭取（とうどり）	⓪	（银行等的）董事长，行长；舞台监督
ナイン	①	棒球队；九

ステップ2
視 聴

ビデオ① バドミントン世界大会「金」　ナガマツペアに県民栄誉賞/秋田

内容確認：

ビデオを見て、正しい答えを一つ選んでください。

（　　）1. どうして両選手に県民栄誉賞のメダルや賞状などが授与されましたか。
　　　　A. 二人とも頑張っているから
　　　　B. 二人の活躍は県民に元気と勇気、子どもたちに夢と希望を与えたから
　　　　C. 両選手がラリーの実演を行い、世界大会優勝の腕前を披露したから
　　　　D. 今後の更なる活躍が期待されるから

(　　) 2. 顕彰式の後、両選手は何をしましたか。
　　　A. ラリーの実演をした
　　　B. 世界大会優勝の腕前を披露した
　　　C. 両選手がラリーの実演を行い、世界大会優勝の腕前を披露した
　　　D. スマッシュを体験した

発展練習:
次の質問に自分の言葉で答えてください。
1. 県民栄誉賞を受賞できる主な理由はなんですか。
2. 県民栄誉賞の精神はなんですか。

ビデオ② 羽生結弦選手に授賞

内容確認:
ビデオの内容と合うように、次の文を完成させてください。
1. 政府は羽生結弦選手に＿＿＿＿＿＿＿＿＿＿＿＿＿を贈ることを正式に決定しました。
2. 羽生選手にその賞を贈ることを決めた人は＿＿＿＿＿＿＿＿＿＿＿＿です。
3. 羽生選手は＿＿＿＿＿＿＿＿＿＿＿＿で個人としての受賞は最年少となります。
4. 表彰式は、＿＿＿＿＿＿＿＿＿＿＿＿に行われる予定です。

発展練習:
次の質問に自分の言葉で答えてください。
1. どうして羽生結弦は受賞できたのですか。
2. 羽生結弦の成功から何が学べますか。

ビデオ③ 「FISE」広島市で開幕

内容確認:
ビデオの内容と合っていれば○、違っていれば×をつけてください。
(　　) 1. BMXフリースタイルパークは都市型スポーツで、オリンピック種目ではありません。
(　　) 2. 2018年度の「FISE」大会も広島市で行われました。

発展練習:
1. 資料を調べ、BMXのことをクラスメートに説明してください。
2. スポーツの意義と価値とは何か、自分なりの考えをクラスメートに話してください。

ビデオ④ 京葉銀行野球部　社会人軟式野球大会「○○○」全国最多優勝で祝賀会

内容確認：

ビデオを見て、下線に適当な言葉を書いてください。

9月の＿＿(1)＿＿第73回全日本軟式野球大会で全国＿＿(2)＿＿京葉銀行野球部。祝賀会会場に詰めかけたおよそ200人が拍手で選手たちを＿＿(3)＿＿。

挨拶に立った熊谷俊行＿＿(4)＿＿は「仕事と野球を＿＿(5)＿＿ながら天皇賜杯の＿＿(6)＿＿てほしい」と＿＿(7)＿＿しました。

京葉銀行野球部は＿＿(8)＿＿で行われたこの大会で全6試合を戦い、わずか1失点に抑えるなど、強さを見せつけ、＿＿(9)＿＿7回目の優勝を果たしました。なお天皇賜杯での7回の優勝は＿＿(10)＿＿だということです。

発展練習：

次の質問に自分の言葉で答えてください。

1. 天皇賜杯について、あなたが知っていることをクラスメートに紹介してください。
2. 京葉銀行野球部の優勝祝賀会について調べて、発表してください。

ステップ3　宿題

1. ビデオ⑤を視聴した後、グループに分かれて自分たちでテーマを設定し、それについてディスカッションしてください。
2. 4つのビデオの内容を自分の言葉で要約し、録音して担当の先生に提出してください。
3. 次の課のステップ1の準備をして次の授業で発表してください。

オリンピック・パラリンピック

第**26**課

> **ガイダンス**

　この課ではオリンピック・パラリンピックに関する映像を見ながら、オリンピック・パラリンピックに関する日本語の語彙や表現を学び、十分に聞き取ることや表現することができるようになることを目指します。

　ご存知のとおり、日本では2021年に夏季オリンピック・パラリンピックが、中国では2022年に冬季オリンピック・パラリンピックが開催されました。オリンピック・パラリンピックは世界的なスポーツの祭典であると同時に、開催国が世界に向けて自分たちの目指すオリンピック・パラリンピック像や自国のイメージを発信する機会でもあります。

　東京オリンピック・パラリンピック開催に向けて日本が行ったさまざまな取り組みを紹介する映像を見て、日本が世界の中で自国をどのような存在としてイメージしており、世界に向けてどのようなメッセージを発信しようとしているのかについて、自分なりに考えてみましょう。

ステップ1 ウォーミングアップ

次のキーワードで日本語の資料を調べ、関連知識、語彙を前もってインプットしてください。その後、調べた情報や知識を授業の初めにクラスメートに紹介してください。（毎回3、4人の学生に発表してもらう。）

キーワード

オリンピック・パラリンピック、パラリンピック、マスコット、ボランティア

したがき　シート

 予備知識（ビデオを見る前に覚える単語リスト）

マスコット	③	吉祥物
投票（とうひょう）	⓪	投票
ソメイヨシノ	④	染井吉野（櫻花的一种）
ぬいぐるみ	⓪	布偶玩具
グッズ	①	货物，（周边）商品
競技（きょうぎ）	①	比赛，（特指）体育比赛
承認（しょうにん）	⓪	承认，批准，同意
スタジアム	②③	体育场
オペレーション	③	运转，运算；工作；手术
内訳（うちわけ）	⓪	细目，明细
誘導（ゆうどう）	⓪	引导，诱导

ユニホーム	①③	制服；（成套的）运动服
プリペイドカード	⑥	充值磁卡，预付卡
拘束（こうそく）	⓪	拘束，限制；约束
支給（しきゅう）	⓪	支付，发给
ブラック	②	黑色

ステップ2
視　聴

ビデオ①　東京オリ・パラ　マスコット名称をお披露目

内容確認：
ビデオを見て、正しい答えを一つ選んでください。
（　）1. 東京オリンピック・パラリンピックのマスコットの名前はなんですか。
　　　A.「ミライトワ」と「未来」
　　　B.「ソメイティ」と「So Mighty」
　　　C.「ミライトワ」と「ソメイヨシノ」
　　　D.「ミライトワ」と「ソメイティ」
（　）2. マスコットを決めたのは誰ですか。
　　　A. 国民　　　　　　　　B. 小学生
　　　C. 組織委員会　　　　　D. 国際オリンピック・パラリンピック委員会

発展練習：
次の質問に自分の言葉で答えてください。
　1. 東京オリンピック・パラリンピックのマスコットにはどんな願いが込められていますか。
　2. 東京オリンピック・パラリンピックのマスコットについてどう思いますか。
　3. 2008年北京オリンピック・パラリンピックのマスコットは何だったか知っていますか。

ビデオ②　サッカー承認　東京五輪の全競技会場が決定

内容確認：
ビデオの内容と合うように、次の文を完成させてください。

1. 昨夜に行われたIOCの理事会で、＿＿＿＿＿＿＿＿＿＿＿＿について、組織委員会の案が一括で承認されました。

2. 2020年東京オリンピック・パラリンピックの＿＿＿＿＿＿＿＿＿＿＿＿の競技会場がすべて決まりました。

3. 組織委員会は、7月のIOC理事会に向けて、各会場ごとに＿＿＿＿＿＿＿＿＿＿をまとめるということです。

発展練習：

次の質問に自分の言葉で答えてください。

1. オリンピック・パラリンピック大会の競技で興味を持っている種目は何ですか。

2. あなたはどんなスポーツが得意ですか。そのスポーツをクラスメートに紹介してください。

ビデオ③　五輪・パラ経費　最新試算1兆3500億円

内容確認：

ビデオの内容と合っていれば○、違っていれば×をつけてください。

（　　）1. 最新試算では5月末の試算より1兆3500億円削減されました。

（　　）2. 経費はすべて東京都と国が負担します。

発展練習：

次の質問に自分の言葉で答えてください。

1. 今度の試算で経費が削減になった理由は何ですか。

2. 北京オリンピック・パラリンピックで、一番印象に残っていることについてクラスメートに話してください。

ビデオ④　東京五輪・パラボランティア募集きょう開始

内容確認：

ビデオを見て、下線に適当な言葉を書いてください。

2020年東京オリンピック・パラリンピックのボランティアの募集が、＿＿(1)＿＿から始まりました。

組織委員会などは、＿＿(2)＿＿や＿＿(3)＿＿のサポートなどを行う「大会ボランティア」を8万人、＿＿(4)＿＿などを行う「都市ボランティア」を3万人以上集めたい考えです。

「大会ボランティア」には、＿＿(5)＿＿のほか、交通費相当額として1日1000円分が＿＿(6)＿＿で支給される予定です。ボランティアの募集は12月上旬まで行われます。

大会ボランティアをめぐっては、拘束時間が長く＿＿(7)＿＿の支給がないことに

「　　(8)　　」といった批判も出ています。

　発展練習：
次の質問に自分の言葉で答えてください。
1．ボランティアはどんな仕事を担当しますか。
2．どうして大会ボランティア募集をめぐって批判も出ているのですか。

ステップ3
宿　題

　1．ビデオ⑤を視聴した後、グループに分かれて自分たちでテーマを設定し、それについてディスカッションしてください。
　2．4つのビデオの内容を自分の言葉で要約し、録音して担当の先生に提出してください。
　3．次の課のステップ1の準備をして次の授業で発表してください。

政党・選挙

第27課

ガイダンス

　この課では政党・選挙に関する映像を見ながら、政党・選挙に関する日本語の語彙や表現を学び、十分に聞き取ることや表現することができるようになることを目指します。

　この課には「期日前投票」や「補選」など、日本の政党システムや選挙制度に関する専門用語が多く登場します。それらの言葉を対訳で覚えるだけでは、日本の政治や選挙について理解したとは言えません。本当に理解していると言うためには、自分の言葉で説明できることが求められるからです。

　日本の政党・選挙に関して自分の言葉で説明できるようになるためにも、教科書に記載されている訳語を覚えるだけではなく、その制度やシステムの内容や意義・役割、そしてそのような制度が生まれた日本社会の背景にまで考えを巡らせながら、映像を注意深くチェックしてください。

政党・選挙　　第27課

ステップ1　ウォーミングアップ

次のキーワードで日本語の資料を調べ、関連知識、語彙を前もってインプットしてください。その後、調べた情報や知識を授業の初めにクラスメートに紹介してください。（毎回3、4人の学生に発表してもらう。）

キーワード

国会、選挙、野党、与党、無所属、小選挙区

したがき　シート

 予備知識（ビデオを見る前に覚える単語リスト）

大府（おおぶ）	⓪	大府（爱知县西南部城市）
引き下げる（ひきさげる）	④	降低
立憲（りっけん）	⓪	立宪，制定宪法
立候補（りっこうほ）	③	提名为候选人，提名参加竞选
速報（そくほう）	⓪	速报，快报
稼働（かどう）	⓪	开动，运转；工作，劳动
海事代理士（かいじだいりし）	⑥	海事代理人
即日（そくじつ）	⓪	即日
開票（かいひょう）	⓪	开票，（选举等时）开箱点票
共闘（きょうとう）	⓪	联合斗争，共同斗争
補欠（ほけつ）	⓪	补缺，补充

新编日语视听说教程

失職（しっしょく）	⓪	失去职位；离职；失去工作
国政（こくせい）	⓪	国政；国务
擁立（ようりつ）	⓪	拥立
見据える（みすえる）	⓪③	看准，看清
ぬくもり（温もり）	⓪	温和，温暖
切り拓く（きりひらく）	④⓪	开辟，开创；开垦
ばらまき	⓪	到处花钱；撒播
無所属（むしょぞく）	②	无党派
出馬（しゅつば）	⓪	（亲自）出面，出马；当候选人
一体化（いったいか）	⓪	统一，综合
採決（さいけつ）	①⓪	表决
与党（よとう）	⓪①	执政党
可決（かけつ）	⓪	赞成，通过
論戦（ろんせん）	⓪	争论
補正（ほせい）	⓪	补缺
閣議（かくぎ）	①	内阁会议
審議（しんぎ）	①	审议
是正（ぜせい）	⓪	纠正，更正
公職選挙法（こうしょくせんきょほう）	⓪	公职选举法
飛び交う（とびかう）	③	飞来飞去；交错乱飞
区割り（くわり）	⓪	划分，区划
TPP（ティーピーピー）	⑤	泛太平洋战略经济伙伴关系协定

ステップ2
視　聴

ビデオ① 愛知県知事選挙で高校に1日限定の期日前投票所

内容確認：
ビデオを見て、正しい答えを一つ選んでください。

政党・選挙　　　第27課

（　　）1. ビデオの内容によると、投票所はどこに設けられましたか。
　　　A. 家の近く　　　　　　　　　B. 高校の中
　　　C. 試験場　　　　　　　　　　D. 東海テレビ
（　　）2. ビデオの内容に合っていないのは、次のうちどれですか。
　　　A. インターネットでも投票が行われる
　　　B. 生徒によると、投票所が設けられるのは非常に便利でよかったという
　　　C. 共産党が推薦するのは榑松佐一さんという新人だ
　　　D. 男子生徒が当日投票へいけないのは試験があるからだという

発展練習：
次の質問に自分の言葉で答えてください。
1. 選挙権が「18歳以上」に引き下げられたのはなぜですか。
2. 大学生である皆さんの初めての投票の経験を述べてください。

ビデオ② 新潟県知事選挙　投票進む

内容確認：
ビデオの内容と合うように、次の文を完成させてください。
1. 三村誉一さんは＿＿＿＿＿＿＿＿＿＿＿＿＿＿＿です。
2. 森民夫さんは＿＿＿＿＿＿＿＿＿＿＿＿＿＿＿です。
3. 米山隆一さんは＿＿＿＿＿＿＿＿＿＿＿＿＿＿＿です。
4. 後藤浩昌さんは＿＿＿＿＿＿＿＿＿＿＿＿＿＿＿です。

発展練習：
次の質問に自分の言葉で答えてください。
1. 新潟県知事選挙の投票率について、あなたの考えを話してください。
2. 日本の行政区画についてクラスメートに説明してください。

ビデオ③ 衆院　東京10区、福岡6区の補選告示

内容確認：
ビデオの内容と合っていれば○、違っていれば×をつけてください。
（　　）1. 鈴木庸介候補は「1つ1つの生活・人生・暮らし、大切にしたい。そのためには国の仕組みを変えていかなくてはいけない」と述べました。
（　　）2. 自民党は福岡6区で候補者の一本化に失敗、自民党員の2人が無所属で出馬する補欠選挙となりました。

発展練習：

次の質問に自分の言葉で答えてください。

1. 東京10区の補欠選挙の候補者が述べた主張を、自分の言葉で要約してクラスメートに説明してください。
2. 資料を調べて、日本の衆議院と参議院の役割の違いについて発表してください。

ビデオ④　第2次補正予算案が衆院通過　論戦の舞台は参院へ

内容確認：

ビデオを見て、下線に適当な言葉を書いてください。

政府が経済対策の第1弾に掲げる、今年度第2次補正予算案の採決が、さきほど、衆議院本会議で行われ、与党などの＿＿(1)＿＿で可決、通過し、論戦の舞台は参議院に移ります。

「起立多数。よって3案とも委員長報告の通り可決いたしました。」（衆議院議長）

今年度の第2次補正予算案は、1億総活躍社会の実現や、熊本地震の＿＿(2)＿＿などを含む一般会計総額、およそ3兆2000億円規模で、＿＿(3)＿＿した経済対策の第1弾となります。

衆議院本会議の採決では、自民・公明の与党と、＿＿(4)＿＿などの賛成多数で、可決、通過し、明日から＿＿(5)＿＿に入り、政府は、11日の成立を目指しています。

採決に先立つ、予算委員会の集中審議で、安倍首相は、衆議院の解散について、「1票の格差」の＿＿(6)＿＿でも、解散権は縛られないとの認識を示しました。

「＿＿(7)＿＿等の規定のもとでですね、内閣が衆議院の解散を決定することは、否定されるものではないと考えております。」（安倍首相）

年明けの＿＿(8)＿＿の臆測が飛び交う中、安倍総理は、小選挙区の新たな区割り案が、来年5月までに示される前でも、解散権は縛られないとの認識を示したうえで、解散については、「全く考えていない」と述べました。

また、TPP（環太平洋経済連携協定）に関連し、野党は、輸入米について、＿＿(9)＿＿の取引で、国が契約した価格よりも安く流通している可能性があることを問題だと指摘しましたが、安倍総理は、同量の国産の米を政府が買い入れることで、価格への影響はないとの認識をあらためて示し、今の国会で、TPP協定の＿＿(10)＿＿を目指す姿勢を重ねて示しました。

発展練習：

次の質問に自分の言葉で答えてください。

1. 日本の政党制について、クラスメートと議論してください。
2. 資料を調べて、衆議院と参議院の選挙制度について簡単に説明してください。

ステップ3
宿　題

　1. ビデオ⑤を視聴した後、グループに分かれて自分たちでテーマを設定し、それについてディスカッションしてください。

　2. 4つのビデオの内容を自分の言葉で要約し、録音して担当の先生に提出してください。

　3. 次の課のステップ1の準備をして次の授業で発表してください。

皇室

第28課

> **ガイダンス**
>
> 　この課では皇室に関する映像を見ながら、皇室に関する日本語の語彙や表現を学び、十分に聞き取ることや表現することができるようになることを目指します。
>
> 　天皇や皇族に関する皇室報道には、日常では使われないような独特の表現や敬語が登場します。どのような表現や敬語が使われているか、注意して聴いてみましょう。
>
> 　また、天皇は日本国憲法により日本国および日本国民統合の象徴とされており、憲法に規定された国事行為のほか、日本各地のさまざまな行事やイベントに参加しています。天皇や皇后はどのような公務を展開しているのでしょうか。映像を見ながら確認してみてください。

皇 室 >>> 第28課

ステップ1 ウォーミングアップ

次のキーワードで日本語の資料を調べ、関連知識、語彙を前もってインプットしてください。その後、調べた情報や知識を授業の初めにクラスメートに紹介してください。（毎回3、4人の学生に発表してもらう。）

キーワード

文化勲章、天皇、愛子さま、學習院、絢子さま、佳子さま

したがき　シート

  予備知識（ビデオを見る前に覚える単語リスト）

勲章（くんしょう）	⓪	勋章
租税法（そぜいほう）	②⓪	租税法
道筋（みちすじ）	⓪	路线；道理
革新的（かくしんてき）	⓪	革新的
振興（しんこう）	⓪	振兴
親授式（しんじゅしき）	③	亲赐仪式（由天皇亲手授予的仪式）
研さん（けんさん）	⓪	钻研
学習院大学（がくしゅういんだいがく）	⑦	学习院大学（位于东京都丰岛区的私立大学）
目白（めじろ）	①	目白（东京都丰岛区内的地名）
綴る（つづる）	⓪②	写；装订；缝上

207

式子内親王（しょくしないしんのう）	⑧	式子内亲王（约1153—1201）
後白河天皇（ごしらかわてんのう）	⑧	后白河天皇（1127—1192）
嘱託（しょくたく）	⓪	非正式职员；委托
入第の儀（じゅだいのぎ）	⓪	男方派人去皇宫迎娶皇室女性而举行的仪式
袿（うちぎ）	⓪	褂，内衣
切袴（きりばかま）	③	和服半裤
皇宮（こうぐう）	⓪③	皇宫
サイドカー	③④	跨斗式的摩托车
神楽殿（かぐらでん）	③	神乐殿（设在神社内用来演奏神乐的场所）
仲人（なこうど）	②	媒人
祭主（さいしゅ）	①	主祭人，主持祭礼的人
盃を交わす（さかずきをかわす）		喝交杯酒；互相碰杯；交杯换盏
誓詞（せいし）	①	誓词，誓言
全日本ろうあ連盟（ぜんにほんろうあれんめい）	④+④	全日本聋哑联盟
手話（しゅわ）	①	手语
アテネ	①	雅典
ケルキラ島（ケルキラとう）	⓪	克基拉岛（位于希腊西北部）

ステップ2
視　聴

ビデオ① 文化勲章の親授式

内容確認:

ビデオを見て、正しい答えを一つ選んでください。

（　　）1. 長尾真さんはどんな業績をおさめましたか。
　　A. 独自の視点による作品や優れた知性に基づく評論活動が評価された
　　B. 租税法の理論を現実の世界に応用する道筋を示した

皇室　　第28課

　　　C．長年にわたり作曲界に刺激を与え現代音楽の振興などに貢献した
　　　D．知的情報処理の分野で世界をリードする研究成果を生み出した
（　　）2．受賞者を代表して挨拶したのは誰ですか。
　　　A．山崎正和さん　　　　　　　　B．金子宏さん
　　　C．今井政之さん　　　　　　　　D．一柳慧さん

発展練習：
次の質問に自分の言葉で答えてください。
1．天皇陛下はどのようなお祝いの言葉を述べられましたか。
2．「親授式」とはどういう意味ですか。

ビデオ②　愛子さま　学習院大学卒業式に出席

内容確認：
ビデオの内容と合うように、次の文を完成させてください。
　1．愛子さまは＿＿＿＿＿＿＿＿＿＿＿＿＿＿＿＿＿で最後の1年は目白キャンパスに通われました。
　2．愛子さまは＿＿＿＿＿＿＿＿＿＿＿＿＿＿＿＿、中学や高校の3年間かそれ以上にあっという間だったように感じられています。
　3．＿＿＿＿＿＿＿＿＿＿＿＿＿＿＿＿＿、オンラインでの授業が続き、実際にキャンパスに通い始められたのは4年生になってからでした。
　4．愛子さまは卒業論文で＿＿＿＿＿＿＿＿＿＿＿＿＿＿＿＿＿であった後白河天皇の娘、式子内親王とその和歌を紹介するものだったということです。

発展練習：
次の質問に自分の言葉で答えてください。
1．愛子さまは大学卒業後の抱負についてどう述べられましたか。
2．あなたは自分の大学生活についてどう思いますか。
3．オンライン授業のメリットとデメリットについて話してください。

ビデオ③　絢子さまと守谷慧さんの結婚式　東京　明治神宮

内容確認：
ビデオの内容と合っていれば○、違っていれば×をつけてください。
（　　）1．絢子さまは「小袿」と「長袴」の装束で結婚式に臨みました。
（　　）2．結婚式は、久子さまや承子さまを初め、守谷さんの父親など、両家の親族40人余りが参列しました。

発展練習：

次の質問に自分の言葉で答えてください。

1. 結婚式前の「入第の儀」の状況を、自分の言葉で要約してクラスメートに説明してください。
2. 日本の皇室の結婚式の儀礼と流れなどについて、クラスメートと議論してください。

ビデオ④　佳子さま"ギリシャ手話"懇談

内容確認：

ビデオを見て、下線に適当な言葉を書いてください。

ギリシャ___(1)___となった佳子さまは、この日も精力的に公務に臨まれました。

ブルーのワンピースの上に___(2)___が、ギリシャの初夏の日差しを受けてよく映えます。

現地29日、佳子さまが___(3)___は、「殿下は手話もよくご存じで、大変うれしく拝見しました。」(通訳)首都はアテネ市内にある国立ろう者施設です。

全日本ろうあ連盟の非常勤嘱託職員でもある佳子さま。ここギリシャでも手話を交えて___(4)___。

「『本日は日本からの、あの、王女さまが訪問をされています』という手話をしてくださいました。」(通訳)

「佳子さまからはギリシャ語の手話の基本的なものも示していただき、日本語の手話との共通の動きもありますので、コミュニケーションをとることはできました。」(施設の職員)

施設では、ろう者がオンラインで通訳サービスを___(5)___や、聴覚障害がある子どもの保護者に向けた育児支援の状況を___(6)___。

佳子さまの印象について、施設の職員は。

「非常に謙虚で人間的にも強くて温かいという印象を持ちました。こういう皇室の女性がいることを日本人は誇りに思ってよいと思います。我々もこのような女性の訪問を非常に誇らしく思っています。」(施設の職員)

ギリシャを公式訪問中の佳子さまについて、現地メディアは連日、___(7)___大きく報道しています。

「パルテノン神殿がプリンセス佳子を魅了した。」

「なぜギリシャ人は彼女を好きなのか。」(現地メディア)

ギリシャ滞在4日目の現地時間29日の午後、佳子さまの姿は___(8)___ケルキラ島にありました。

___(9)___のもと、西ヨーロッパの影響も色濃く残る世界遺産の旧市街を散策する

なか、_____(10)_____ギリシャ訪問の旅について、佳子さまは「訪問させていただいた場所、それぞれに、あのとてもこう、魅力的で、あの、皆様にも本当に温かくあのお迎えいただいて、本当にあの、とてもうれしく思っております。引き続き、あのギリシャを感じながら過ごしたいと思います。」

佳子さまはケルキラ島に1泊し、30日は外交関係樹立125周年の行事などに臨まれます。帰国は6月1日の予定です。

発展練習：
次の質問に自分の言葉で答えてください。
1. ギリシャ人はなぜ佳子さまのことが好きなのか、話してください。
2. 聴覚障害者への必要な配慮についてクラスメートに話してください。

ステップ3　宿題

1. ビデオ⑤を視聴した後、グループに分かれて自分たちでテーマを設定し、それについてディスカッションしてください。
2. 4つのビデオの内容を自分の言葉で要約し、録音して担当の先生に提出してください。
3. 次の課のステップ1の準備をして次の授業で発表してください。

中日交流

第 **29** 課

ガイダンス

　この課では中日交流に関する映像を見ながら、中日交流に関する日本語の語彙や表現を学び、十分に聞き取ることや表現することができるようになることを目指します。

　よく言われるように、中国と日本は一衣帯水の隣国同士として、二千年にもおよぶ交流を重ねてきました。その交流のあり方や交流が展開されてきた分野は、それぞれの時代状況や社会背景により多種多様です。私たちが今こうしているあいだにも、私たちが知らないところで両国の新たな交流が誕生していることでしょう。

　映像を見ることで、中国と日本の今を勉強するだけではなく、新たに生まれつつある交流や、両国の関係が秘めている可能性などについて、それぞれが考えを巡らせてみましょう。

ステップ1 ウォーミングアップ

次のキーワードで日本語の資料を調べ、関連知識、語彙を前もってインプットしてください。その後、調べた情報や知識を授業の初めにクラスメートに紹介してください。（毎回3、4人の学生に発表してもらう。）

キーワード

日中友好、相互理解、国民感情、民間交流、世論調査

したがき　シート

 予備知識（ビデオを見る前に覚える単語リスト）

締結（ていけつ）	⓪	缔结，签订
募る（つのる）	②⓪	招募，征集；越来越厉害；激化
コンクール	③	比赛，竞赛
訴える（うったえる）	④③⓪	起诉，控告；倾诉（苦恼等）；求助于
国境（こっきょう）	⓪	国境
血縁（けつえん）	⓪	血缘
スタジオ	⓪	工作室；摄影棚
追いつく	③	追上，赶上
白熱（はくねつ）	⓪	激烈
アピール	②	呼吁；（体育）抗议；引起共鸣，打动人心；受欢迎

縮まる（ちぢまる）	⓪	缩小，缩短；（因紧张或害怕而）蜷缩
ずらりと	③②	一大排，成排地
美男美女（びなんびじょ）	①+①	帅哥美女，俊男倩女
大迫力（だいはくりょく）	③	很能打动人心
殺陣（たて）	①②	（戏剧、电影里的）武打场面，厮杀场面
盛り上げる（もりあげる）	④	高涨，热闹起来；堆起，堆高
世論調査（よろんちょうさ）	④	民意测验（也说「せろんちょうさ」）
立ち話（たちばなし）	③	站着闲谈
発案（はつあん）	⓪	计划出来，新设想
溝（みぞ）	⓪	（感情等的）隔阂；水沟，水道

ステップ2
視 聴

ビデオ① 日中友好へ 作文コンクール

内容確認：

ビデオを見て、正しい答えを一つ選んでください。

（　）1. 作文コンクールの応募対象者とテーマは何ですか。
　　　A. 日本人、中国人との交流
　　　B. 中国人、日本人との交流
　　　C. 日本人、中国滞在の感想
　　　D. 中国人、日本滞在の感想

（　）2. ビデオの内容と合っていないものはどれですか。
　　　A. 作文コンクールの目的は日中の交流と理解を深めることです
　　　B. 作文コンクールは40本の作品を募集しました
　　　C. 作文コンクールを主催したのは「日本僑報社」です
　　　D. 作文コンクールの表彰式は東京の中国大使館で行われました

発展練習：

次の質問に自分の言葉で答えてください。
1. 入選作にはどんな内容の作品が選ばれましたか。
2. 民間交流が中日両国の相互理解や友好交流において果たす役割について、あな

たの意見を述べてください。

ビデオ②　都内の大学生約100人　中国大手IT企業訪問

内容確認：
ビデオの内容と合うように、次の文を完成させてください。
1.「快手」は中国の＿＿＿＿＿＿＿＿＿＿＿＿＿＿大手IT企業です。
2.「快手」は30日、およそ100人の＿＿＿＿＿＿＿＿＿＿＿＿＿＿を受け入れました。

発展練習：
次の質問に自分の言葉で答えてください。
1. 日本の大学生は「快手」を見学した後、どんな感想を述べましたか。
2. 今流行っているティックトックや「快手」などの動画投稿アプリが青少年に与えた影響について、あなたはどう思いますか。

ビデオ③　卓球で日中の民間交流イベント、上海で開催

内容確認：
ビデオの内容と合っていれば○、違っていれば×をつけてください。
（　　）1. 交流イベントは日中平和友好条約締結40周年を記念するためです。
（　　）2. 交流イベントには、世界で活躍している日本の卓球選手と上海の地元卓球チームのメンバーらが参加しました。

発展練習：
次の質問に自分の言葉で答えてください。
1. 自分たちが住んでいる地域で行われた中日交流のイベントについて述べてください。
2.「ピンポン外交」とはどういう意味かを調べて、クラスメートに説明してください。

ビデオ④　日中、国民感情に温度差…相互理解のカギは

内容確認：
ビデオを見て、下線に適当な言葉を書いてください。
安倍総理大臣の中国訪問で＿＿(1)＿＿をアピールした日本と中国。しかし、＿＿(2)＿＿でその距離はまだ縮まっていないようです。＿＿(3)＿＿を進めるカギはどこにあるのでしょうか。
昨日、都内の映画館には、＿＿(4)＿＿美男美女の姿が。映画イベントのため来日した、中国映画界のスターたちです。

イベントでは、中国の伝統的な歌劇による＿＿(5)＿＿も披露。映画を通じた文化交流で、中国のスターたちも日中友好ムードを盛り上げます。

しかし、最近の世論調査では、日本への印象を「よい」と答えた中国人が初めて＿＿(6)＿＿一方、日本では＿＿(7)＿＿人が中国の印象を「よくない」と答え、＿＿(8)＿＿が浮き彫りになりました。（出典：言論NPO「第14回日中共同世論調査」）

「何より重要なのは、直接足を運び、自らの目で＿＿(9)＿＿を見ることではないでしょうか。」（安倍首相）

私たちは日中「＿＿(10)＿＿」の現場を取材しました。

発展練習：
次の質問に自分の言葉で答えてください。
1. 国民感情の温度差の原因は何だと思いますか。
2. 中日両国の国民の相互理解を深めるためにどんな案が考えられますか。

ステップ3 宿題

1. ビデオ⑤を視聴した後、グループに分かれて自分たちでテーマを設定し、それについてディスカッションしてください。
2. 4つのビデオの内容を自分の言葉で要約し、録音して担当の先生に提出してください。
3. 次の課のステップ1の準備をして次の授業で発表してください。

日本外交

第30課

ガイダンス

　この課では日本外交に関する映像を見ながら、日本外交に関する日本語の語彙や表現を学び、十分に聞き取ることや表現することができるようになることを目指します。

　外交とは国と国との正式なお付き合いのことです。そのため、外交シーンで交わされる言葉や儀礼などには、私たちの日常生活ではあまり目にすることがないものも多く含まれています。そのような特別な言葉や儀礼などに注意しながら、映像を見てみましょう。

　同時に、外交シーンではその国なりの特色や特徴を見ることができます。日本という国の外交シーンでは、どういう特色や特徴が発見できるでしょうか。じっくりと観察しながら考えてみましょう。

ステップ 1　ウォーミングアップ

次のキーワードで日本語の資料を調べ、関連知識、語彙を前もってインプットしてください。その後、調べた情報や知識を授業の初めにクラスメートに紹介してください。（毎回 3、4 人の学生に発表してもらう。）

キーワード

夫人外交、G7 広島サミット、ASEAN 首脳関連会議

したがき　シート

　予備知識（ビデオを見る前に覚える単語リスト）

安倍昭恵（あべあきえ）	⓪＋②	安倍昭恵（日本前首相安倍晋三的夫人）
リハビリ	⓪	康复
尹錫悦（ユン・ソンニョル）	①＋①	尹錫悦（韩国第 20 任总统）
金建希（キム・ゴンヒ）	①＋①	金建希（尹錫悦的夫人）
ヘラ	①②	刮刀
カンボジア	⓪	柬埔寨
ASEAN（アセアン）	②①	东南亚国家联盟，东盟
フンセン	①	洪森（柬埔寨前首相）
更迭（こうてつ）	⓪	更换，变动
ずれ込む（ずれこむ）	⓪	推迟，延迟
ラオス	①	老挝

バイデン	①	拜登（美国第46任总统）
挽回（ばんかい）	⓪	挽回；恢复
東翔子（あずましょうこ）	①＋①	东翔子（日本驻墨西哥大使馆外交官）
ホンジュラス	①	洪都拉斯（国名）
ナルト	⓪	《火影忍者》（日本动漫名）
ワンピース	③	《海贼王》（日本动漫名）
聖闘士星矢（セイントセイヤ）	⑤	《圣斗士星矢》（日本动漫名）
ピニャータ	②	皮纳塔（墨西哥的一种传统游戏）
くす玉（くすだま）	⓪	香荷包
セッティング	⓪	布置
叩き割る（たたきわる）	④②⓪	敲裂，敲破
ポサーダ（posada）	②	珀萨达（墨西哥的宗教节日，一般从12月16日至平安夜连续数天举行庆祝活动）
羽ばたく（はばたく）	③	活跃，展翅高飞；振翅

ステップ2
視　聴

ビデオ①　安倍昭恵夫人、夫人外交をスタート

内容確認：
ビデオを見て、正しい答えを一つ選んでください。
（　　）1. 安倍昭恵夫人が中国訪問期間中に行かないところはどこですか。
　　　　A. NGOの展示施設　　　　　　B. リハビリ研究センター
　　　　C. 故宮　　　　　　　　　　　D. 万里の長城
（　　）2. NGOとはどういう組織ですか。
　　　　A. 国際連合組織　　　　　　　B. 非政府組織
　　　　C. 日本政府組織　　　　　　　D. 中国民間組織

発展練習：
次の質問に自分の言葉で答えてください。
1. 安倍昭恵夫人は中国の環境保護についてどう思っていますか。

2. 夫人外交は両国の政治上の往来においてどんな意義がありますか。

ビデオ② 日韓首脳夫人　お好み焼きをシェアして親睦深める

内容確認：

ビデオの内容と合うように、次の文を完成させてください。

1. 裕子夫人は金建希夫人をはじめ、G7や_____を広島県立美術館などに案内しました。

2. 日韓首脳夫人は2人きりでお好み焼きを食べながら_____しました。

発展練習：

次の質問に自分の言葉で答えてください。
1. 裕子夫人はなぜ広島風お好み焼きで金建希夫人を招待したのですか。
2. 日韓首脳夫人は2人で何の話題をめぐって交流しましたか。

ビデオ③ 岸田総理が外交スタート　葉梨大臣辞任で日程影響も

内容確認：

ビデオの内容と合っていれば○、違っていれば×をつけてください。

（　　）1. 岸田総理大臣とベトナムやラオスなど二国間首脳との会談は予定の日付より少しずれ込みました。

（　　）2. 日韓首脳はASEAN首脳関連会議で初めての会談を行いました。

発展練習：

次の質問に自分の言葉で答えてください。
1. 葉梨法務大臣の辞任は、岸田総理大臣の外交日程にどんな影響を与えましたか。
2. ASEANという組織について、資料を調べて説明してください。

ビデオ④ ロングバージョン「外交という仕事」外交官からのメッセージ

内容確認：

ビデオを見て、下線に適当な言葉を書いてください。

こんにちは、はじめまして東翔子です。私は今メキシコで働いています。エッセイを書いたときに、えー、働いていたホンジュラスに比べてメキシコは大都市で、人口も約1億2600万人と日本とほぼ変わりません。でも、そんな二つの国に住んで__(1)__ことは、人がとても暖かいこと、そして家族を__(2)__です。そしてまた両方の国で日本のアニメも大人気です。例えばナルト、ワンピース、聖闘士星矢など__(3)__がたくさん住んでいます。こうした日本のアニメを通じて日本語を学びたいと

いう人もたくさんいます。日本文化を紹介するイベントで、＿＿(4)＿＿メキシコ人の名前を書いてあげると大変喜んでもらえます。中には家族や恋人、友人の名前も合わせて書いてほしいというお願いをしてくる人もいます。そして皆さん、＿＿(5)＿＿紙を大事に持って帰ってくれます。

今回はエッセイで紹介しきれなかったピニャータについて紹介したいと思います。ピニャータは中南米で＿＿(6)＿＿、えー、紙製のくす玉の人形の中にお菓子やおもちゃを入れて＿＿(7)＿＿セッティングが完了します。それを音楽に合わせて棒で叩き割ると、中からお菓子やおもちゃが出てきて、子供たちが夢中になって＿＿(8)＿＿ます。

お誕生日会やクリスマスの際に行われるのが一般的ですが、メキシコでは特にクリスマスの時期に開かれるポサーダというお祭りで、このピニャータ割りを行うのが定番です。ホームパーティーなどでピニャータ割りを行って、えー、子供たちが楽しむ。こんな風景がメキシコでは＿＿(9)＿＿となっています。皆さんはどうやってクリスマスをお祝いするでしょうか？ぜひピニャータ割りもやってみてください。外交というと、各国の首相が通訳を介して政治や経済の話をする。そんなイメージが浮かぶかもしれません。しかし、こうした文化交流の積み重ねも、国と国とを＿＿(10)＿＿の一つです。人と接するときにアニメでもスポーツでも何か一つでも共通の話題があると、そこからグンと仲良くなれたりします。語学の勉強ももちろん大事なのですが、相手のことを理解して心を通わせ仲良くなること、それがとても重要です。これから世界に羽ばたかれる皆さんは外国の方々から日本の文化風習歴史などについてたくさん聞かれるかと思います。そうしたときに日本の文化を紹介できるよう、外国のことだけでなく日本のこともたくさん勉強してぜひ日本文化のアンバサダーになってください。そして、日本のファンを世界中に増やしていってほしいと思います。

発展練習：

次の質問に自分の言葉で答えてください。
1. 東翔子大使が話した文化交流の役割は何ですか。
2. 日本人に中国文化を紹介するなら、あなたは何を選びますか。

ステップ3
宿　題

1. ビデオ⑤を視聴した後、グループに分かれて自分たちでテーマを設定し、それについてディスカッションしてください。
2. 4つのビデオの内容を自分の言葉で要約し、録音して担当の先生に提出してください。
3. 次の課のステップ1の準備をして次の授業で発表してください。

国際交流

第31課

ガイダンス

　この課では国際交流に関する映像を見ながら、国際交流に関する日本語の語彙や表現を学び、十分に聞き取ることや表現することができるようになることを目指します。

　この課で学ぶ国際交流の内容は、第30課で学んだ外交に比べると、公式的性格がやや薄くなり、堅苦しくないものが多くなります。いわゆる民間交流と呼ばれる形式で行われるものもありますし、関係省庁や大使館などが主催する文化交流を中心とするものもあります。いずれにせよ、国際交流の際には、世界に向けてアピールできるような自国の特徴や長所がピックアップされます。裏を返せば、国際交流にはそれぞれの国々の自意識が表れると言えます。

　映像を見ることを通して、日本はどのような国とどのような形式で交流を深めようとしているのかをチェックすると同時に、日本や日本人が自らを世界の中でどのように認識し、世界に向かってどのようなアピールをしているのか、確認しましょう。

国際交流　　第31課

ステップ1　ウォーミングアップ

　次のキーワードで日本語の資料を調べ、関連知識、語彙を前もってインプットしてください。その後、調べた情報や知識を授業の初めにクラスメートに紹介してください。(毎回3、4人の学生に発表してもらう。)

キーワード

国際交流、伝統文化、国際親善、食文化、無形文化遺産

したがき　シート

　予備知識(ビデオを見る前に覚える単語リスト)

風呂敷（ふろしき）	⓪	包袱（用于包裹物品的方形布）
PR（ピーアール）	③	宣传，广告
ユニーク	②	与众不同，别出心裁
市庁舎（しちょうしゃ）	②	市政厅
唐草文様（からくさもんよう）	⑤	蔓藤花样
パビリオン	②③	展览馆
ヒット曲（ヒットきょく）	③	受欢迎的歌曲，流行歌曲
悪化（あっか）	⓪	恶化
後押し（あとおし）	②	支持；从后面推
公邸（こうてい）	⓪	官邸，公馆
国際親善（こくさいしんぜん）	⑤	国际友好

グード・フランス	⓪+①	美好法国
公館（こうかん）	⓪	公共建筑物；公使馆，大使馆，领事馆
フレンチ	②	法国的，法国式的
ディナー	①	正餐；晚餐会
無形文化遺産（むけいぶんかいさん）	⑦	无形的文化遗产
ふんだんに	⓪①	充分地，有余地
ロースト	①	烤肉
シェフ	①	主厨，厨师长
カールス・ルーエ	⓪+①	卡尔斯路埃（德国西南部城市）
親交（しんこう）	⓪	深交，亲密的交往
セレモニー	①	典礼，仪式
ペア	①	一双，一对，一组
うちわ	②	团扇
身振り手振り（みぶりてぶり）	①	身体语言，指手画脚，用体态表达

ステップ 2
視　聴

ビデオ① パリでユニークな風呂敷イベントを視察

内容確認：

ビデオを見て、正しい答えを一つ選んでください。

（　　）1. 文化交流イベントの目玉は何ですか。
　　　　A. 市長の作品　　　　　　　　B. 知事の作品
　　　　C. 風呂敷パビリオン　　　　　D. 赤い唐草文様の風呂敷

（　　）2. 風呂敷は普通どんな時に使いますか。
　　　　A. 風呂に入る時に衣類を包む
　　　　B. 物を包むのに用いる
　　　　C. 風呂から上がった時に使う
　　　　D. 絵を描くのに使う

発展練習:
次の質問に自分の言葉で答えてください。
1. 風呂敷イベントを開催する目的は何ですか。
2. 草間弥生とビートたけしについてどのようなことを知っていますか。

ビデオ② 歌手・谷村新司さん　北京でコンサート

内容確認:
ビデオの内容と合うように、次の文を完成させてください。
1. 谷村さんはヒット曲「昴」などで中国でも人気が高く、会場には＿＿＿＿＿＿＿＿＿＿＿＿＿＿が詰めかけました。
2. 今年、安倍総理の訪中が10月に予定されるなど＿＿＿＿＿＿＿＿＿＿＿＿＿＿＿＿中、コンサートの開催が実現しました。
3. 谷村新司さんはこれからは日中の＿＿＿＿＿＿＿＿＿＿＿＿＿＿＿＿していきたいと話しました。

発展練習:
次の質問に自分の言葉で答えてください。
1. なぜ谷村新司さんは中国でも人気が高いのですか。
2. 中日の相互理解を深めるためにあなたができることは何ですか。

ビデオ③ フランスが美食で交流　大使公邸も晩さん会

内容確認:
ビデオの内容と合っていれば○、違っていれば×をつけてください。
（　　）1.「グード・フランス」はいままで世界150か国以上のフランス在外公館や、3 000を超えるレストランなどで開催されています。
（　　）2. 日本の文化を紹介するイベントも同時にパリで開催されました。

発展練習:
次の質問に自分の言葉で答えてください。
1.「グード・フランス」を開催する目的は何ですか。
2.「食」は文化交流の中でどんな役割を果たしますか。

ビデオ④ 秋田美術大学附属高　ドイツの合唱団と交流　「ふるさと」合唱やうちわ作り

内容確認:
ビデオを見て、下線に適当な言葉を書いてください。
秋田公立美術大学附属高等学院の生徒とドイツのカールス・ルーエ独日合唱団が

8月29日、交流会を行いました。

　カールス・ルーエ独日合唱団は2004年に____(1)____で結成された合唱団で、____(2)____団員で成り立っています。ヨーロッパ各地を初め日本でも公演を行っており、音楽活動だけでなく、日本文化を紹介する活動や、____(3)____を伝える活動などを行っています。

　この国際交流は今年4回目で、カールス・ルーエ合唱団とは初めての交流となります。国際交流企画の一つとして、____(4)____を高め、視点を____(5)____に広げてほしいとの思いで企画されたものです。この日、生徒83人と合唱団34人が交流し親交を深めました。

　始めに行われた____(6)____では生徒代表の加藤優凪（ゆうな）さんが「短い時間ですが、楽しんでいただけるとうれしいです。」と挨拶し、全員で「ふるさと」の合唱を行いました。

　「兎追いし彼の山…」（合唱）

　セレモニーの後、1年生と団員がペアになり、____(7)____体験を行いました。生徒たちは慣れない英語に身振り手振りで一生懸命作り方を説明し交流を深めていました。

　カールス・ルーエ独日合唱団は____(8)____まで、演奏会のため日本各地を回ります。

発展練習：
次の質問に自分の言葉で答えてください。
1. 「ふるさと」という日本の歌を知っていますか。
2. 音楽は文化交流の中でどんな役割を果たしますか。

ステップ3
宿　題

1. ビデオ⑤を視聴した後、グループに分かれて自分たちでテーマを設定し、それについてディスカッションしてください。
2. 4つのビデオの内容を自分の言葉で要約し、録音して担当の先生に提出してください。
3. 次の課のステップ1の準備をして次の授業で発表してください。

海外事情

第32課

> ### ガイダンス
>
> 　この課では海外事情に関する映像を見ながら、海外事情に関する日本語の語彙や表現を学び、十分に聞き取ることや表現することができるようになることを目指します。
> 　この教科書で使用している映像は日本のテレビ局が編集した映像です。したがって、ここで紹介されている海外事情は、日本人の目に映る「海外」の事情だと言えます。それはつまり、この課の学習を通して、日本人が「海外」をどのような目で見ているかを理解し、日本や日本人を理解することにつながるヒントを得ることができるということです。
> 　日本人の目に映る「海外」とは何かを探る視点で映像を見てみるのも良いかと思います。

ステップ1 ウォーミングアップ

次のキーワードで日本語の資料を調べ、関連知識、語彙を前もってインプットしてください。その後、調べた情報や知識を授業の初めにクラスメートに紹介してください。（毎回3、4人の学生に発表してもらう。）

キーワード

ピコ太郎、多文化コミュニケーション、グローバル、移民政策

したがき　シート

 予備知識（ビデオを見る前に覚える単語リスト）

グローバル	②	全球
施策（しさく）	⓪	対策
抜擢（ばってき）	⓪	提拔，提升
微々（びび）	①	微小，微弱
タジキスタン	③	塔吉克斯坦
堤防（ていぼう）	⓪	堤坝
余剰（よじょう）	⓪	剰余
ウズベキスタン	④	乌兹别克斯坦
アフガニスタン	④	阿富汗
避難所（ひなんじょ）	⓪	避难所
張り出す（はりだす）	③	布告，揭示；（墙壁）突出

あおる	②	吹动，摇动
焼失（しょうしつ）	⓪	烧毁
ヘクタール	③	公顷
ケムニッツ	①	开姆尼茨（德国城市）
中東（ちゅうとう）	⓪	中东
刃物（はもの）	①	刀具
極右（きょくう）	①⓪	极端右倾（思想）
暴動（ぼうどう）	⓪	暴动，暴乱
メルケル	①	默克尔（德国历史上首位女总理）
憎悪（ぞうお）	①	厌恶，憎恨
シュプレヒコール	⑤	齐呼口号
全うする（まっとうする）	⓪	完成；保全

ステップ2
視　聴

ビデオ①　ピコ太郎のプロデューサー、〇〇大使に

内容確認:

ビデオを見て、正しい答えを一つ選んでください。

（　　）1. 古坂大魔王さんは何の大使に任命されましたか。
　　　　A. グローバル人材を育成する大使
　　　　B. 文部科学省の大使
　　　　C. 国際的な交流に関する大使
　　　　D. 文部科学省が行う様々な施策の広報を行う大使

（　　）2. 任期はいつまでですか。
　　　　A. 2020年3月まで　　　　B. 今月まで
　　　　C. 10年後まで　　　　　D. 今日まで

発展練習:

次の質問に自分の言葉で答えてください。

1. 古坂大魔王さんが大使に任命された理由は何ですか。クラスメートに説明して

みてください。
2. 古坂大魔王さんについてクラスメートに説明してみてください。

ビデオ② 世界最大級となる巨大ダムで発電開始　タジキスタン

内容確認：
ビデオの内容と合うように、次の文を完成させてください。
1. ログンダムは完成すれば、ダムの底から堤防までの高さが_____メートルになると見込まれています。
2. ラフモン大統領が「_____」と演説しました。
3. ログンダムは_____に建設が始まりました。
4. タジキスタン政府は_____を目指します。

発展練習：
次の質問に自分の言葉で答えてください。
1. ログンダムは完成後どんな役割を期待されるか、説明してください。
2. 16日の式典は何のために行われましたか。

ビデオ③ 米カリフォルニアの山火事　死者50人に

内容確認：
ビデオの内容と合っていれば○、違っていれば×をつけてください。
(　　) 1. 北部での死者は50人になりました。
(　　) 2. 避難命令が解除された地域はありません。

発展練習：
次の質問に自分の言葉で答えてください。
1. 北部のパラダイスと南部のベンチュラでの山火事の状況を、それぞれ自分の言葉で要約してクラスメートに説明してください。
2. 避難所の状況について、クラスメートに説明してください。

ビデオ④ ドイツ首相　暴動が起きた町で市民との対話集会

内容確認：
ビデオを見て、下線に適当な言葉を書いてください。
メルケル首相は16日、＿＿＿(1)＿＿＿のあと初めてケムニッツを訪問し、市民との＿＿＿(2)＿＿＿に臨みました。
市民からは＿＿＿(3)＿＿＿な難民受け入れ政策への批判が相次いだのに対し、メルケル首相は、多くの人が極右に抗議する＿＿＿(4)＿＿＿に参加したことを評価したうえで、外

国人への＿＿(5)＿＿をあおるような言動に反対の声をあげるよう呼びかけました。

会場の近くでは2 000人を超す極右団体の支持者などが参加して＿＿(6)＿＿などを非難するデモが行われ、「辞任しろ」などと＿＿(7)＿＿をあげていました。

対話集会でも＿＿(8)＿＿を求める声が出ていましたが、メルケル首相は、与党の党首は＿＿(9)＿＿するものの、首相の職は2021年の＿＿(10)＿＿まで全うする意向を改めて示しました。

発展練習：
次の質問に自分の言葉で答えてください。
1. 外国人排斥を訴える極右団体の支持者らの暴動が発生した要因は何ですか。クラスメートに説明してください。
2. 極右団体の支持者らは「移民政策」に対してどんな態度を示しましたか。

ステップ3
宿　題

1. ビデオ⑤を視聴した後、グループに分かれて自分たちでテーマを設定し、それについてディスカッションしてください。
2. 4つのビデオの内容を自分の言葉で要約し、録音して担当の先生に提出してください。
3. 次の課のステップ1の準備をして次の授業で発表してください。

日本経済

第33課

ガイダンス

　この課では日本経済に関する映像を見ながら、日本経済に関する日本語の語彙や表現を学び、十分に聞き取ることや表現することができるようになることを目指します。

　「経国済民」という言葉がありますが、この課で扱う日本経済は一般的な日本人にとって最も身近な経済トピックです。だからこそ、この課で登場する経済問題には、現在の一般的な日本人の生活意識や経済状況が色濃く反映されていると言えます。

　現在の日本人はどのような経済問題に注目し、どのような経済観念を持ち、経済に何を求めているのでしょうか。自分の言葉で説明できるようになるために、注意深く映像を見てみましょう。

日本経済　第33課

ステップ1　ウォーミングアップ

次のキーワードで日本語の資料を調べ、関連知識、語彙を前もってインプットしてください。その後、調べた情報や知識を授業の初めにクラスメートに紹介してください。（毎回3、4人の学生に発表してもらう。）

キーワード

株価、サラリーマン川柳、アベノミクス、バブル崩壊、金融危機、コンビニ業界

したがき　シート

予備知識（ビデオを見る前に覚える単語リスト）

東証アローズ（とうしょうアローズ）	⑤	东京证券交易所
日経平均株価（にっけいへいきんかぶか）	⓪+④/⑤	日经平均股价
反落（はんらく）	⓪	回跌
金利（きんり）	⓪①	利率；利息
手控える（てびかえる）	④③	节制，暂缓
マザーズ	①	玛札兹市场（1999年11月11日东京证券交易所在一部、二部股市之外，又成立了一个称为"玛札兹"的新市场）
続伸（ぞくしん）	⓪	行情继续高涨
押し目買い（おしめがい）	⓪	趁行市下跌买进

銘柄（めいがら）	⓪	商品名；股票名；商标，品牌
ポジション	②	位置
相場（そうば）	⓪	汇率，兑换率；市价，行市
川柳（せんりゅう）	①	川柳（日本的一种诗歌形式）
はじける	③	破灭
デフレ	⓪	通货紧缩
アベノミクス	④	安倍经济学
業績（ぎょうせき）	⓪	业绩，成就
好調（こうちょう）	⓪	好势头，情况好
基幹（きかん）	⓪	基础；骨干
歳出（さいしゅつ）	⓪	年度支出
歳入（さいにゅう）	⓪	年度收入
緩和（かんわ）	⓪	缓和
セルフサービス	④	自选，自我服务
ショーケース	③	商品陈列棚
コイン式（コインしき）	⓪	投币式
マシン	②	机器
コーヒーマシン	⑥	咖啡机
バーコード	③	条形码

ステップ2
視　聴

ビデオ① 5日東京株終値

内容確認：

ビデオを見て、正しい答えを一つ選んでください。

（　　）1. 5日の東京株式市場で、日経平均株価はどう変化しましたか。
   A. 下落しました   B. 大幅反落しました
   C. 値上がりしました   D. 値下がりしました

(　　) 2. 米長期金利がどう変動しましたか。
　　　　A. 上がりました
　　　　B. 高騰しました
　　　　C. 下がりました
　　　　D. 変動しませんでした

発展練習：
次の質問に自分の言葉で答えてください。
1. 先週末の米国株式市場ではどのような動きがありましたか。
2. この報道を参考にして、株式市場でよく使われる言葉をまとめてみてください。

ビデオ②　「サラリーマン川柳」で平成の経済振り返る

内容確認：
ビデオの内容と合うように、次の文を完成させてください。
1. バブル崩壊後の1990年代前半は、「＿＿＿＿＿＿＿＿＿＿＿＿＿＿＿＿」。
2. 日本がデフレ経済へと向かった2000年代前半は、「＿＿＿＿＿＿＿＿＿＿＿＿＿＿＿＿」。
3. アベノミクスで景気回復が見えた2013年以降は、「＿＿＿＿＿＿＿＿＿＿＿＿＿＿＿＿」。

発展練習：
次の質問に自分の言葉で答えてください。
1. 2012年と2013年以降のサラリーマン川柳で描かれている社会の様子について説明してください。
2. 川柳とは何かについてクラスメートに説明してください。

ビデオ③　税収約58兆8千億円　バブル期なみ高水準

内容確認：
ビデオの内容と合っていれば○、違っていれば×をつけてください。
(　　) 1.「基幹3税」が3年ぶりにそろって前年度を下回りました。
(　　) 2.「剰余金」は前年度の約3800億円から9000億円あまりに増えました。

発展練習：
次の質問に自分の言葉で答えてください。
1. 財務省が発表した2017年度の国の決算によると、2017年度の税収はどのような状況か、自分の言葉で要約してクラスメートに説明してください。
2. 所得税、消費税、法人税について、インターネットで調べて、自分の言葉で要約してクラスメートに説明してください。

ビデオ④　ローソン、「セルフサービス」取り入れた新店舗オープン

内容確認：

ビデオを見て、下線に適当な言葉を書いてください。

　ローソンが今日、東京・秋葉原にオープンしたのは、「___(1)___」を多く取り入れた新しいタイプの___(2)___です。レジに並ばなくても購入できるコイン式の___(3)___が設置されているほか、支払いも客自身がスマートフォンで商品のバーコードを___(4)___ネット上で行うため、レジに並ぶ必要がありません。ローソンによりますと、ランチタイムでの___(5)___やアルバイト従業員の___(6)___に対応するため新たな店舗を開発したということです。

　コンビニ業界をめぐっては、セブン-イレブンや___(7)___でも主婦や高齢者の採用を積極的に行うなど、人手不足への___(8)___を急いでいます。

発展練習：

次の質問に自分の言葉で答えてください。

1. ローソンが東京・秋葉原にオープンしたのはどんな店舗ですか。
2. そのような店舗を開発したのはどんな状況に対応するためですか。

ステップ3　宿　題

1. ビデオ⑤を視聴した後、グループに分かれて自分たちでテーマを設定し、それについてディスカッションしてください。
2. 4つのビデオの内容を自分の言葉で要約し、録音して担当の先生に提出してください。
3. 次の課のステップ1の準備をして次の授業で発表してください。

世界経済

第34課

> **ガイダンス**
>
> 　この課では世界経済に関する映像を見ながら、世界経済に関する日本語の語彙や表現を学び、十分に聞き取ることや表現することができるようになることを目指します。
> 　グローバルな時代において、もはや一国の経済は世界各国の経済と切り離せない関係にあります。この課では世界経済を日本の立場から報じる映像が使われています。その報じ方や姿勢を観察することで、私たちは日本経済について外部から多角的に捉えることもできますし、日本人が世界経済をどのような視点で見ているかについて理解することもできます。
> 　中国人の世界経済観と日本人の世界経済観との違いについても意識しながら、映像を見てみましょう。

ステップ1 ウォーミングアップ

　次のキーワードで日本語の資料を調べ、関連知識、語彙を前もってインプットしてください。その後、調べた情報や知識を授業の初めにクラスメートに紹介してください。(毎回3、4人の学生に発表してもらう。)

キーワード

FRB、政策金利、自由貿易、ダボス会議、保護主義、経済協力

したがき　シート

 予備知識（ビデオを見る前に覚える単語リスト）

FRB（エフアールビー）	⑥	美联储，美国联邦储备系统
政策金利（せいさくきんり）	⑤	政策利率
据え置き（すえおき）	⓪	搁置，冻结；安定，安置
当面（とうめん）	⓪	目前，当前，眼下
先行き（さきゆき）	⓪	前景，前途
利上げ（りあげ）	⓪③	提高利率
滲む（にじむ）	②	渗入；浸出
踏み切る（ふみきる）	③	下定决心
株高（かぶだか）	⓪	股市上涨
ダウ	①	道琼斯平均指数
フォーラム	①	论坛

年次総会（ねんじそうかい）	④	年会
ダボス	①	达沃斯
枠組み（わくぐみ）	⓪④	结构，框架；构想
集う（つどう）	②	聚会，聚集
跨ぐ（またぐ）	②	跨，迈
大荒れ（おおあれ）	⓪④	大风波；大风暴
サウジアラビア	④	沙特阿拉伯
貿易摩擦（ぼうえきまさつ）	⑤	贸易摩擦
突き進む（つきすすむ）	④	突破，冲破，奋勇前进
制裁（せいさい）	⓪	制裁
イラン	①	伊朗
打撃（だげき）	⓪	打击
核開発（かくかいはつ）	③	核开发
テロ	①	恐怖活动

ステップ2
視　聴

ビデオ① 米 FRB　利上げ見送りへ

内容確認：

ビデオを見て、正しい答えを一つ選んでください。

（　　　）1. FRBが政策金利の引き上げを見送るのはなぜですか。
　　　A. 保有資産が縮小しているから
　　　B. トランプ大統領がFRBを繰り返し批判してきたから
　　　C. 先行きの不透明感が強まっているから
　　　D. 株高が進んでいるから

（　　　）2. ビデオの内容に合っていないものはどれですか。
　　　A. FRBは今後の金利の引き上げを見送る姿勢を示した
　　　B. 利上げ見送りにより、トランプ大統領はFRBを繰り返し批判した
　　　C. FRBはアメリカの政策金利を2.25%から2.5%の範囲に据え置いた
　　　D. 利上げ見送りにより、株高が進んだ

発展練習：
次の質問に自分の言葉で答えてください。
1. FRB議長によると、政策金利の据え置きを決めた原因は何ですか。
2. 政策金利と株価とはどんな関係がありますか。

ビデオ② 「データ流通」新たな枠組みを安倍首相が呼びかけ

内容確認：
ビデオの内容と合うように、次の文を完成させてください。
1. 安倍総理大臣はスイスで行われている世界経済フォーラム年次総会、いわゆるダボス会議に出席し、AIなどの技術革新が進む中、＿＿＿＿＿＿＿＿＿＿＿＿＿＿を進めるため、新たな枠組みの創設を呼びかけました。
2. 安倍総理はさらに、「データは慎重な保護のもとに置かれるべき」とする一方、＿＿＿＿＿＿＿＿＿＿＿＿＿＿のデータは「自由に国境をまたげるようにしなくてはならない」と指摘しました。

発展練習：
次の質問に自分の言葉で答えてください。
1. 安倍首相はフォーラムでデータ流通についてどんな意見を示しましたか。
2. データ流通についてあなたの意見を述べてください。

ビデオ③ NY市場急落…日経平均一時800円超下落

内容確認：
ビデオの内容と合っていれば○、違っていれば×をつけてください。
（　　）1. 東京株式市場の株価急落の原因はアメリカです。
（　　）2. 市場関係者は世界経済が悪化しているわけではないが、今後もずっと下落に突き進むと見ています。

発展練習：
次の質問に自分の言葉で答えてください。
1. 東京株式市場の株価急落の原因は何ですか。
2. 株価と世界経済の先行きとはどんな関係がありますか。

ビデオ④ 対イラン経済制裁、第2弾発動へ　気を揉む原油市場

内容確認：
ビデオを見て、下線に適当な言葉を書いてください。
イランに対し、アメリカのトランプ政権が大規模な経済制裁の第2弾を日本時間の

世界経済　第34課

今日午後発動します。原油の___(1)___が柱で、イランには打撃になりそうです。
「イラン制裁はとても重い。史上最強の制裁だ」（アメリカ トランプ大統領）
アメリカの制裁第2弾はイランの___(2)___や___(3)___を中止させることが狙いで、原油の___(4)___が柱です。
「8月の制裁実施以降、海外から輸入しているこちらの___(5)___は値段が2倍に。そして国内で生産しているこうした乳製品も___(6)___値上がりし、生活での大きな負担となっています。」（記者　阿部　健士）
「もちろん、100%（制裁の）影響はある。毎日の買い物がすごく高くなっている。」（テヘラン市民）
イランではアメリカが8月に再開した経済制裁の影響で、食料品や日用品などが大きく値上がりしています。イランは___(7)___を原油から得ていますが、原油を輸出できなくなると大きな打撃になりそうです。日本などは当面、輸入禁止の適用が除外される見通しですが、世界の___(8)___への影響が心配されます。

発展練習：
次の質問に自分の言葉で答えてください。
1. イランへの制裁はイラン国内にどんな影響を及ぼしますか。
2. イランへの制裁は世界にどんな影響を及ぼしますか。

ステップ3
宿　題

1. ビデオ⑤を視聴した後、グループに分かれて自分たちでテーマを設定し、それについてディスカッションしてください。
2. 4つのビデオの内容を自分の言葉で要約し、録音して担当の先生に提出してください。
3. 次の課のステップ1の準備をして次の授業で発表してください。

241

農業経済

第35課

ガイダンス

　この課では農業経済に関する映像を見ながら、農業経済に関する日本語の語彙や表現を学び、十分に聞き取ることや表現することができるようになることを目指します。
　この課で勉強する農業や農業経済に関するニュースは、日本人の食に直接関わるものです。食に関わる問題は、安全性や経済性はもちろん、それぞれの文化的背景や風習、グローバルなつながりなど、多種多様な領域に渡って、広く存在します。そのため、この課の映像を見る時には、ただ一つの視点から問題を捉えようとするのではなく、その問題の背景には、どのような領域の、いかなる要素が、どれほど存在しているのか、そう意識しながら考えを深めるようにしましょう。

ステップ1 ウォーミングアップ

次のキーワードで日本語の資料を調べ、関連知識、語彙を前もってインプットしてください。その後、調べた情報や知識を授業の初めにクラスメートに紹介してください。（毎回3、4人の学生に発表してもらう。）

キーワード

TPP、農産品、農家、農水省

したがき　シート

 予備知識（ビデオを見る前に覚える単語リスト）

ニュージーランド	⑤	新西兰
アジア太平洋地域（アジアたいへいようちいき）	①+⑦	亚太地区
コミュニティー	②	共同体，地方自治団体
不備（ふび）	①	不完备
ポテンシャル	②	潜在力，可能性
計り知る（はかりしる）	⓪④	推测，估测
協同組合（きょうどうくみあい）	⑤	合作社
金足（かなあし）	⓪	金足（秋田県秋田市内的地名）
地産地消（ちさんちしょう）	⓪	当地生产当地销售
店頭（てんとう）	⓪	铺面，门面
大好評（だいこうひょう）	③	广受好评，非常受欢迎

デニッシュ	②①	丹麦风味
ドーナツ	①	面包圈
蜜漬け（みつづけ）	⓪	蜜饯
醸造（じょうぞう）	⓪	酿造
甘じょっぱい（あまじょっぱい）	⑤	甜咸味的
生地（きじ）	①	面糊或面团（以小麦粉等淀粉为原材料）
撤廃（てっぱい）	⓪	取消，废除
安価（あんか）	①	便宜，廉价
割高（わりだか）	⓪	价格较高
足掛かり（あしがかり）	③	架子，脚手架；头绪，线索
バイヤー	①	买方，买主

ステップ2
視　聴

ビデオ①　「TPP11」12月30日に発効へ

内容確認：

ビデオを見て、正しい答えを一つ選んでください。

（　　）1. TPPのアルファベット「T」は次のどの英語の省略か、一つ選んで下さい。

  A. Trade   B. Trans

  C. Together   D. Technology

（　　）2. ニュースによれば、今まで、いくつの国が国内手続きを終えましたか。

  A. 4か国   B. 5か国

  C. 6か国   D. 7か国

発展練習：

次の質問に自分の言葉で答えてください。

1. TPPについての資料を調べて、クラスメートに説明してください。
2. TPP11はどんな条件で発効するか、説明してください。

農業経済　第35課

ビデオ②　農産物の輸出促進へ　小泉進次郎議員ら提言

内容確認：
ビデオの内容と合うように、次の文を完成させてください。
1. 小泉進次郎は_____です。
2. 日本の農産物の輸出額は、現在、世界で_____位です。
3. 輸出に意欲がある生産者らが自由に参加できるコミュニティーを作ることなどを柱とした提言をまとめたのは_____ためです。
4. 農産物の海外輸出は_____と小泉議員は思っています。

発展練習：
次の質問に自分の言葉で答えてください。
1. 生産者はなぜ日本の農産物の輸出に不満を持っていますか。
2. 農産物の輸出を促進するために、日本政府はどんな対策をとるつもりですか。

ビデオ③　高校生とローソンが共同開発！　「金農パン」いかがですか？／秋田

内容確認：
ビデオの内容と合っていれば○、違っていれば×をつけてください。
（　　）1.「金農パン」は今年の1月から県立金足農業高校生とローソンによって共同開発され、5月25日から6月末ごろまで販売されます。
（　　）2.「金農パンケーキ」と「金農デニッシュドーナツ」は同じ甘じょっぱい味に仕上げられています。

発展練習：
次の質問に自分の言葉で答えてください。
1. パンやケーキなどが好きですか。普段はよくどのパン屋のパンやケーキを買いますか。
2. パンを作ることができますか。その手順を調べてクラスメートに説明してみてください。

ビデオ④　「宮城」12月発効　TPP農産品輸出には好機？

内容確認：
ビデオを見て、下線に適当な言葉を書いてください。
関税の撤廃や___(1)___を進める環太平洋、環太平洋経済連携協定＝TPP11が来月30日に発効します。県内では、農産品の___(2)___と捉える動きもあります。
「TPP協定は本年12月30日に発効することになります。日本の消費者にとっても

245

ですね、海外の、えー、良い商品、これがさらに安価で手に入る。」（茂木　経済再生担当大臣）

　TPPには日本やオーストラリア、カナダ、メキシコなど11カ国が加わり、工業製品や農産品にかかる関税の撤廃を進めます。自動車や部品など工業製品の輸出拡大が期待される一方で、＿＿（3）＿＿やバターなどが値下がりすることで、国内農家への打撃が懸念されています。

　その一方で県内では、高品質で価格の高い農産品の輸出を増やす「＿＿（4）＿＿」につなげようという動きもあります。

　ITで温度を自動制御する＿＿（5）＿＿で栽培したイチゴをシンガポールなどに輸出する山元町の農業生産法人「GRA」では、TPP発効を前向きに受け止めています。

　「傾向としては、まあ輸出する側とすればありがたい話ではあるとは思っています。」（GRA 千葉佳佑さん）

　一方で、経済協定とは別に各国ごとに＿＿（6）＿＿の規制があったり、飛行機での輸送料が割高だったりするため、輸出の＿＿（7）＿＿が劇的に低くなるわけではないと指摘します。

　「まあ輸出に向けて動き出すんであれば、やっぱり産地ごとの競争というところではなくてですね、まあオールジャパンブランド掲げてですね、まあ、あの国を含めいろんなサポートをしてですね、まとまって輸出するってことが非常に大事かなというふうには思ってます。」（GRA 千葉佳佑さん）

　農林水産業の＿＿（8）＿＿として輸出を後押しする県でも、TPPを輸出拡大の足がかりにしたい考えです。

　「人口減少の中で＿＿（9）＿＿が縮まっていくのではないかという中で、一方で、世界レベルで見れば人口が増えて市場が広まっていくと…」（県食産業振興課　嘉藤俊雄課長）

　県では今後、TPPの影響を見極めながら、生産者に専門家を派遣して＿＿（10）＿＿に取り組んだり、海外からバイヤーを招いて商談会を開くなどの支援を続ける方針です。

　「（国内の）他の産地との競争であったりいろいろ他にも課題がありますので、まあそういったところを継続的に支援をしていければなあというふうに考えます。」（県食産業振興課　嘉藤俊雄課長）

発展練習：
次の質問に自分の言葉で答えてください。
1. TPP協定の発効は日本国民の生活にどんな影響をもたらすと思いますか。
2. アメリカはなぜTPP協定から離脱したのか、調べて発表してください。

ステップ3
宿　題

1．ビデオ⑤を視聴した後、グループに分かれて自分たちでテーマを設定し、それについてディスカッションしてください。

2．4つのビデオの内容を自分の言葉で要約し、録音して担当の先生に提出してください。

3．次の課のステップ1の準備をして次の授業で発表してください。

経済政策

第36課

ガイダンス

　この課では経済政策に関する映像を見ながら、経済政策に関する日本語の語彙や表現を学び、十分に聞き取ることや表現することができるようになることを目指します。

　これまで勉強してきた日本の社会問題や国内経済、世界経済との関連や農業経済の現状などを踏まえたうえで、この課では経済政策全般に関する映像を中心に扱っています。そのため、この課の映像を見て勉強する際には、これまで勉強してきた知識や観点を頭に入れておくことを心がけてください。

　また、日本経済の現状や課題としてはどのようなものがあり、日本は何を目指してどのような経済政策を取っているのかについて、自分なりの理解に基づき説明できるかということを意識してみましょう。

経済政策　第36課

ステップ1
ウォーミングアップ

　次のキーワードで日本語の資料を調べ、関連知識、語彙を前もってインプットしてください。その後、調べた情報や知識を授業の初めにクラスメートに紹介してください。（毎回3、4人の学生に発表してもらう。）

キーワード

経済成長戦略、財政、消費税、過労死、経済改革

したがき　シート

 予備知識（ビデオを見る前に覚える単語リスト）

競り（せり）	②	拍卖
競り落とす（せりおとす）	④⓪	中标，（出高价）竞买到手
築地（つきじ）	⓪	筑地（东京都中央区的地名）
まい進（まいしん）	⓪	迈进，奋进，挺进
屋外（おくがい）	②	室外
外気（がいき）	①	室外的空气
入荷（にゅうか）	⓪	进货
途切れる（とぎれる）	③	间断，中断
コールドチェーン	⑤	低温运输系统，冷链
更新（こうしん）	⓪	革新，更新，刷新
プレミアム	⓪②	奖金；礼品

249

還元（かんげん）	⓪	（事物）还原
防衛（ぼうえい）	⓪	防卫
返済（へんさい）	⓪	偿还，还债
ずるずる	①	拖延，拖拖拉拉
プロフェッショナル	③	职业的，专业的
カジノ	①	赌场
リゾート	②	游乐场，度假村
臨時閣議（りんじかくぎ）	④	临时内阁会议
据える（すえる）	⓪	安放，放置
タイミング	⓪	时机

ステップ2　視聴

ビデオ①　豊洲市場オープン　世界の「TOYOSU」への課題

内容確認：

ビデオを見て、正しい答えを一つ選んでください。

（　　）1. 豊洲市場が直面している課題は何ですか。
　　A. 衛生管理が不十分　　　　B. 世界へのアピールが不十分
　　C. 卸売会社がすくない　　　D. 競争が激しい

（　　）2. ビデオの内容と合っているものはどれですか。
　　A. 築地を超える豊洲ブランドが確立した
　　B. 築地市場の課題の1つは、外国人や世界へ向けたブランドのアピールだ
　　C. 温度管理において、豊洲市場のほうが築地市場より進んでいる
　　D. 築地市場は、屋外の部分が多く、温度管理が不十分であることから、「コールドチェーン」が可能だ

発展練習：

次の質問に自分の言葉で答えてください。
1. 築地市場についてあなたの知っていることを紹介してください。
2. なぜ中央卸売市場は豊洲に引っ越したのですか。

経済政策　第36課

ビデオ②　来年度予算案は初の100兆円超　日本の財政大丈夫?

内容確認:
ビデオの内容と合うように、次の文を完成させてください。
1. 来年度の一般会計の総額は今年度より＿＿＿＿＿＿＿＿＿＿＿増えて101兆4 600億円となります。
2. 消費増税対策としてプレミアム付き商品券や、＿＿＿＿＿＿＿＿＿＿＿など総額で2兆円余りが投入されます。
3. 高齢化による＿＿＿＿＿＿＿＿＿＿＿やアメリカからの＿＿＿＿＿＿＿＿＿＿＿＿＿＿＿などで社会保障費と防衛費も過去最大となっています。
4. 財源については、＿＿＿＿＿＿＿＿＿＿＿の額が1兆円ほど減る見込みです。

発展練習:
次の質問に自分の言葉で答えてください。
1. 来年度の予算が増加する原因は何ですか。
2. 消費増税による増収の大部分はどこに使われますか。

ビデオ③　「働き方改革関連法」「TPP関連法」成立

内容確認:
ビデオの内容と合っていれば○、違っていれば×をつけてください。
（　　）1.「働き方改革関連法」はすべての職業にたいして残業時間の上限を設けました。
（　　）2. 立憲民主党枝野代表は「働き方改革関連法」に賛成しています。

発展練習:
次の質問に自分の言葉で答えてください。
1.「働き方改革関連法」の主な内容は何ですか。
2. 日本社会における過労死問題について、あなたが知っていることをクラスメートに説明してください。

ビデオ④　「来年10月1日に消費税引き上げ」表明へ

内容確認:
ビデオを見て、下線に適当な言葉を書いてください。
安倍総理大臣は来年10月1日に消費税率を今の＿＿(1)＿＿に予定通り引き上げる方針を固め、明日の臨時閣議で表明する方向であることがわかりました。
安倍総理大臣は明日の臨時閣議で、＿＿(2)＿＿に予定通り消費税率を引き上げる方

針を示し、＿＿＿(3)＿＿＿を和らげるための景気対策などについて検討するよう指示する見通しです。

安倍総理はこれまで、消費税率10％への引き上げを2度延期していました。しかし、今回は、＿＿＿(4)＿＿＿が続いていることや、消費増税分も財源とする＿＿＿(5)＿＿＿保障制度の導入を＿＿＿(6)＿＿＿ことなどから、最終判断したものと見られます。

政府関係者によりますと、増税のおよそ1年前となる今回のタイミングでの表明には、景気対策や、＿＿＿(7)＿＿＿などの準備を万全にする狙いがあるということです。政府は増税後の景気対策として、クレジットカードなどキャッシュレスで買い物をすれば、＿＿＿(8)＿＿＿をつける制度の導入などを検討しています。

発展練習：
次の質問に自分の言葉で答えてください。
1. 日本はなぜ消費税率を8％から10％に引き上げるのですか。
2. 増税により、景気や社会にはどんな影響が現れると思いますか。

ステップ3
宿　題

1. ビデオ⑤を視聴した後、グループに分かれて自分たちでテーマを設定し、それについてディスカッションしてください。
2. 4つのビデオの内容を自分の言葉で要約し、録音して担当の先生に提出してください。
3. 次の課のステップ1の準備をして次の授業で発表してください。

農業・農村 1

第 **37** 課

ガイダンス

　この課では日本の農業・農村に関する映像を見ながら、農業・農村に関する日本語の語彙や表現を学び、十分に聞き取ることや表現することができるようになることを目指します。

　私たちの生活に絶対に欠かせない農業ですが、「きつい」「稼げない」などのイメージから若者たちに避けられる傾向があり、農村の過疎化の一つの原因になっています。しかし、最近では農村に移住して最新技術や斬新な発想で新たな農業に挑戦する人々も出てきています。

　この課で扱っているビデオは、そんな農業・農村に関する新しいテクノロジーやアイディア、そして人々に関するものです。日本の新たな動きを見て、農業や農村が秘めている可能性について思いを巡らせてみましょう。

ステップ1 ウォーミングアップ

次のキーワードで日本語の資料を調べ、関連知識、語彙を前もってインプットしてください。その後、調べた情報や知識を授業の初めにクラスメートに紹介してください。（毎回3、4人の学生に発表してもらう。）

キーワード

農業技術、野菜工場、陸上養殖、もうかる農業、就農支援

したがき　シート

 予備知識（ビデオを見る前に覚える単語リスト）

ローカル	①	当地的，地方的
遅延（ちえん）	⓪	延迟，延误
スマートグラス	⑤	智能眼镜
走行型（そうこうがた）	⓪	移动型
精細（せいさい）	⓪	精密的，精细的
リアルタイム	④	实时，即时
立川（たちかわ）	③	立川（东京都西部城市）
煩わす（わずらわす）	④⓪	劳烦，给人添麻烦
無菌（むきん）	⓪	无菌
庄原市（しょうばらし）	④	庄原市（广岛县东北部城市）
ベビーリーフ	④	嫩菜

リーフレタス	④	叶用莴苣
ナマズ	⓪	鲇鱼
備北地域（びほくちいき）	④	备北地区（冈山县北部至广岛县东北部一带）
フィールド	⓪	田地
糞尿（ふんにょう）	⓪	粪尿
フューチャー	①	未来，将来
木更津市（きさらづし）	④	木更津市（千叶县中西部面临东京湾的城市）
トラウト	②	鲑鱼科
ナトリウム	③	钠
負荷（ふか）	①	负荷
バクテリア	⓪	细菌
抗生物質（こうせいぶっしつ）	⑤	抗生素，抗生菌
紅まどんな（べにまどんな）	④	红美人（精品橙子）
とろける	⓪③	溶化
ゼリー	①	果子冻
ジューシー	①	多汁的
早送り（はやおくり）	③⓪	快进，快速播放
オーガニック	④	有机栽培，绿色
ソフトバンク	④	软银集团
先細り（さきぼそり）	⓪	每况愈下

ステップ 2
視 聴

ビデオ① ローカル5Gを活用した新しい農業技術の開発

内容確認：

ビデオを見て、正しい答えを一つ選んでください。

（　　）1. 4Kカメラに比べて、走行型カメラの最も大きな特徴は次のどれですか。

　　A．超高速低遅延　　　　　　　　B．遠隔操作

C．リアルタイムで監視　　　　　　　D．高精細
（　　）2．ビデオの内容と合わないのは次のどれですか。
　　　　　A．ローカル5Gを利用して、様々な新しい農業技術が開発されている。
　　　　　B．4Kカメラで20キロも離れたトマトの状態をリアルタイムで監視できる。
　　　　　C．素人でも4Kカメラや走行型のカメラを簡単に操作できる。
　　　　　D．家庭菜園の経験しかない人にとって、遠隔指導を受けてトマトができるかどうか、非常に不安がある。

発展練習：
次の質問に自分の言葉で答えてください。
1．走行型カメラの方でカバーしきれない部分があった場合、農作業者はどうしますか。
2．科学技術の進歩は野菜栽培にどんな変化をもたらしましたか。

ビデオ② 最先端の野菜工場

内容確認：
ビデオを見て、次の質問に答えてください。
1．2種類の葉物野菜は＿＿＿＿＿＿＿＿＿＿＿＿＿＿が溶かされた水を使って栽培されています。
2．＿＿＿＿＿＿＿＿＿＿＿＿＿＿農業を研究するため、3年前、この施設が作られました。
3．野菜作りは＿＿＿＿＿＿＿＿＿＿＿＿＿＿などに影響を受けます。
4．野菜作りの研究は＿＿＿＿＿＿＿＿＿＿＿＿＿＿ために続きます。

発展練習：
次の質問に自分の言葉で答えてください。
1．ビデオに出てきた「最先端の野菜工場」についてクラスメートに紹介してください。
2．人工光植物工場はどんな難題が解決できますか。

ビデオ③ 豊かな海を守る　陸で育てるサーモン

内容確認：
ビデオの内容と合っていれば〇、違っていれば×をつけてください。
（　　）1．サーモンは回転寿司チェーンなどで人気のネタだと言われています。
（　　）2．一般的には、海面養殖で問題視されるのは魚の餌やフンなどによる海の汚染ということです。

農業・農村1　第37課

発展練習：
次の質問に自分の言葉で答えてください。
1. FRDジャパンはなぜ、海ではなく陸上での養殖を始めたのですか。
2. 海洋環境の保護と海面養殖とを、どうすれば両立できるか、あなたの意見を話してください。

ビデオ④　「もうかる農業」に若者が続々「年収1000万円目指す」持続可能な食料生産

内容確認：
ビデオを見て、下線に適当な言葉を書いてください。
都内のデパート。客が次々と手にしていたのは、紅まどんな。みかんの仲間ですが、お値段なんと…
「8000円近くのものもあります。」（記者）
少し高めですが、15年の品種改良で実現したトロンととろける食感に＿＿(1)＿＿も多く…
「すごくいいゼリーを頂いているような、ジューシーでぷるんみたいな」（購入客）
＿＿(2)＿＿を訪れると…農作業をしていたのは、高橋茄奈さん、23歳。実は…
「前の仕事は自衛官をしていましたね、はい。」（高橋茄奈さん）
なんと元自衛官。なぜ転職したのでしょうか。
「今までだったら、お給料も決められて。でも自営業ってなったら、自分がやったらやっただけ、儲けることができるので。」（高橋茄奈さん）
実は今、農業は、もうかる職業として人気になりつつあるのです。この地域でも売れる品種ができたことに加え、JAが就農支援を強化したことで、農家のなり手が増加。地域の＿＿(3)＿＿一助となっています。
「（農家は）もうからないってイメージがあるんですけど、全然そんなことはなくて。もうやったらやったほどもうけれると思います。年収4桁とか。」（高橋茄奈さん）
かつて「＿＿(4)＿＿」の3Kと言われた農業。若い世代で農家になる人は、この10年で、なんと3倍になっています。
茨城県にあるキャベツ畑。極めて＿＿(5)＿＿で、すごい利益を上げています。強みは、伝統の集団農業です。驚くべきはそのスピード。この映像、早送りしているわけではありません。およそ6000個のキャベツを2時間で収穫しました。時間を無駄にしないよう、雨で農作業ができない日は加工工場で働く、いわば一人二役。小さ過ぎたり、大き過ぎたりして、売りものにならない＿＿(6)＿＿も有効活用します。
「それを全部、売り物にして、加工して売り物にしていけば、かなりの利益率になりますし、農業界の当たり前は私の当たり前ではないので、まだまだもうかる要素っ

て、いっぱいあると思うんですけれども。」（ワールドファーム　上野裕志代表取締役）
　　__(7)__　で従業員は残業ゼロ。週休2日で、給料は20代で350万円から400万円と、サラリーマンの平均を上回ります。ノウハウを学び、独立を考える人が多く…
　「1 000万円を稼げるようなプロを目指したいですね。」（従業員）
　この成長性に、大企業も目をつけています。
　「山中の開けたところにあるこちらの農場、実は__(8)__が運営しています。」（記者）
　耕作放棄地を整備、オーガニック野菜で作るカットサラダをヒットさせ、急成長しています。他にもトヨタやソフトバンクなど企業が__(9)__。
　「農業というのは、ま収入が低くて、え、非常に先細りだったんですけれども。ま、最近では、もうかりやすくなったので、企業とか若者が、まあ、参入して産業として活気がある。食料の供給という面でもね、プラスになる。」（第一生命経済研究所　永濱利廣首席エコノミスト）
　もうかることで持続可能な食料生産に__(10)__。若い力が集まり始めています。

発展練習：
次の質問に自分の言葉で答えてください。
1. 元自衛官の高橋茄奈さんはなぜ農業に転職したのですか。
2. 我が国における農村の過疎化に対して、あなたはどう思いますか。

ステップ3　宿題

1. ビデオ⑤を視聴した後グループに分かれて自分たちでテーマを設定し、それについてディスカッションしてください。
2. 4つのビデオの内容を自分の言葉で要約し、録音して担当の先生に提出してください。
3. 次の課のステップ1の準備をして次の授業で発表してください。

農業・農村 2

第**38**課

ガイダンス

　この課でも日本の農業・農村に関する映像を見ながら、農業・農村に関する日本語の語彙や表現を学び、十分に聞き取ることや表現することができるようになることを目指します。

　この課では、農業について教育したり農村を体験したりするビデオが集められています。農業や農村は私たちの大切な食料を提供してくれる大事な存在です。また、農村に足を運び、都会では失われてしまった自然のなかで、素朴な風土人情に触れることは、私たちの心を豊かにしてくれます。

　この課のビデオを見ることを通じて、日本の農業や農村について知るだけでなく、自分がいつも食べているものがどこから来ているのか、想像してみましょう。そして、できることなら実際に農村に足を運んでみて、農村風情を感じてみてはどうでしょうか。

ステップ1 ウォーミングアップ

次のキーワードで日本語の資料を調べ、関連知識、語彙を前もってインプットしてください。その後、調べた情報や知識を授業の初めにクラスメートに紹介してください。(毎回3、4人の学生に発表してもらう。)

キーワード

農業技術、農業体験、農村ライフ、デジタル農業教育

したがき　シート

予備知識(ビデオを見る前に覚える単語リスト)

種まき（たねまき）	②	播种
嬉野市（うれしのし）	④	嬉野市（佐賀県西南部城市）
ナビ	①	（「ナビゲーション」的省略）导航
果樹園（かじゅえん）	②	果树园
新規（しんき）	①	新开始
南房総市（みなみぼうそうし）	⑥	南房总市（千叶县南部城市）
黒潮（くろしお）	⓪	黑潮，日本暖流
カレンデュラ	②	金盏花（菊科）
キルギス	①	吉尔吉斯斯坦

手厚い（てあつい）	⓪③	热情的
給肥（きゅうひ）	①	施肥
試食（ししょく）	⓪	试吃
VR（ブイアール）	③	虚拟现实
AI（エーアイ）	③	人工智能

ステップ2
視　聴

ビデオ①　農業の大切さを学んで 小学生がソバの種まきを体験

内容確認：

ビデオを見て、正しい答えを一つ選んでください。

（　　）1. 今度のソバの種まき体験では、どのくらいの種が撒かれましたか。
　　A. 26キロ　　　　　　　　　　B. 34キロ
　　C. 14キロ　　　　　　　　　　D. 握るくらいの量

（　　）2. 子どもたちはソバの種まき体験のどこが楽しかったと思いましたか。
　　A. 農業の大切さを学べること
　　B. 土をかぶせること
　　C. 作ったらすぐ食べられること
　　D. 自分で農業をすることによって作物が出来上がること

発展練習：

次の質問に自分の言葉で答えてください。
1. ソバの種まき体験はどういう目的で企画されたのですか。
2. 好きな野菜や果物の成長過程をネットで調べて、クラスメートに話してください。

ビデオ②　農業体験で深めるきずなと食育

内容確認：

ビデオを見て、次の質問に答えてください。
1. これは6月に_____で行われたファミリー農園クラブです。

2. 袋に_____と愛着が湧きます。

3. _____ファミリースペースではお隣同士の交流が生まれていました。

4. _____を知ると、もっと食べ物を大切にしようという気持ちになります。

発展練習：
次の質問に自分の言葉で答えてください。
1.「ESD」とは何か、あなたの理解と意見を聞かせてください。
2. 今まで体験した農業活動を一つ取り上げて話してください。

ビデオ③　充実した農村ライフ

内容確認：
ビデオの内容と合っていれば○、違っていれば×をつけてください。
（　　）1. 五十嵐さん夫婦は千葉県の最南端の白浜地区で出会い、2人ともカレンデュラに魅了され、結婚しました。
（　　）2. カレンデュラは冬から春にかけて、畑一面を美しいオレンジに彩ります。
（　　）3. 五十嵐さん夫婦は豊富な農業経験があるので、カレンデュラ栽培を始めました。

発展練習：
次の質問に自分の言葉で答えてください。
1. 五十嵐さん夫婦はなぜ千葉県への移住を決断したのですか。
2. あなたは都会生活と農村生活と、どちらを選びますか。その理由を述べてください。

ビデオ④　高校生がリモートで農業学ぶ　次世代デジタル教育

内容確認：
ビデオを見て、下線に適当な言葉を書いてください。

農業に携わる人材の育成に＿＿(1)＿＿授業がスタートです。県の農業大学校の教員が高校生に向けてオンラインでの授業を今日初めて行いました。

この取り組みは農業を学ぶ高校生に、就農への意欲を高めてもらう、県の次世代デジタル農業教育の一環で行われました。初めての授業は眞岡北陵高校と県の農業大学校をオンラインでつなぎ、＿＿(2)＿＿の生徒16人に対して、農業大学校のイチゴ学科の教員が授業します。

この日のテーマはイチゴの高設栽培での環境制御装置についてです。10アール当た

りの収穫量が過去に比べて、現在大幅に増えた理由の一つに、＿＿(3)＿＿技術の進歩がありますが、装置が高価なため、高校に実習設備がありません。

「まあ、雨の影響を受けにくいので、作業を計画的に行えるっていうことがあります。給肥装置を使ってね、肥料をあげることで、えー、肥料の与え方もかなりね、え、細かく管理できるというところが特徴です。」（教員）

高校にはない設備を使ってリアルに学ぶことができ、さらに専門の教員が教えているためグラフを多く使って分かりやすく指導できます。収穫された＿＿(4)＿＿を試食すると、学んだ後では印象が変わり楽しいと話す生徒もいました。

「自分初めてそのオンライン授業やったんですけど、まあ、あの、声とかもすごくはっきり聞こえやすくて、画面通しても機械を見ることができってのが、自分がやっぱりそこが一番いいなあと思います。」（授業を受けた男子生徒）

「私の家にない装置とかが見れてとてもよかったと思います。＿＿(5)＿＿、操作している人がいて、自分で見ると、なんか自分が動かしてるように見えて、あの、とてもよかったと思います。」（授業を受けた女子生徒）

県経営技術課は今回のオンライン授業を皮切りに今後VRやAIを活用したデジタル教材を作成して、さらに＿＿(6)＿＿が受けられるよう、事業を進めていくことにしています。

「若い人にとって、今VRとかAIとか、色々なデジタル技術があの身近なものになっているんですけども、まあ、＿＿(7)＿＿を知ってもらう、そして農業をやりたいと思ってもらうっていう、まあ、一つの＿＿(8)＿＿と言いますか。新たな手法としてより関心を高めてほしいと考えています。」（県経営技術課担い手育成担当　菅谷和音さん）

先ほど話題に上がった今後作成するデジタル教材は＿＿(9)＿＿ができるというものです。定点観察したイチゴやナシの生育の様子や栽培管理の方法、季節に関係なく木の剪定、実の間引き作業の訓練ができる教材を制作予定ということで、まるでゲームのようですね。（本当ですね）こう、一見難しそうに思える内容でもわかりやすく楽しく学べるとなると、こう、学びたいという意欲もさらに増しそうですよね。まあ、＿＿(10)＿＿に合わせて、どんどんこう農業であったり教育分野いろんな分野が変わって、（そうですね）いってますね。（進みますね）はい。

発展練習：
次の質問に自分の言葉で答えてください。
1. 若者の就農の意欲を高めるには、どうすればいいと思いますか。
2. あなたはどんな農業活動に参加したいですか。なぜですか。

ステップ3
宿　題

1．ビデオ⑤を視聴した後グループに分かれて自分たちでテーマを設定し、それについてディスカッションしてください。

2．4つのビデオの内容を自分の言葉で要約し、録音して担当の先生に提出してください。

3．次の課のステップ1の準備をして次の授業で発表してください。

中国の声 1

第39課

ガイダンス

　この課では中国の声に関する映像を見ながら、中国の声に関する日本語の語彙や表現を学び、十分に聞き取ることや表現することができるようになることを目指します。

　悠久の歴史を誇る中国には、豊富な文化、多彩な文芸、数えきれないほどの遺産が存在します。それらの多くは海を越え、日本を含む海外へと伝わり、世界に影響を与えました。

　この課で扱うビデオの多くは、そんな中国の歴史や文化に関するものです。自分の国の文化が日本語ではどのように紹介されているか観察し、ビデオの視点や表現を参考にしながら自分でも紹介してみましょう。

ステップ1 ウォーミングアップ

次のキーワードで日本語の資料を調べ、関連知識、語彙を前もってインプットしてください。その後、調べた情報や知識を授業の初めにクラスメートに紹介してください。（毎回3、4人の学生に発表してもらう。）

キーワード

遣隋使・遣唐使、お茶、伝統玩具、大渡河

したがき　シート

 予備知識（ビデオを見る前に覚える単語リスト）

西暦（せいれき）	⓪	公元，公历（俗称阳历）
聖徳太子（しょうとくたいし）	⑤	圣德太子（574—622）
経典（きょうてん）	⓪	佛典，佛经
平城京（へいじょうきょう）	⓪	平城京（日本奈良时代的京城）
平安京（へいあんきょう）	⓪	平安京（日本平安时代的京城）
製茶（せいちゃ）	⓪	制茶
黒茶（くろちゃ）	②⓪	黑茶
白茶（はくちゃ）	②⓪	白茶
茶葉（ちゃば）	①	茶叶
バラエティー	②	多样性
コレクション	②	收藏

グレート	②	伟大的
ネイチャー	①	自然
大渡河（だいとが）	③	大渡河
峡谷（きょうこく）	⓪	峡谷
圧巻（あっかん）	⓪	最出彩的部分，压轴
岩壁（がんぺき）	⓪	悬崖绝壁
青蔵高原（せいぞうこうげん）	⑤	青藏高原
モンスーン	③	季风
積乱雲（せきらんうん）	③	积雨云
削る（けずる）	⓪	削，剥蚀
断崖絶壁（だんがいぜっぺき）	⓪	悬崖峭壁
露わ（あらわ）	①⓪	裸露，露出
堆積（たいせき）	⓪	沉积
隆起（りゅうき）	①⓪	隆起，凸起
浸食（しんしょく）	⓪	侵蚀
ダイナミック	④	活跃的
地殻（ちかく）	⓪	地壳

ステップ2
視　聴

ビデオ① 遣隋使・遣唐使

内容確認：

ビデオを見て、正しい答えを一つ選んでください。

（　　）1. 平城京はいつ日本の都となりましたか。

　　　　A. 607年　　　B. 706年　　　C. 710年　　　D. 794年

（　　）2. 遣隋使・遣唐使によって日本に伝えられたものではないのは次のどれですか。

　　　　A. 中国のお茶　　　　　　B. カボチャ
　　　　C. 薬　　　　　　　　　　D. 仏教の経典

発展練習：

次の質問に自分の言葉で答えてください。

1. 日本は遣隋使・遣唐使によってどんな影響をもたらされましたか。
2. 中日交流について、あなたの意見を述べてください。

ビデオ②　中国伝統製茶

内容確認：

ビデオを見て、次の質問に答えてください。

1. _____が世界無形文化遺産に登録されました。
2. _____。これがいわゆる中国の六大茶葉です。
3. 中国茶の2 000とは_____です。
4. 中国は世界で最初に_____国です。

発展練習：

次の質問に自分の言葉で答えてください。

1. 中国茶は日本の茶道にどんな影響を与えたか、資料を調べてから発表してください。
2. 世界無形文化遺産リストに登録された中国のものを五つ挙げてください。また、その中から一つ取り上げて紹介してください。

ビデオ③　中国のおもちゃ

内容確認：

ビデオの内容と合っていれば○、違っていれば×をつけてください。

（　　）1. 10月23日まで開かれた特別展では、中国のおもちゃしか展示されていません。
（　　）2. おもちゃには子どもたちが遊びに使うだけではなく、健康や福を呼ぶ縁起物としての役割もあります。

発展練習：

次の質問に自分の言葉で答えてください。

1. あなたが幼い時遊んだおもちゃを一つ挙げて紹介してください。
2. 中国の伝統芸能京劇について、あなたの知っていることを話してください。

ビデオ④　グレートネイチャー　中国・長江最大の支流大渡河峡谷

内容確認：

ビデオを見て、下線に適当な言葉を書いてください。

中国の声 1　　　第39課

　グレートネイチャー。今回は中国南西部横断山脈にある大渡河峡谷。世界的大河長江の最大の支流。高低差2 600メートルにもおよぶ　(1)　です。
　これは圧巻。そそり立つ岩壁の合間を激流が突き進んでいきます。早速谷底から峡谷の深さを体感しましょう。
　　(2)　大渡河峡谷。その長さは26キロにも及びます。谷底から絶壁の上まで高低差は最大で2 600メートル以上。深い峡谷の形成にはこの一帯に降る雨が関わっているといいます。
　3 000ミリといえば東京の　(3)　のおよそ2倍です。春、暖かくなると大陸の内部の青蔵高原周辺では　(4)　が地面を熱し、空気が暖められて上昇気流が起こります。すると太平洋の南から大陸に向けて湿った空気が流れ込みます。
　これが東南モンスーンです。　(5)　は高い山がない中国南東部を通過。やがて東南モンスーンは大渡河峡谷西側の山脈にぶつかり上昇。すると積乱雲が発生し大量の雨が降るのです。
　5月から10月にかけて大渡河峡谷　(6)　。その水を集めた激しい流れが峡谷を深く削っていくのです。
　さらに大峡谷の形成にはもう一つの　(7)　といいます。やってきたのは峡谷の最上部。
　えっ？巨大な断崖絶壁に道がありますよ。
　露わになった白っぽい石。どんな岩石なんでしょう。
　石灰岩は　(8)　などが堆積してできた岩石。それがこんな内陸部にあるということ？
　今も続く大地の隆起。それが大峡谷形成のもう一つの秘密だといいます。大地の低い部分には雨などの水が集まり削られて川になります。雨などによる浸食はその後も続きますがそこに大地の隆起が加わると、隆起と浸食その　(9)　が働き峡谷はさらに深さを増していくのです。
　今も年間7.8ミリのペースで続くという隆起。それを生んでいるのはダイナミックな地殻変動の力だといいます。大渡河峡谷は　(10)　を物語る大自然の造形なのです。

発展練習：
次の質問に自分の言葉で答えてください。
1．大渡河峡谷が形成された原因は何だと考えられていますか。
2．大自然に恵まれた素晴らしい景色について、あなたはどう思いますか。

ステップ3
宿　題

1．ビデオ⑤を視聴した後グループに分かれて自分たちでテーマを設定し、それについてディスカッションしてください。

2．4つのビデオの内容を自分の言葉で要約し、録音して担当の先生に提出してください。

3．次の課のステップ1の準備をして次の授業で発表してください。

中国の声 2

第40課

> ### ガイダンス
>
> 　この課でも中国の声に関する映像を見ながら、中国の声に関する日本語の語彙や表現を学び、十分に聞き取ることや表現することができるようになることを目指します。
>
> 　この課で登場するビデオは、中国に関する新たな動きや潮流、現象に注目したものです。前の課でも触れたように、中国は歴史が古い国ですが、同時に目まぐるしい変化を見せる国でもあります。ひょっとしたら、あなたがこのビデオを見ているとき、これらのビデオの内容はすでに懐かしいものになっているかもしれません。
>
> 　伝統と潮流は矛盾するものでも対立するものでもありません。両者が両輪となることで、その国の歴史がつづられていくのです。この課の映像を見ながら、中国の新しい動きや潮流に注目するとともに、その根底に変わらず存在している「中国らしさ」とはなにか、考えてみましょう。

ステップ1 ウォーミングアップ

　次のキーワードで日本語の資料を調べ、関連知識、語彙を前もってインプットしてください。その後、調べた情報や知識を授業の初めにクラスメートに紹介してください。(毎回3、4人の学生に発表してもらう。)

キーワード

中国料理、国産アニメ、コーヒー市場、淄博シャオカオ、中国パンダ

したがき　シート

　予備知識(ビデオを見る前に覚える単語リスト)

魚介類（ぎょかいるい）	②	水产
発祥（はっしょう）	⓪	起源
港町（みなとまち）	③	港口城镇
さそり（蠍）	⓪	蝎子
マントウ	⓪	馒头
コスプレーヤー	④	角色扮演者
クオリティー	②	品质
優遇（ゆうぐう）	⓪	优惠
突如（とつじょ）	①	突如其来
テーマパーク	④	主题公园
裾野（すその）	⓪	边缘

出資（しゅっし）	⓪	出资
ディープ	①	深层次
ネスレ	①	雀巣
スターバックス	④	星巴克
ラッキンコーヒー	⑦	瑞幸咖啡
マナーコーヒー	⑥	慢勒咖啡
ノバーコーヒー	⑥	挪瓦咖啡
新興（しんこう）	⓪	新兴
淄博市（しはくし）	③	淄博市（山东省中部城市）
隔離（かくり）	①⓪	隔离
バズる	②	刷屏，爆红

ステップ2
視　聴

ビデオ① 中国の食文化

内容確認：
ビデオを見て、正しい答えを一つ選んでください。
(　　) 1. ビデオによると、野菜や魚、肉はどの料理によく使われる食材ですか。
　　　A. 東の上海料理　　　　　　B. 西の四川料理
　　　C. 南の広東料理　　　　　　D. 北の北京料理
(　　) 2. ビデオの内容と合わないのは次のどれですか。
　　　A. 中国の国土は広いので、地域の気候や産物が大いに違っている。
　　　B. 南の広東では米を使った料理が食べられるのに対して、北の北京では小麦粉を生地にしたマントウなどがよく食べられる。
　　　C. 日本人も四川料理の麻婆豆腐になじみがある。
　　　D. 上海料理も広東料理も、どちらも魚介類をよく使っている。

発展練習：
次の質問に自分の言葉で答えてください。
1. 中国には八大料理がありますが、それぞれ何か、話してください。

2. あなたの知っている中国の代表的な料理を一つ紹介してください。

ビデオ②　中国国産アニメ

内容確認：

ビデオを見て、次の質問に答えてください。

1. 中国政府＿＿＿＿＿＿＿＿＿＿＿として国産アニメ産業を成長させたいです。
2. 中国アニメ初のテーマパークは＿＿＿＿＿＿＿＿＿＿＿から車でおよそ2時間半の場所にあります。
3. ゲームなどだけでなく、テーマパーク事業でも＿＿＿＿＿＿＿＿＿＿＿を展開し始めています。
4. ＿＿＿＿＿＿＿＿＿＿＿裾野を広げようと新たな事業に打って出たテンセントのビジネスは、日本でもすでに拡大しています。

発展練習：

次の質問に自分の言葉で答えてください。

1. 中国アニメ初のテーマパークの目玉は何ですか。
2. あなたが見たことがある中国のアニメを一つ紹介してください。

ビデオ③　中国コーヒー市場

内容確認：

ビデオの内容と合っていれば○、違っていれば×をつけてください。

（　　）1. 去年11月、上海は世界で最もコーヒーショップが多い都市となりました。
（　　）2. 中国のコーヒー市場は1980代からインスタントを中心に成長してきました。

発展練習：

次の質問に自分の言葉で答えてください。

1. 中国の伝統的な飲み物であるお茶と外来品であるコーヒーでは、どちらが好きですか。なぜですか。
2. 中国コーヒー市場はこれからどう発展してくか、予想しながら自分の意見を話してください。

ビデオ④　中国で今一番人気の旅行先「山東省・淄博市」

内容確認：

ビデオを見て、下線に適当な言葉を書いてください。

「ニーハオ！現在こちらは午後4時過ぎです。中国はですね、連休の真っ只中なんですけれども、こちら見てください。たくさんの人たちが今来ています。皆さんね、観光客なんですけれども、ここ山東省の淄博市という場所です。皆さんあまり聞いたことないと思いますけれども、北京からは高速鉄道でおよそ2時間半ほど、連休中のチケットはですね、＿＿(1)＿＿しました。さて、ここでクイズなのですが、この淄博市、えー、今中国で最も人気の旅行先ともいえるんですけれども、皆さん何を目的に来ているのでしょうか。」（北京支局　松井智史）

「観光客で賑わう中国山東省の淄博市です。先ほどのクイズでですね。こちら、え、最も人気の旅行先ともいえるこの淄博市、皆さん何を目的に来ているのかお分かりになりますでしょうか。3つの中からお答えください。①バーベキュー、②占い、③免税店。」（北京支局　松井智史）

「へえ？今村さんどうですか。」

「いやなんか、1。（あー）だって占いやったらえらい時間かかりそうじゃない？この人数。（ええー！）」

「でも、バーベキューってどこでもできません？」

「そうなんですよ。免税店もなんかないだろうし。」

「だから逆に入ってんのおかしくない？1番。急に。」

「あー、確かに。」

「でも2番とかであってほしいんだよな。」

「私も2番じゃないかと思ったんですけどね。」

「＿＿(2)＿＿わ、一番に。」

「まぁ確かに。そういうことか。」

「答えは何でしょうか。」

「はい、正解はですね。一番のバーベキューです。ここバーベキュー会場になっていまして、今その食べるためにみんな並んでるんですけれども、ここにあの実際バーベキューちょっと準備してもらいました。ちょっと、はい、すいません。はい、こちらでーす。これですね。中国語で"ズーボーシャオカオ"というふうに呼ばれるバーベキューなんです。えー、ま、普通の羊の肉、牛肉など、こうやって＿＿(3)＿＿にして焼いて食べるんですけれども、食べ方に特徴がありまして。まずですね、あの、こういうナンのようなもの、これをですね、つけまして、開いて、地元特産のこれネギ、これをまず挟みます。そして、2本、2本ほどですね。これをここに挟んで、抜いて、で、これをガブリと食べます。肉もおいしいんですけれども、このネギとの組み合わせが本当にあの、最高です。」（北京支局　松井智史）

「つけた粉はピリ辛なんですか。」

「そうですそうです、ピリ辛です。」

「ちょっと店内見ていただきたいんですが。はい、今はもう店の中ですね、人がびっしり詰まっています。で、まだ実はまだ皆さん食べてないんですね。これあの場所取りのために来てて、今こう人だかりありますけれども、これは注文するための紙を取りたいためにみんな並んでるんですね。ちょっと映像を見てほしいんですが、こちら昨日の映像ではですね、もうこの注文するための紙を___(4)___になっていました。はい、今年3月頃からですね。このズーボーシャオカオ___(5)___となっているんですけれども、きっかけはですね、コロナで隔離生活をこの地で送っていた大学生たちが、あの、隔離が解除される際にですね、地元政府からこう無料でバーベキューを振る舞われたというようなエピソードがありまして、それにこういたく感動した学生たちがこうSNS上でコロナが終わったら、このズーボーシャオカオを食べに行こうなどとネットで、これ、言うようになって、えー、超バズったそうなんです。それだけじゃなくてですね。あの地元政府もその評判にあやかってバーベキュー会場への無料バスを走らせたり、また特設会場まで作ったりして、このなんか___(6)___というのを街全体でやったというのがありました。今では町おこしの手本とまで言われるようになっているんです。」（北京支局　松井智史）

「お子さんまでいるんだ。味は別に特にこの場所ならではのっていうことではないんですか。松井さん」

「そう、実はですね。あのまあ、お肉自体は、あの美味しいんですけれども、まあここじゃないと食べられない美味しさかっていうと、あの実はまあ、中国___(7)___いろんなところにあるバーベキューおいしいところ他にもあります。ただ先ほどはちょっとご覧いただいた食べ方、で、食べるのはここ___(8)___で、これあのちょっと食べてみないと美味しさわからないんですけれども。あの、ネギと肉とあの、ナンみたいなやつその組み合わせが___(9)___で美味しいんですよ。」（北京支局　松井智史）

「うーん。今のところで何分待ちかってわかるんですか。」

「あ、すみません。もう一度お願いします。」（北京支局　松井智史）

「今のところ___(10)___が発生してますか。」

「あ、今のところですね、さっき、あの、こちらの店長さんが、あの、ちょっと3時間ぐらい待つかもしれないけど。あの、ま、皆さんの騒がないでというふうにアナウンスしてましたんで、かなり先の行列の後ろの方の人たちは待たなきゃいけないようです。」（北京支局　松井智史）

「そうですか。松井さん、ありがとうございました。」

発展練習：

次の質問に自分の言葉で答えてください。

1. ズーボーシャオカオの食べ方にはどんな特徴がありますか。

2．ズーボーシャオカオが人気になったワケは何だと思いますか。ビデオに基づいて、あなたの意見を発表してください。

ステップ3
宿　題

1．ビデオ⑤を視聴した後グループに分かれて自分たちでテーマを設定し、それについてディスカッションしてください。
2．4つのビデオの内容を自分の言葉で要約し、録音して担当の先生に提出してください。
3．次の課のステップ1の準備をして次の授業で発表してください。

スクリプト

第21課　犯罪・事件

ビデオ①　「特殊詐欺」去年認知件数、7年連続で増加

　振り込め詐欺など「特殊詐欺」の去年1年間の認知件数は1万8000件あまりと、前の年からおよそ3割増え、7年連続で増加したことが分かりました。

　警察庁によりますと、高齢者らを狙った「特殊詐欺」の去年1年間の認知件数は、前の年からおよそ3割増え1万8201件となり、7年連続で増加しました。被害総額は3年連続で減ったものの、およそ390億円に上っています。

　親族や警察官などを装う「オレオレ詐欺」と有料サイトの利用料金名目などの「架空請求詐欺」が、前の年から1.5倍ほど増え、2つの手口で全体の8割近くを占めました。

　「オレオレ詐欺」のうち、警察官や金融関係職員になりすますなどしてキャッシュカードをだまし取る手口は、前の年の4倍に急増したということです。

ビデオ②　闇バイトに手を染める

　今月8日東京銀座の高級時計店に仮面をつけた男たちが押し入り、腕時計を奪い逃走した事件。

　現場から3キロほど離れた場所で逃走車両が見つかり、近くの建物に侵入した疑いで16歳から19歳の少年4人が逮捕されました。強盗事件に関わったとみて、警察が調べを進める中、互いに面識はないと話したことから疑われるのが。

　「ツイッターでお金欲しいなってツイートしたらいいバイトあるよみたいな感じで返事が来たんです。」

　これは闇バイトで特殊詐欺に加担し、逮捕された大学生の体験談を基に、愛知県警が作った啓発動画。大学生が興味があると伝えると、免許証の写真や住所などが必要と言われ、大学生は個人情報を送ってしまいました。

　「やばいでしょって思ったけど、免許も送っちゃってるし、誰にも相談できる人もいなくて。」

　その後、大学生は指示されるがまま高齢者を訪ねてキャッシュカードを受け取り、

引き出した金を男に渡しました。数か月後。

　愛知県警によると、今年に入ってから先月末までに60人が特殊詐欺で逮捕されていて、このうち35人が闇バイトがらみとみられています。

ビデオ③　スマートフォン乗っ取り

　車内で俯く女、他人のスマホを乗っ取っておよそ9000万円もの不正送金に関与したとみられているんですが、その手口というのがシムスワップ。小栗さん、これ、どういうものなんでしょうか？（キャスター）

　はい、あの、まずシムというのはこれシムカードのことなんですね。これには電話番号などの利用者情報が記録されていて、スマホにこう差すことで使えるようになります。（日本テレビ解説委員　小栗泉）

　はい。（キャスター）

　そして、スワップは取り替える、つまりスマホを乗っ取るということなんですね。あのー手口はこうなんです。まずはターゲットの個人情報集めです。これ、フィッシングと言って偽サイトに誘導してＩＤですとか、パスワードなどを入力させて盗み取るケースというのが多いんです。（日本テレビ解説委員　小栗泉）

　うん。（キャスター）

　で、次に。不正に取得した個人情報などをもとに、免許証などの身分証を偽造します。そしてシムカードの再発行。これは携帯ショップに行ってシムカードをなくしたなどと言って、偽の身分証で店員を騙して、そして再発行してもらいます。ま、こうしてですね、他人のスマホを乗っ取ることで、ネットバンキングを利用する際にスマホに送られてきますショートメッセージなどの二段階認証も突破して不正に送金するということなんですよね。（日本テレビ解説委員　小栗泉）

　こんなことされたら本当に怖いですけど、こういう被害って増えてるんですか？（キャスター）

　そうなんです。あの、この金融犯罪に詳しい専門家によりますと、1年ほど前から被害相談が増えているそうなんです。で、どんな被害があるかと言いますと、先ほどのネットバンキングによる不正送金、これが一番多いということなんです。で、他にもクレジットカードの不正利用ですとか、お店での不正なスマホ決済もあるということなんです。（日本テレビ解説委員　小栗泉）

　このスマホに紐づいたお金、根こそぎ奪われる可能性もあるって（はい）ことになりますよね。（キャスター）

　そうなんですよね。（日本テレビ解説委員　小栗泉）

　そうすると私たちは何を気をつければいいんでしょうか？（キャスター）

　はい。あの、何よりもまずはですね、フィッシングに応じないことなんですよね。あの、シムスワップ詐欺の前提として、フィッシングで口座情報などが漏れていることが

とがあります。なので、もう見覚えのないメールですとかリンク、これは絶対に開かないこと、そしてパスワードなどを入力しないことが大切。そしてスマホが急に使えなくなったら注意なんです。（日本テレビ解説委員　小栗泉）

はい。（キャスター）

これ乗っ取られるとですね、元々の携帯というのは使えなくなります。

はい、はい。（キャスター）

で、あっという間に不正利用されてしまうということもあるそうなので、すぐに携帯会社に連絡した方がいいということなんです。加えて（はい）、心当たりのない出金。これがあったらシムスワップ詐欺これを疑うべきだということでした。（日本テレビ解説委員　小栗泉）

広瀬さん、今度はシムスワップ詐欺も出てきたんですけど、いかがですか？（キャスター）

まず、あの、フィッシング、あれに気をつけないといけないと思います。あとは生体認証とかその人に基づいたセキュリティ強化してですね、いずれにせよ、ま、携帯会社とか、ま、カード会社に銀行、しっかりと対策とってほしいですね。（元ラグビー日本代表キャプテン　広瀬俊朗）

はい、まあ、あのう、改めてになりますけど急にスマホが使えなくなった、それから、いつもの場所にいるのに4G、5G入らない等に気づいたら、シムスワップと疑ってすぐに携帯会社に連絡。これを覚えていただければと思います。（キャスター）

ビデオ④　上半期　刑法犯罪の認知件数「戦後最少」に

今年上半期に起きた刑法犯罪の認知件数が、39万件余りと戦後最少のペースとなっていることが分かりました。

警察庁によりますと、今年上半期の刑法犯罪の認知件数は、およそ39万9000件で、戦後最少だった去年の同じ時期をさらに下回りました。

全体の7割以上を占める窃盗の認知件数が、去年の同じ時期に比べ1割以上減り、重要犯罪の殺人や強盗はわずかに増えました。

振り込め詐欺の認知件数は、2012年以降増加傾向にありましたが、今年上半期は、依然、高水準ではあるものの去年の同じ時期と比べると7％ほど減少しました。

一方で、振り込め詐欺の検挙者の数は1266人と増加していて、中でも少年の検挙人数が去年の同じ時期に比べ2倍以上に急増し、検挙者全体の3割近くを占めているということです。

ビデオ⑤　「本物だと思っていた」　偽ブランド時計を販売か

偽のブランド時計をインターネットショップで販売した疑いで女が逮捕されました。

これは県警が公開した証拠品です。イタリアの「アルマーニ」や「ディーゼル」、

アメリカの「マークジェイコブス」などをうたった偽のブランド腕時計、およそ550点。こうした偽ブランド時計を経営するネットショップで販売していたとして、山口県の中野裕子容疑者が商標法違反の疑いで逮捕されました。中野容疑者は10人に、1本1万円から2万円で販売した疑いが持たれています。中野容疑者は「販売したのは間違いないが、本物だと思っていた」と話しています。

第22課　就職雇用

ビデオ①　就活生悩む「ガクチカ」問題

「"ガクチカ"に書こうと思っていたことが書けなくて…」（愛知大学3年　加藤七海さん）

愛知大学3年の加藤七海さん。現在およそ15社の企業にエントリーし、就活真っただ中。直面する悩みは「ガクチカ問題」。

ガクチカとは、「学生時代に力を入れたこと」の略称で、2014年頃から使われだした就活用語。加藤さんだけでなく…

「ほとんどサークルとか部活がたぶんないんで」（就活生）

「『ガクチカ』って書くことありました?」（記者）

「あのう、全然なくて」（就活生）

大手就職情報会社ディスコによると、去年11月、全国1 000人あまりの就活生に調査したところ、「『ガクチカ』の内容に困りそうだ」と答えた学生は、およそ半数に上ったということです。

加藤さんは、計画していた上海留学もなくなり、自己PRするものがないと悩んでいます。目指しているのは医薬品関連会社への就職です。そのワケは…

「起立性調節障害っていう病になってしまって。」（愛知大学3年　加藤七海さん）

加藤さんは中学3年間、自律神経の乱れから、朝起きた時に吐き気やめまいに襲われる、起立性調節障害に悩み続けました。ところが、ある飲み薬と出会い徐々に回復。

「その薬がなきゃ、うん、症状もよくなってなかったと思うんで、今度は私が届ける立場になりたい。」

では、このコロナ禍で、企業に提出するためのエントリーシートをどう書けばいいのでしょうか?

「学生時代 頑張ったという経験っていうのは、大学の時もありますし、大学以外のケースもあると思いますね。自分自身が一番輝いた時、その瞬間を書き留めるようにしましょうと。」（愛知大学キャリア支援センター　後藤憲浩さん）

一方、就職支援事業を行う会社は、採用する側について…

「（面接で）『大学時代に無理くりっていうことじゃなくてもいいよ』とか『勉強

の話でもいいよ』とか、ま、企業さんのほうもわりとも気をつけているって感じはあ
りますので。」

「自分は、企業のことをこれだけ調べましたよという熱意が伝わればいいかなと思
ってますので。」（愛知大学3年　新美峻也さん）

こちらは愛知大学3年の新美峻也さん。新美さんも留学が中止になり、「ガクチカ」
としてPRするのは、高校時代のことと決めました。

「今の自分を表すには、一番大学時代のことがいいんですけど…その大学時代の材
料というものが少ないので…」（愛知大学3年　新美峻也さん）

高校時代は毎日深夜1時まで素振り。手に血豆ができるほど打ち込んだもののレギ
ュラーにはなれませんでした。しかし、チームでは「声のエース」と呼ばれ、ムード
メーカーとして頼られる存在でした。

この誇りを胸に、就活用に初めて買ったネクタイを締め、昨日、企業面接に…

「第一志望の企業であるので、ほんとうに緊張してます。」（愛知大学3年　新美峻
也さん）

面接を終えた新美さん。うまくいったのでしょうか？

「ちょっと緊張しましたが、まあ、でも自分のこと表せたのかなって思ってます。
人事の方も野球に興味があったので、大学のことは逆にまだ聞かれなかったですね。
いい結果になるといいです。」（愛知大学3年　新美峻也さん）

面接結果は来月7日に通知されるとのこと。コロナに翻弄され続けた大学生の皆さ
んに、輝かしい未来が開けること…願っています。

ビデオ②　継続雇用年齢65歳以上への引き上げ検討へ

政府は、日本の新たな成長戦略について話し合う会議を開き、65歳以上も働き続
けられるようにする雇用制度改革や、社会保障改革などを進めることを決めました。

「安倍内閣の最大のチャレンジである、全世代型社会保障への改革です。このテー
マも、この未来投資会議において、集中的に議論を進めていきます。」（安倍首相）

新たな成長戦略では、全世代型社会保障改革を進めるとして、継続雇用年齢の
65歳以上への引き上げや、新卒一括採用の見直し、中途採用の拡大の検討を行い
ます。

また、健康で長く働くため、生活習慣病の予防に取り組む、健康保険組合などの保
険者への支援を強化します。このほか、キャッシュレスが広がるよう法制度の見直し
にも着手するとしています。

会議では、年内に中間とりまとめを行い、政府は来年の夏までに実行計画を閣議決
定する方針です。

ビデオ③　就職売り手市場で

今日開催されたのは関西最大級の合同企業説明会マイナビ就職エキスポ。およそ

スクリプト

600の企業がブースなどを出展し、9,000人の学生が来場する予定です。
「男性の育休得率とかがちょっと高い方がいいな。」
「家賃補助が一番気になります。」
「やっぱりお給料も気にしますし、やっぱ地元で働きたいんで。」
「ワークライフバランス。」
　今年は人手不足を背景に人材を確保したい企業が増える一方で、新卒の全体数が減っているため学生の売り手市場に。
　こちらの企業では学生へのPRの1つとしてネイルOKという張り紙を出しています。
　およそ8割の企業が採用活動は厳しくなると見込む中あの手この手で学生たちにアピールです。
「大阪といえばこれという鉄板土産を作りたいっていうのが当社の目標です。」
「人生の主人は君だ!」
　決め台詞で学生の心をがっちりキャッチです。
　そしてもう1つ、企業が力を入れているのが「オヤカク」、親への確認です。
　企業が学生に内定を出す際に保護者に事前連絡をし、了承を得ることです。
　企業から親に内定の連絡があった件数はここ5年で3倍近くに。この背景には親が知らない間に内定が決まってしまうとこんな親トラブルが。
「人気ランキングに入っていない企業は認められない。」
「そちらの製品は嫌いなので内定辞退させます。」
「長く働き続けれるかどうかがすごいキーポイントになってくるかなと思ってるので、会社としてお子さんをこう預かる身になるので、絶対親子さんがやっぱり納得して、本人も納得した上で選んでほしいっていうのは絶対に伝えてます。」（採用する側）
　一方「オヤカク」をされる側からの意見は。
「子供が行きたかったら行っていいし、親に確認するのはちょっと…」
「やっぱり自分のことなんで自分で考えたいなって思ってます。」
　これからの就活「オヤカク」がニューノーマルになっていくのでしょうか。
「三山さん、企業側が親に確認するって。」
「そうなんですねいや…」
「ただもう今時代の変化が激しいので、やっぱり世代が変わると、もう、企業が全然違うじゃないですか昔と。」
「確かにあの親からすると知らない企業みたいなものが増えてますよね。」
「そうですそうです。」
「なので、そういう意味ではその少し先輩世代にも今のこう企業がちゃんとプレゼンをするというのは意義があるかもしれませんが、ま、勤める本人が当然ね、あの主

役ですので、ま、最後はご本人の意思で。ていうことやと思いますけどね。」

「はい。今時の就活事情をお伝えしました。」

関西テレビニュースYouTubeチャンネルをご覧いただきありがとうございます。チャンネル登録よろしくお願いします。

ビデオ④　外国人労働者受け入れ　一部制約を検討

政府は来年春に、外国人労働者の受け入れ拡大のための新たな在留資格の導入を目指していますが、不法滞在者などの増加を防ぐため、受け入れに一部、制約を設ける方向で検討していることが分かりました。

「外国人材の受け入れに際して、不法滞在者の増加につながらないよう、そうした取り組みが必要であるというふうに思っています。」（菅官房長官）

菅官房長官は今日の会見でこのような見解を示した上で、「日本から強制退去となった外国人の身柄を引き取らない国について、受け入れ対象から除外するということも検討課題の一つになっている」と述べました。

政府はこの他、難民認定申請を乱発する国や不法滞在者が多い国には新たな在留資格を与えるかどうか、より厳重に審査を行うことなども検討しています。

こうした検討を踏まえて、政府は臨時国会に入国管理法改正案を提出する方針です。

ビデオ⑤　「優れた技能で永住」外国人労働者の新在留資格検討

外国人労働者の受け入れ拡大に向け、優れた技能を持つと認定された外国人労働者には、日本での永住を認めることなどを政府が検討していることが分かりました。

政府は少子高齢化による人手不足を解消しようと、外国人労働者の受け入れ拡大を検討しています。法務省によりますと、新たに設ける在留資格制度は、外国人労働者が日本語と技能試験に合格すれば優れた技能を持つと認定され、最長5年の在留期間が認められるものです。また、さらに難しい試験に合格した外国人労働者には在留期間を設けず、日本での永住を事実上、認めるということです。一方、不法滞在する人が多い国からは労働者を受け入れないなどの対策も講じる予定です。

政府は今月召集される臨時国会に、新たな制度内容を盛り込んだ法改正案を提出する予定です。

第23課　文芸

ビデオ①　芥川賞に上田岳弘さん・町屋良平さん、直木賞は真藤順丈さん

第160回芥川賞・直木賞の受賞作品が決まり、受賞者が喜びを語りました。

芥川賞には上田岳弘（うえだ たかひろ）さんと町屋良平（まちや りょうへい）さんの2人の作品が決まりました。3回目のノミネートで受賞となった上田さんの『ニ

ムロッド』は、仮想通貨「ビットコイン」を題材にした物語です。また、町屋さんの『1R1分34秒』は21歳のプロボクサーが主人公の青春小説です。

「3回目なんですけど、デビューしてまだ5年少しですけど、すごく、えー、候補にしていただくだけで話題になるすごい大切な賞なので。すごくうれしいなと思います。」（芥川賞　上田岳弘さん）

「まあ、これ、うまいかどうか分からないんですけど、TKOという言葉がありますけど。がむしゃらに頑張っていたら終わっていたみたいな…」（芥川賞　町屋良平さん）

直木賞に決まったのは真藤順丈（しんどう じゅんじょう）さんの『宝島』。第二次世界大戦後の沖縄を舞台にした作品です。

「沖縄に目を向けていただいて、沖縄の問題を考えるときの、一助になればいいなと…」（直木賞　真藤順丈さん）

賞の贈呈式は来月下旬、都内で行われる予定です。

ビデオ②　熊本県民文芸賞　授賞式

県内の文芸愛好者の発掘と地域文化の振興を図る熊本県民文芸賞の授賞式が行われました。

40回目となる今回は小説や短歌、肥後狂句など7つの部門に429作品の応募があり、授賞式には各部門の入賞者20人が出席しました。

小説部門で一席を受賞した菊池市の原誠也さんの作品『残映』は、娘と妻を亡くした男性が不思議な少女との出会いを通じて亡き娘の魂と交流するファンタジーです。現実と幻影を織り交ぜながら人生の黄昏の悲しくも美しい瞬間を描いた点が評価されました。

主催した団体によりますと今年は歴史上の人物の研究や体験記など評論・ノンフィクション部門への応募が増え、80代の応募者も3人いて、長年の研究や分析を積み上げた作品が目立ったということです。

ビデオ③　村上春樹さん　国内で37年ぶりの会見

国内で37年ぶりの会見を開きました。今日、母校の早稲田大学で会見にのぞんだ村上春樹さん。自筆の原稿や資料、レコードなどを寄贈すると発表しました。早稲田大学は寄贈されたものを活用し、村上文学を研究する人たちのための施設を作るということです。

国内での会見は37年ぶりという村上さんは、「日本人でも外国人でも僕の作品を研究したいという人々の役に立つなら、それに勝る喜びはありません」と述べました。ベストセラー小説『ノルウェイの森』の第一稿も寄贈する考えで、施設には「書斎みたいな機能を持つスペースも設けられたら」などと話していました。

施設の完成時期は未定ですが、寄贈は来年度から始まる見通しだということです。

ビデオ④　明治の文豪、夏目漱石

　明治の文豪、夏目漱石。日本人ならこの名を知らない人はいないでしょう。
　しかし、この文豪が新宿の地で生まれ新宿でその人生を終えたことは、あまり知られていません。
　夏目漱石は、1867年（慶応3年2月9日）、徳川幕府倒幕の1年ほど前、牛込馬場下横町、現在の新宿区喜久井町に誕生しました。
　漱石生誕140年を記念して開かれた「漱石ギャラリー」。
　漱石は、東京帝国大学卒業後、松山や熊本で教師を務め、33歳の時イギリスへ留学。帰国して東京帝国大学などで教鞭をとりながら、『吾輩は猫である』を雑誌『ホトトギス』に発表。これが評判になり『坊ちゃん』などを執筆。40歳の時、朝日新聞社に入社し小説家夏目漱石としての本格的な活動を開始します。
　数々の名作を世に送り出した夏目漱石とは、どのような人物だったのでしょう。
　「彼がイギリスに留学したことが、やはりたいへん大きいと思います。ちょうどあの時は、あー、世紀の境目で、ヴィクトリア女王という大英帝国を体現した女王が亡くなった時に、彼はその葬式に行って、それを見ております。えー、沿道から見てるわけですけども、つまり、えー、ひとりの人物、ひとりの王様を、王女様ですが、なくなるということと、それから時代が大きく変わるということを如実に目の前で見た。この辺が彼の明治の、あるいは明治天皇への見方、えー、時代を見る目、そういうものを、私は、養ったと言いましょうか、改めて思ったのではないかと思います。そういう意味での、その、ただ内にこもる文学者ではなく、同時に外の目を持っている人物である、ということを私はたいへん強く惹かれました。」（牧村健一郎）
　新宿で生まれ、新宿でこの世を去った夏目漱石。この国民的作家が生んだ比類なき作品は、これからも数えきれない人々の人生に、深い感銘を残してゆくことでしょう。

ビデオ⑤　ノーベル文学賞　カズオ・イシグロさん会見

　今年のノーベル文学賞に選ばれた日系イギリス人作家、カズオ・イシグロさんが6日、スウェーデンで記者会見し、自身の受賞をめぐる日本の反応に心を動かされたなどと語りました。
　「私の受賞決定を受けた日本の反応にとても心を動かされました。私が日本生まれだと知り、受け入れてくれたと聞きました。」（イシグロさん）
　一方、イシグロさんの母親は長崎で被爆していますが、今年のノーベル平和賞に

ICAN（＝核兵器廃絶国際キャンペーン）が選ばれたことについては、「私も原爆の影の中で育った。冷戦が終わると核兵器もなくなると思われていたが現実は違っている」と指摘し、受賞は喜ばしいと語りました。

　ノーベル賞の授賞式は今月 10 日に行われます。

第 24 課　芸能ニュース

ビデオ①　アカデミー賞発表へ…ノミネート日本人語る

　最高の栄誉とされるアカデミー賞の発表を前に、ノミネートされた日本人が報道陣の取材に応じ、期待を語りました。

　ロサンゼルスでは26日、ノミネートされた日本人らを激励するイベントが開かれました。

　「ウィンストン・チャーチル/ヒトラーから世界を救った男」の特殊メークを手がけた辻一弘さんは、メイクアップ・ヘアスタイリング賞に3回目のノミネートとなりました。

　「今回はやっぱり期待が大きいのと、映画が素晴らしい映画なんでね。その分期待は大きいですね。」（辻一弘さん）

　また、「ネガティブ・スペース」で夫と共同監督を務めた桑畑かほるさんは、短編アニメ賞にノミネートされました。

　「アニメーション業界だったり、女性のアニメーターだったり、ストップモーションのコミュニティーだったり、すごくいろんな人のサポートを受けているということを、すごく感じてすごくうれしいです。」（桑畑かほるさん）

　アカデミー賞は、現地時間の来月 4 日の授賞式で発表されます。

ビデオ②　映画『おかあさんの被爆ピアノ』製作発表

　「被爆ピアノとは一体何なのか。これが残ったことでどういうことが起きたのか。決して昔のことではなくてこれはまさに今、現在進行形で僕らが受け止めなきゃいけないことだということですよね。」（佐野史郎さん）

　「心をぐっとつかまれるような気持になるところもあったり、自分の中で意識を深めていって作品に臨めたらなあと…」（武藤十夢さん）

　製作発表会には五藤利弘（ごとうとしひろ）監督の他主演の佐野史郎（さのしろう）さんやAKB48の武藤十夢（むとうとむ）さんなどが出席しました。映画は原爆から奇跡的に焼け残った『被爆ピアノ』を修復し、全国で平和コンサートを開く調律師の矢川光則（やがわみつのり）さんをモデルに『被爆ピアノ』を通した活動をたどりながら、自分のルーツを探る女性の姿を描きます。

　「原爆の体験があったっていうことを映画を通してかみしめられたらいいなあと思

って作らせていただきました。」（映画『おかあさんの被爆ピアノ』五藤利弘監督）

このあと出演者たちは湯崎（ゆざき）知事を訪ね映画製作に向けて意気込みを語りました。

「被爆ピアノが映画になるということでですね、えー、まあもっともっと今から被爆ピアノが広まっていくんじゃないかなと思いまして…」（ピアノ調律師 矢川光則さん）

「心のこもったっていうか、やっぱりみんな音を聞いてるだけじゃなくてその背景も考えるので。みんなのヒロシマの思いとかっていうのは、つまってでてくる感じがするんで。」（湯崎知事）

映画は来年夏クランクインし2020年公開予定です。

ビデオ③　『おくりびと』滝田監督が中国で映画を製作

日本映画が今、巨大市場の中国で注目されています。映画『おくりびと』でアカデミー賞を受賞した滝田（たきた）監督が、中国側のオファーで新たな映画を製作。その現場にカメラが入りました。

私たちは雲南省・昆明で行われていた中国映画の撮影現場を、特別に取材することが許されました。

中国側からのオファーを受け、メガホンをとるのは日本の滝田洋二郎監督。滝田監督は、映画『おくりびと』でアカデミー賞外国語映画賞を受賞した日本を代表する監督です。日本人監督が中国人向けの中国映画を撮るのは異例です。

作品は中国の急速な経済発展のなかで失われつつある家族の絆をテーマにした人間ドラマです。主演を務めるのは、中国人俳優の韓庚さん。

「滝田監督の作品は繊細な感情を描いていて、この映画にとてもあっています。監督といっしょに仕事ができてとてもうれしいです。」（韓庚さん）

「これは、もうお祝いの途中だ、途中だという。あらためて、乾杯の音頭をとる。」（滝田監督）

通訳を交えながらの演技指導。思いが伝わらず、時には厳しく指導する場面も。

「そっちしゃべってなきゃ、だめだぞ！何のために出てるんだ。本当に喜びの顔しなきゃだめなんだよ！」（滝田洋二郎監督）

中略

「なんか、やっぱね、言葉の壁があるので伝わらないところがあったりとか、これずっと相変わらず、それがおもしろいっちゃおもしろいし、我慢しなくちゃいけないし…」（滝田洋二郎監督）

なぜ、中国映画に滝田監督が起用されたのでしょうか。

「中国人の映画を見る目が急速に育ってきている。」（滝田監督を起用した北京劇角映画文化メディア有限会社　梁巍代表）

まもなく、アメリカを抜いて世界一になるといわれる中国の映画市場。ハリウッド顔負けのアクションや最新のCGを使ったファンタジーなどが次々と生まれていますが、こうした娯楽性を追求した作品に物足りなさを感じる人も増えているというのです。
　この映画プロデューサーは、他の日本人監督とも新たな映画製作を計画しています。巨大な中国の映画市場から、中国にはない日本人監督ならではの手腕に熱い視線が注がれているのです。
　「日本の中だけでやっている時代じゃないんだ。なんか外に出てやらないと変わっていかなきゃと思いますね。もしかするといい化学反応が起きるかもしれないなっていう予感がたくさんあるので…」(滝田洋二郎監督)
　関係改善のなかで加速する日中の映画交流。新たな関係を築くチャンスも秘めています。

　　ビデオ④　文化庁芸術祭　大賞に『透明なゆりかご』などNHKの2作品
　命ってなんだろう。
　このうち、テレビ・ドラマ部門ではNHKのドラマ10『透明なゆりかご』が大賞に選ばれました。
　町の小さな産婦人科医院を舞台に、清原果耶さん演じるヒロインの視点を通して命とは何かを問いかけた内容で、若い世代の院長や看護師らが手探りでヒューマニズムに迫る姿を誠実に描いたとして評価されました。
　また、テレビ・ドキュメンタリー部門ではETV特集『静かで、にぎやかな世界　手話で生きる子どもたち』が大賞に選ばれました。
　聴覚障害のあるディレクターが授業のすべてが手話で行われる学校に密着し、耳が不自由な子どもたちの生き生きとした日常と、実社会の壁の双方をナレーションを使わずに制作した点が評価されました。
　このほか、ラジオ・ドキュメンタリー部門では『長崎　祈りの音色』、ラジオ・ドラマ部門では特集オーディオドラマ『73年前の紙風船』がそれぞれ優秀賞に、放送個人賞にドラマ10『女子的生活』の主演・志尊淳さんが選ばれました。

ビデオ⑤　篠原涼子、映画賞受賞で市村正親も喜び　「受賞したのは私だよ」と諭す

　※（歌）
（私はあなたと
ずっとずっと未来を見ながら）
　「今朝のニュースはご覧なりましたでしょうか。嬉しいニュースが飛び込んできました。『第43回報知映画賞』篠原涼子（しのはらりょうこ）さん、主演女優賞を受賞

されました。おめでとうございます。」(司会)

「なんかこう、こんな、こんな人間がもらっちゃっていいのかなっていう、ほんとすごい恐縮して申し訳ないというか。でも本当は心の中ではすごく嬉しいです。主人には、早めに言っちゃうと、すごくびっくりしてみんなに言っちゃう、そんな気がするので、みなさんテレビで見たらご存知のように、あんなテンションで、すごい喜んでました。自分が、あたかも自分がもらったかのような感覚にとらわれてましたんで、うん、『違う、私だよ』って思ったんですけど、はい。」(篠原涼子さん)

「西島さんは『ところで僕には？』とか思ったりしないんですか？」(司会)

「いや、しない。これだけ入り込んでると、逆に切れちゃうんじゃないかなって心配するぐらいでしたけど、ほんとうに最後の最後まで、の日まで、あのー、気持ち切らさずに、あの、演技されてたんで。」(西島さん)

※（歌）
（私はあなたと
ずっとずっと明日の希望を
願い続けます
例え　何があっても）

第25課　スポーツ

ビデオ①　バドミントン世界大会「金」　ナガマツペアに県民栄誉賞/秋田

中国の南京市で8月に行われたバドミントン世界選手権女子ダブルスで、日本勢として41年ぶりに優勝した北都銀行の永原和可那（わかな）、松本麻佑の両選手に10月2日、県民栄誉賞が贈られました。

県正庁で行われた顕彰式で、佐竹敬久（のりひさ）秋田県知事は「ふたりの活躍は県民に元気と勇気、子どもたちに夢と希望を与えた」とあいさつし、両選手に県民栄誉賞のメダルなどを授与しました。

永原選手は「バドミントンを通じて、日ごろお世話になっている方々に感謝の気持ちを伝えられるよう頑張っていきたい」、松本選手は「今の結果に満足せず、これからも日々精進していきたい」と話しました。

顕彰式のあと、両選手がラリーの実演を行い、世界大会優勝の腕前を披露しました。飛び入りで参加した佐竹知事が、松本選手のスマッシュを体験する場面もあり、会場は和やかな雰囲気に包まれました。

両選手の現在の世界ランキングは5位（2018年9月28日現在）。ナガマツペアの今後の更なる活躍が期待されます。

ビデオ②　羽生結弦選手に国民栄誉賞授与決定

　政府はフィギュアスケートの羽生結弦（はにゅう　ゆづる）選手に国民栄誉賞を贈ることを正式に決定しました。

　羽生選手は、平昌オリンピックで金メダルを獲得しフィギュアスケート男子シングルでは66年ぶりとなるオリンピック連覇を果たしました。こうした活躍を受けて安倍総理大臣は、羽生選手に国民栄誉賞を贈ることを決めました。羽生選手は23歳で個人としての受賞は最年少となります。

　菅官房長官は、理由について「厳しい修練と人一倍の努力を積み重ね快挙を成し遂げ、国民に感動と勇気を与えた」と述べました。

　羽生選手は「大変名誉ある賞をいただき身に余る光栄です。この賞が被災地やスケート界にとって明るい光になることを願っております」とのコメントを発表しました。表彰式は、来月2日に行われる予定です。

ビデオ③　「FISE」広島市で開幕

　BMXやスケートボードなど都市型スポーツの世界最高峰の大会「FISE 広島 2019」が今日から広島市内で始まりました。

　旧広島市民球場跡地で始まった「FISE 広島 2019」は去年に続き、2回目の開催です。

　オリンピック種目にも選ばれたBMXフリースタイルパークの予選からスタート。

　選手らは1分間でジャンプしたり、回転したり、華麗な技を披露し、得点を争います。

　開会式では松井広島市長、湯崎県知事も顔を揃えました。

　「スポーツが平和に貢献できることを世界に発信していきたいと思います。」
（JUSC 渡邊守成会長）

　今年の大会には、39カ国493選手がエントリー。

　インラインスケート、スケートボード、ボルダリングなど7つの競技が行われます。

　大会は今日から3日間開かれ、期間中、10万人の来場が見込まれています。

ビデオ④　京葉銀行野球部　社会人軟式野球大会「天皇賜杯」
　　　　　全国最多優勝で祝賀会

　9月の天皇賜杯第73回全日本軟式野球大会で全国制覇を果たした京葉銀行野球部。祝賀会会場に詰めかけたおよそ200人が拍手で選手たちを出迎えました。

　挨拶に立った熊谷俊行頭取は「仕事と野球を両立させながら天皇賜杯の連覇を目指してほしい」とナインを激励しました。

　京葉銀行野球部は山形県で行われたこの大会で全6試合を戦い、わずか1失点に抑えるなど、強さを見せつけ、5年ぶり7回目の優勝を果たしました。なお天皇賜杯で

の7回の優勝は全国最多だということです。

「えー、来年に関しては、えー、連覇ですね、天皇杯、今回の（優勝）を連覇する、そこをまずチーム全体として目標として頑張っていきたいと思います。」（京葉銀行野球部　高橋和広主将）

「常に我々はあの全力プレーで、あのー、プレーすることをやっぱ心がけております。ぜひですね、あの、うちの野球を観てもらって、あの、1人でも多くあの感動してくれるような、そんなプレーをしていきたいというふうに思っています。」（京葉銀行野球部　中原竜太監督）

ビデオ⑤　日本、決勝T進出　ポーランドには敗れる

サッカーFIFAワールドカップ1次リーグH組の最終戦、日本はポーランドと対決。後半で1点を先制された日本は、1対0でポーランドに敗れましたが、2大会ぶりの決勝トーナメント進出を果たしました。1勝1引き分け、勝ち点4の日本、勝つか引き分けで決勝トーナメントへの進出というなか、第2戦のセネガル戦から先発メンバー6人を入れ替え、ポーランドとの対戦に臨みます。前半、日本はシュートを連発しますが、点にはつながりません。一方、ポーランド側のシュートをゴールキーパーの川島永嗣選手がセーブします。両チームとも得点せず、前半を終了。日本ボールのキックオフで後半が始まり、開始早々、日本は岡崎慎司選手から大迫勇也選手に交代。ここで再びポーランドのシュートを川島選手がセーブ。しかし、後半14分、フリーキックを獲得したポーランド、ベドナレク選手のシュートで日本が1点を先制されます。その後、宇佐美貴史選手に代わり、乾貴士選手を投入した日本、しかし得点にはつながらず、第3戦は敗れました。一方、同じH組のセネガルとコロンビアは、後半にコロンビアが1点を先制、コロンビアが勝ちました。日本は1勝1分け1敗の勝ち点4にとどまったものの、2位を確保し、決勝トーナメント進出を果たしました。

第26課　オリンピック・パラリンピック

ビデオ①　東京オリ・パラ　マスコット名称をお披露目

2020年東京オリンピック・パラリンピックの顔ともなるマスコットの名前が決まり、今日初めて、子供たちの前に姿を見せました。

今年2月に史上初となる小学生の投票によって選ばれたマスコットたちは、今日都内でお披露目イベントが行われ、小学生たちも見守る中、初登場しました。

注目の名前は、オリンピックマスコットが「ミライトワ」で、すばらしい未来を永遠に、という願いが込められています。パラリンピックマスコットは「ソメイティ」で、触覚にもあしらわれた桜を代表するソメイヨシノと、「非常に力強い」という意味の「So Mighty」からきています。

今日からぬいぐるみなどの公式グッズも販売されます。

ビデオ②　サッカー承認　東京五輪の全競技会場が決定

2020年東京オリンピックのサッカーの会場が承認され、東京大会の競技会場がすべて決まりました。

日本時間の昨夜行われたIOC（＝国際オリンピック委員会）の理事会で、唯一決まっていなかったサッカー会場について、組織委員会の案が一括で承認されました。

サッカー会場に決まったのは、新国立競技場、東京スタジアム、札幌ドーム、宮城スタジアム、茨城カシマスタジアム、埼玉スタジアム2002、横浜国際総合競技場です。これで2020年東京オリンピック・パラリンピックの43の競技会場がすべて決まりました。

組織委員会は、7月のIOC理事会に向けて、各会場ごとに競技のスケジュール案をまとめるということです。

ビデオ③　五輪・パラ経費　最新試算1兆3500億円

2020年東京オリンピック・パラリンピックの経費について、大会組織委員会が1兆3500億円とする最新の試算を発表しました。

東京大会の経費は、今年5月末の時点で1兆3850億円と試算されていましたが、組織委員会は今日、1兆3500億円とする最新の試算を発表しました。運営にかかるオペレーション費などが増加する一方、関係者の輸送費用や会場の整備費などの見直しにより、全体では350億円の削減になったということです。

負担の内訳は、都と組織委員会が6000億円ずつ、国が1500億円となっていて、関係自治体の負担については、宝くじを財源とすることなどにより、今回の試算からなくなりました。

組織委員会は今後も経費の削減に努めていくとしています。

ビデオ④　東京五輪・パラボランティア募集きょう開始

2020年東京オリンピック・パラリンピックのボランティアの募集が、今日から始まりました。

組織委員会などは、会場内の誘導や競技運営のサポートなどを行う「大会ボランティア」を8万人、空港や駅で案内などを行う「都市ボランティア」を3万人以上集めたい考えです。

「大会ボランティア」には、ユニホームや食事のほか、交通費相当額として1日1000円分がプリペイドカードで支給される予定です。ボランティアの募集は12月上旬まで行われます。

大会ボランティアをめぐっては、拘束時間が長く宿泊費の支給がないことに「ブラックボランティアだ」といった批判も出ています。

ビデオ⑤　小池知事、五輪ボランティア参加呼びかけ

東京都の小池知事が都内で討論会に出席し、現在募集中の東京オリンピック・パラリンピックのボランティアについて、その意義を語り、参加を呼びかけました。

「ひとりひとりの思い出、ひとりひとりの記憶、これがレガシー（遺産）になっていく。ボランティアも印象深いレガシーをそれぞれがボランティアになって刻んでいただきたい。」（小池知事）

小池知事は昨夜、東京オリンピック・パラリンピックのボランティアに関する討論会に参加し、これを契機にボランティアがより社会に根付いてほしいと訴え、あらためて参加を呼びかけました。

東京オリンピック・パラリンピックでは、大会ボランティアと都市ボランティア合わせて11万人が必要とされています。

今月5日現在、3万5000人以上から応募があったということですが、活動日数や一日の拘束時間が長いことなどに批判もでています。

第27課　政党・選挙

ビデオ①　愛知県知事選挙で高校に1日限定の期日前投票所

県立大府東高校では今日、一日限定の期日前投票所が設けられ、大府市内に住む18歳の高校3年生が人生初めての投票に臨みました。

今回は選挙権が「18歳以上」に引き下げられてから初めての愛知県知事選で、県内の高校に期日前投票所が置かれるのも初めてです。

「新聞の記事をお母さんに見せてもらって、それを見て決めました。思ったより気軽にできるなと思いました。」（投票した女子高校生）

「僕受験があるので当日いけないので、こういう所でできるのはとてもいいと思いました。」（男子高校生）

愛知県知事選には共産党が推薦する新人・榑松佐一さんと自民党の県連・立憲・国民・公明が推薦する現職・大村秀章さんが立候補しています。

東海テレビでは投開票が行われる来月3日の午後8時ごろから、インターネットで知事選について速報します。

ビデオ②　新潟県知事選挙　投票進む

新人4人が立候補し、柏崎刈羽原発の再稼働への対応などが争点となった新潟県知事選挙は今朝から投票が行われています。

新潟県知事選挙には元団体職員の三村誉一さん（70）。自民党と公明党が推薦する前長岡市長の森民夫さん（67）。共産・自由・社民の3党の推薦を受ける医師の米山

隆一さん（49）。海事代理士の後藤浩昌さん（55）の4人が立候補しています。

投票は午前7時から始まりました。午前11時現在の投票率は15.91%です。前回の県知事選挙の同じ時点よりも0.1ポイント上回っています。

投票は県内1461か所で行われています。一部の地域を除いて午後8時で締め切られ、即日開票されます。

ビデオ③　衆院　東京10区、福岡6区の補選告示

安倍政権の政権運営や野党共闘の行方を占う衆議院・東京10区と福岡6区の補欠選挙が今日告示された。投開票日は今月23日です。

東京10区の補欠選挙は小池都知事の失職に伴うもので、3人が立候補しました。

「1つ1つの生活・人生・暮らし、大切にしたい。そのためには国の仕組みを変えていかなくてはいけない。」（民進党　鈴木庸介候補）

「都政の透明化、情報公開、いっそう小池知事のもとで進められると思います。この考えは、国政においてもまさしく通ずるものだと思います。」（自民党　若狭勝候補）

このほか、幸福実現党の吉井利光候補は消費税を5％に戻すことなどを訴えています。

自民党の若狭候補は都知事選で党の方針に反して小池知事を応援したため党内には擁立に反対論もありましたが、自民党執行部は小池知事との連携を優先して擁立を決めました。

一方、野党側は次の衆議院選挙での共闘も見据えて共産党が候補者を取り下げたほか、生活・社民も民進党の鈴木候補を支援する形です。

一方、福岡6区の補欠選挙は鳩山邦夫元総務大臣の死去に伴うもので、これまでに4人が立候補を届け出ています。

「自民党とか、利権とかそういうことじゃなく、私たちが目指しているのは、ともに生きる社会をみんなと一緒に作って行こう…」（新井美富子候補）

「父の意志（もしくは遺志）をしっかりと引き継いで、皆さま方に、ぬくもりのある政治、やさしさに満ち溢れた政治をお届けしたい…」（鳩山二郎候補）

「日本の未来は、皆様と、そして、何より我々若者が責任を持って、切り拓いて行くべきだと…」（蔵内　謙候補）

「赤ちゃんは…」（西原忠弘候補）

幸福実現党の西原忠弘候補は安倍政権の経済政策はばらまきであると批判しています。

自民党は福岡6区で候補者の一本化に失敗、自民党員の2人が無所属で出馬する分裂選挙となりました。一方、野党側は共産党が候補擁立を取りやめ民進党の新井候補に一本化、農業従事者が多く保守王国といわれる福岡6区での議席獲得を目指し

ます。

ビデオ④　第2次補正予算案が衆院通過　論戦の舞台は参院へ

　政府が経済対策の第1弾に掲げる、今年度第2次補正予算案の採決が、さきほど、衆議院本会議で行われ、与党などの賛成多数で可決、通過し、論戦の舞台は参議院に移ります。

　「起立多数。よって3案とも委員長報告の通り可決いたしました。」（衆議院議長）

　今年度の第2次補正予算案は、1億総活躍社会の実現や、熊本地震の復興関連予算などを含む一般会計総額、およそ3兆2000億円規模で、閣議決定した経済対策の第1弾となります。

　衆議院本会議の採決では、自民・公明の与党と、日本維新の会などの賛成多数で、可決、通過し、明日から参議院の審議に入り、政府は、11日の成立を目指しています。

　採決に先立つ、予算委員会の集中審議で、安倍総理は、衆議院の解散について、「1票の格差」の是正措置前でも、解散権は縛られないとの認識を示しました。

　「公職選挙法等の規定のもとでですね、内閣が衆議院の解散を決定することは、否定されるものではないと考えております。」（安倍首相）

　年明けの解散総選挙の臆測が飛び交う中、安倍総理は、小選挙区の新たな区割り案が、来年5月までに示される前でも、解散権は縛られないとの認識を示したうえで、解散については、「全く考えていない」と述べました。

　また、TPP（環太平洋経済連携協定）に関連し、野党は、輸入米について、民間業者間の取引で、国が契約した価格よりも安く流通している可能性があることを問題だと指摘しましたが、安倍総理は、同量の国産の米を政府が買い入れることで、価格への影響はないとの認識をあらためて示し、今の国会で、TPP協定の国会承認を目指す姿勢を重ねて示しました。

ビデオ⑤　野党6党派「信頼の破壊は深刻化した」

　今の国会は今日会期末を迎えました。野党6党派は先ほど「与党は採決強行を繰り返し、信頼の破壊は深刻化した」として、大島衆議院議長に申し入れを行いました。菅原記者です。

　「野党側は、安倍政権の手法は横暴だと批判していますが、一方で、安倍総理大臣が目指す憲法改正を巡る議論は、足踏み状態のまま会期末を迎えることになりました。」（菅原薫　記者）

　「安倍総理の外遊日程等ですね。行政府の動きに合わせて、立法府は採決をしたり、まあ、それも強行採決をしたり、立法府としてはあってはならないことである。」（立憲民主党　辻元国対委員長）

野党議員によりますと、大島議長は申し入れに対して、国会では「ルールを守らなければならない」などと述べ、その在り方について与野党で協議する場を設けるよう努力する考えを示したということです。
　この国会では、改正入管法など与野党の対立法案がすべて成立しました。野党側は政府・与党の手法を批判していますが、国会対応を巡っては立憲民主党と国民民主党の足並みが乱れ、政権側を攻めきれなかったのも事実です。
　一方、安倍総理が目指していた自民党の憲法改正案の提示は、この国会では実現しませんでした。自民党が憲法審査会を前のめりの姿勢で進めようとした結果、野党の反発を招き、裏目に出た格好です。
　論戦の舞台は来年の通常国会に移りますが、政府・与党は年明け1月の28日に召集する方向で最終調整しています。

第28課　皇室

ビデオ①　文化勲章の親授式

　ことしの文化勲章の受章者は独自の視点による作品や優れた知性に基づく評論活動が評価された劇作家で評論家の山崎正和さん、租税法の理論を現実の世界に応用する道筋を示した東京大学名誉教授の金子宏さん、革新的な作品で陶芸に新しい可能性を切り開いた陶芸家の今井政之さん、長年にわたり作曲界に刺激を与え現代音楽の振興などに貢献した作曲家の一柳慧さん、知的情報処理の分野で世界をリードする研究成果を生み出した京都大学名誉教授の長尾真さんの5人です。
　親授式は皇居宮殿の「松の間」で行われ、天皇陛下から受章者一人一人に文化勲章が贈られました。受章者を代表して金子さんが「今後もそれぞれの道でこの栄誉にふさわしい研さんと精進を続ける所存でございます」とあいさつしました。天皇陛下は「長年努力を重ね、大きな業績をおさめられ、文化の向上に尽くされたことを誠に喜ばしく思います」とお祝いの言葉を述べられました。文化勲章の受章は平成9年以降、天皇が直接授ける「親授式」となり、天皇陛下は毎年欠かさず臨んできましたが、来年4月の退位を前に最後に務められる文化勲章親授式となりました。

ビデオ②　愛子さま　学習院大学卒業式に出席

　天皇皇后両陛下の長女愛子さまは今日学習院大学の卒業式に臨まれています。式の前にカメラの前で取材に応じられました。
　「ご卒業おめでとうございます。」（レポーター）
　「ありがとうございます。」（愛子さま）
　「大学生活を振り返られていかがですか。」（レポーター）
　「最初の3年間はオンライン授業で最後の1年はこのキャンパスに通い、たくさん

の新しい学びを得て充実した4年間を過ごすことができました。素晴らしい先生方や友人たちと出会えたことも嬉しくまたありがたく思っております。ありがとうございました。」（愛子さま）

　愛子さまは今日午前学習院大学の目白キャンパスで卒業式に臨まれています。愛子さまは卒業を前に文書で感想を寄せ、中学や高校の3年間かそれ以上にあっという間だったように感じられる一方で、1日1日は非常に濃く学びの多い日々であったことを感じますと大学の4年間を振り返られました。

　愛子さまは2020年に学習院大学文学部日本語日本文学科に入学。コロナ禍だったため、オンラインでの授業が続き、実際にキャンパスに通い始められたのは4年生になってからでした。キャンパスでの学生生活は友人たちと一緒に授業を受けたり直に話をして笑い合ったり学内の様々な場所を訪れたりしたことは私にとって忘れることのできない一生の思い出となりましたと綴られました。卒業論文の題名は「式子内親王とその和歌の研究」で中世を代表する女流歌人の1人であった後白河天皇の娘、式子内親王とその和歌を紹介するものだったということです。

　愛子さまは来月から日本赤十字社に嘱託職員として勤務されます。皇族としての務めを果たしながら社会人としての自覚と責任を持って、少しでも社会のお役に立てるよう公務と仕事の両立に務めていきたいと思っておりますと抱負を述べられました。

ビデオ③　絢子さまと守谷慧さんの結婚式　東京　明治神宮

　今日は結婚式を前に、午前9時半から守谷さんの使いが絢子さまを迎えにあがる「入第の儀」が、お住まいの高円宮邸で行われました。

　絢子さまは、「袿」（うちぎ）に「切袴」（きりばかま）という平安朝ゆかりの装束に、「おすべらかし」と呼ばれる髪型で儀式に臨んだあと、母親の久子さまや姉の承子さまが見守る中、皇室関連の重要な行式や行事に使われる乗用車に乗り込み、皇宮警察のサイドカーも加わった車列で式場に向かわれました。そして、午前10時半過ぎに、明治神宮に到着すると、鳥居の前で出迎えた守谷さんとともに式をあげる神楽殿へと進まれました。神楽殿の前では、お二人の友人ら40人余りと多くの参拝者が待ち受け、おめでとうございますと祝福したり、拍手したりしていました。

　「とても感激いたしました。絢子さまもうれしそうなご様子でして、落ち着いてらっしゃってとても素敵でした。」（絢子様の友人）

　「今後はまあ、あのう、もちろんあのう、いい夫婦としてあのう、過ごしていってもらいたい。」（絢子様の友人）

　結婚式は、午前11時半すぎから始まり、久子さまや承子さまを初め、守谷さんの父親など、両家の親族33人が参列しました。式は、神式で仲人を立てずに行われ、絢子さまは「小袿」（こうちぎ）と「長袴」（ながばかま）に着替えて臨まれました。進行役の祭主が祝詞をあげたあと、絢子さまは守谷さんと盃を交わして結婚指輪を交

換し、二人で誓いの言葉にあたる誓詞を読み上げられたということです。絢子さまは式の後、明治天皇などが祭られた社殿を守谷さんとともに参拝されるということです。今日はこの後、絢子さまと守谷さんの婚姻届が東京の港区役所に提出され、絢子さまは皇室を離れられます。

ビデオ④　佳子さま"ギリシャ手話"懇談

　ギリシャ滞在4日目となった佳子さまは、この日も精力的に公務に臨まれました。
　ブルーのワンピースの上に羽織った白いジャケットが、ギリシャの初夏の日差しを受けてよく映えます。
　現地29日、佳子さまが訪問されたのは、「殿下は手話もよくご存じで、大変うれしく拝見しました。」（通訳）首都アテネ市内にある国立ろう者施設です。
　全日本ろうあ連盟の非常勤嘱託職員でもある佳子さま。ここギリシャでも手話を交えて懇談しました。
　今の手話がですね「『本日は日本からの、あの、王女さまが訪問をされています』という手話をしてくださいました。」（通訳）
　「佳子さまからはギリシャ語の手話の基本的なものも示していただき、日本語の手話との共通の動きもありますので、コミュニケーションをとることはできました。」（施設の職員）
　施設では、ろう者がオンラインで通訳サービスを受ける様子や、聴覚障害がある子どもの保護者に向けた育児支援の状況を視察されました。
　佳子さまの印象について、施設の職員は。
　「非常に謙虚で人間的にも強くて温かいという印象を持ちました。こういう皇室の女性がいることを日本人は誇りに思ってよいと思います。我々もこのような女性の訪問を非常に誇らしく思っています。」（施設の職員）
　ギリシャを公式訪問中の佳子さまについて、現地メディアは連日、写真を交えて大きく報道しています。
　「パルテノン神殿がプリンセス佳子を魅了した。」
　「なぜギリシャ人は彼女を好きなのか。」（現地メディア）
　ギリシャ滞在4日目の現地時間29日の午後、佳子さまの姿は北西部にあるケルキラ島にありました。
　観光大臣の案内のもと、西ヨーロッパの影響も色濃く残る世界遺産の旧市街を散策するなか、残り少ないギリシャ訪問の旅について、佳子さまは
　「訪問させていただいた場所、それぞれに、あのとてもこう、魅力的で、あの、皆様にも本当に温かくあのお迎えいただいて、本当にあの、とてもうれしく思っております。引き続き、あのギリシャを感じながら過ごしたいと思います。」
　佳子さまはケルキラ島に1泊し、30日は外交関係樹立125周年の行事などに臨まれ

ます。帰国は6月1日の予定です。

ビデオ⑤　高円宮家の絢子さま　皇室祖先らに結婚報告

結婚式を3日後に控えた高円宮家三女の絢子さまは今日、皇居にまつられている皇室の祖先らに結婚を報告されました。

高円宮家の絢子さまは、皇宮警察のサイドカーも加わった車列で午前10時前、皇居・乾問（いぬいもん）に到着し、皇居の宮中三殿を参拝する「賢所皇霊殿神殿に謁するの儀」に臨まれました。

髪を古式ゆかしい「おすべらかし」に結い、小袿、長袴に身を包んだ絢子さまは、まず、皇室の祖先とされる天照大神をまつる賢所の前で一礼して御簾（みす）の中に入り、守谷慧さんとの結婚と皇族を離れることを報告されました。その後、母親の久子さまら皇族方が見守る中、皇霊殿と神殿でも同じように参拝されました。

午後には、天皇皇后両陛下にお別れの挨拶をする「朝見の儀」が行われます。

第29課　中日交流

ビデオ①　日中友好へ　作文コンクール

日中平和友好条約の締結から40年の今年、日本人を対象に、中国に滞在したときのエピソードを募った作文コンクールが行われました。

これは中国関連書籍の出版社「日本僑報社」が主催したもので、中国に滞在経験のある日本人から現地での思い出深いエピソードを募集しました。今日、都内の中国大使館では入選者への表彰式が行われ、程永華駐日大使は挨拶で日中の交流の重要性を訴えました。

「まず交流から。交流から理解が生まれる。その理解が深まって、初めて信頼が生まれる。信頼が深まって初めて友好だと。最初から友好というのが生まれるのではない。そういう努力を通じて、友好に向かって（初めて）実現できるんだと…」（中国　程永華 駐日大使）

入選作には、母親の再婚相手である中国人の父との交流を描いた作品や、日中の文化の違いについての作品など40本が選ばれ、本としても出版されます。

入選者の一人は「心と心のつながりは国境も血縁も越えることができる。今後も日中友好に貢献したい」と喜びを語りました。

ビデオ②　都内の大学生約100人　中国大手IT企業訪問

およそ100人の学生らが中国・北京を訪れ動画投稿アプリを運営する大手IT企業の職場を見学しました。

都内の大学に通うおよそ100人の学生が30日、北京を訪問し、中国で月間およそ7億人が利用するという動画投稿アプリ「快手」のスタジオなどを見学しました。

「(中国のIT技術は)日本よりも発達・発展しているところもありますし、これからどんどん、なんか、もう、なんか追いつけないんじゃないかぐらいの勢いできている。はい。」(見学学生　20歳)

「中国IT大手の若者の働き方やチームワークを見るのは良い経験だ。」(快手　劉震副総裁)

学生の訪中団を受け入れた「快手」の劉震副総裁はこのように述べ、「今後も日本側との協力を拡大していきたい」と期待を示しました。

ビデオ③　卓球で日中の民間交流イベント、上海で開催

日中平和友好条約締結40周年を記念して、中国・上海で昨日、卓球の民間交流イベントが開かれました。

交流イベントには、1960年代に世界で活躍した日本の卓球選手のほか、上海の地元卓球チームのメンバーらおよそ100人が参加しました。

今年は日中平和友好条約を締結してから40周年を迎えることから、上海の卓球協会などが卓球で民間交流を図ろうとイベントを企画しました。4つのチームによる交流試合では、日本のベテラン選手と中国人選手らが白熱したラリーを繰り広げました。

「卓球を通してますます、あの、交流が深まって、仲間が増えることを私は期待しています。」(日本卓球協会　木村興治　名誉副会長)

交流イベントでは、地元上海の小学生を対象にした卓球教室も開かれました。

ビデオ④　日中、国民感情に温度差…相互理解のカギは

安倍総理大臣の中国訪問で関係改善をアピールした日本と中国。しかし、国民感情のレベルでその距離はまだ縮まっていないようです。相互理解を進めるカギはどこにあるのでしょうか。

昨日、都内の映画館には、ずらりと並んだ美男美女の姿が。映画イベントのため来日した、中国映画界のスターたちです。

イベントでは、中国の伝統的な歌劇による大迫力の殺陣も披露。映画を通じた文化交流で、中国のスターたちも日中友好ムードを盛り上げます。

しかし、最近の世論調査では、日本への印象を「よい」と答えた中国人が初めて4割を超えた一方、日本では9割近い人が中国の印象を「よくない」と答え、国民感情の温度差が浮き彫りになりました。(出典：言論NPO「第14回日中共同世論調査」)

「何より重要なのは、直接足を運び、自らの目でありのままの姿を見ることではないでしょうか。」(安倍首相)

私たちは日中「草の根交流」の現場を取材しました。

「池袋の公園にですね、たくさんの人が集まってなにか立ち話をしています。何を話してるんでしょうか。あ、中国語を話してますね…」（記者　坂井英人）

東京・池袋の公園で毎週開かれている、この「日曜中国語コーナー」では、無料で誰でも参加することができ、日本人や中国人がことばを教え合うなど、交流が楽しめます。

発案したのは、中国出身で、出版社を経営する段躍中さん。

「やっぱりまず中国と接触してください。中国と、中国人と交流してください。ふれあえばもちろん、イメージ変わっていくと思います。」（段躍中さん）

この日、段さんの出版社を訪れたのは、大友実香さん（36）。今年3月までおよそ2年半、夫の転勤で中国・上海に暮らしていました。今回、段さんが募集した「中国の思い出」をテーマにした作文集に応募した大友さん。かつて中国人に「怖いイメージ」を持っていましたが、現地の人との出会いがその印象を変えたといいます。

「この方、陳先生というんですけれども…」（大友実香さん）

現地で中国語を教わった陳旭静さん。大友さんは去年、ある中国語のスピーチコンテストで2位となりましたが、目標だった1位に届かず陳先生に悔しい気持ちをメールしたといいます。

「その日の夜中の1時くらいに、すごい長いメールが来て、悔しかったのは分かると。でも今やっていることは間違いではないし、これからの中国での日常を楽しむようにってことで、私も、こう、なんか寝る直前に見たんですけど、ベッドの中でうるってきました。はい…」（大友実香さん）

大友さんは、「現地の人との出会いが、その国の印象に大きく影響する」といいます。

「人と人、隣に居てる人、近所の人、普段顔合わす人ってところから国のイメージって出てくるんだなと…」（大友実香さん）

いまだに溝のある日中の国民感情。人と人との交流がその溝を埋めることはできるのでしょうか。

ビデオ⑤　山崎まさよしさんら、北京で熱唱

昨日、中国・北京で、日中間の文化交流を深めようと中国でも人気の高い山崎まさよしさんと竹原ピストルさんによるコンサートが開かれました。

軽やかなメロディーと力強い歌声を披露した山崎さんと竹原ピストルさん。駆けつけたおよそ700人の観客を魅了しました。

この公演は日中平和友好条約締結から40周年を迎える今年、初めての記念イベントとして開かれたものです。主催した日本大使館はこうした活動を通してさらに文化交流を深めていきたいとしています。

第30課　日本外交

ビデオ①　安倍昭恵夫人、夫人外交をスタート

　安倍昭恵夫人も、夫人外交をスタートさせました。

　昨日午後、北京を訪れた昭恵夫人。最初に向かったのは、環境問題に取り組むNGOの展示施設でした。マンションの1階部分に設けられたこの施設では、家庭での省エネやリサイクルの取り組み方などを教えています。昭恵夫人が中国の環境問題への取り組みについて興味があり、今回の訪問が実現したのですが、今後も北京を度々訪れて交流を深めたいと話しました。

　「中国の方がよっぽど環境問題に熱心に取り組んでいて、海を通じて、皆地球はつながっているので、協力し合って、これから環境問題に取り組んでいかれればいいと思います。」（安倍昭恵夫人）

　昭恵夫人は今日、リハビリ研究センターや故宮を訪問する予定です。

ビデオ②　日韓首脳夫人　お好み焼きをシェアして親睦深める

　岸田総理大臣の妻・裕子夫人は、G7広島サミットの招待国として参加した韓国の尹錫悦（ユン・ソンニョル）大統領の妻・金建希（キム・ゴンヒ）夫人と2人で広島風のお好み焼きをシェアして食べるなど親交を深めました。

　「そばとうどんどっちにします？半分ずつにしますか？広島風のお好み焼きはこうやってヘラで切りながら」（岸田裕子夫人）

　裕子夫人は、金建希夫人をはじめ、G7や招待国の首脳の配偶者7人を広島県立美術館などに案内しました。その後、広島市内の食堂で金建希夫人と2人きりでお好み焼きを食べながら1時間以上にわたって懇談しました。

　韓国政府によりますと、今月7日に岸田夫妻が韓国を訪問した際、金建希夫人から広島風お好み焼きを食べてみたいという期待が示されていたということです。2人の夫人は、広島名物のそば入りとうどん入りのお好み焼きをヘラで切って分け合って味わいました。日韓の食文化や健康管理、また家族やペットのことなどが話題になったということです。

　金建希夫人は、わずか2カ月の間に3度も裕子夫人と懇談したことを踏まえて、「両国の国民もより身近に交流してほしい」と述べ、裕子夫人も「豊かな交流を続けていきましょう」と応じました。

ビデオ③　岸田総理が外交スタート　葉梨大臣辞任で日程影響も

　葉梨法務大臣の辞任でカンボジアで行われるASEAN首脳関連会議への出発を遅らせた岸田総理大臣ですが、一夜明けて外交日程をスタートさせています。現地から中継です。

「到着後すぐ、やや疲れた表情で会場に向かった岸田総理ですが早速、ASEAN諸国と日中韓の首脳による会議に出席しました。」（政治部・山本志門記者報告）

「3年ぶりの、え、対面での首脳会議を実現されました。え、議長のフンセン首相及びカンボジア政府に、え、敬意を表し、そして感謝を申し上げたいと思います。」（岸田総理大臣）

外交日程をスタートさせた岸田総理ですが、葉梨大臣に対する事実上の更迭がずれ込んだことにより、外交日程への影響は少なからず出ています。ベトナムやラオスなど予定していた二国間会談はキャンセルとなっています。一方、8日間に及ぶ日程のなか、早速明日に最初のヤマ場を迎えます。バイデン大統領との会談のほか、韓国の尹大統領と初めての会談も調整されています。国内の問題が政権の体力が失わせるなかで、岸田総理としては得意とされる外交を通じて何とか挽回を図っていきたい考えです。

ビデオ④　ロングバージョン「外交という仕事」外交官からのメッセージ

こんにちは、はじめまして東翔子です。私は今メキシコで働いています。エッセイを書いたときに、ええ、働いていたホンジュラスに比べてメキシコは大都市で、人口も約1億2600万人と日本とほぼ変わりません。でも、そんな二つの国に住んで共通して思うことは、人がとても暖かいこと、そして家族を大切にしていることです。そしてまた両方の国で日本のアニメも大人気です。例えばナルト、ワンピース、聖闘士星矢など日本アニメのファンがたくさん住んでいます。こうした日本のアニメを通じて日本語を学びたいという人もたくさんいます。日本文化を紹介するイベントで、筆と墨を使ってメキシコ人の名前を書いてあげると大変喜んでもらえます。中には家族や恋人、友人の名前も合わせて書いてほしいというお願いをしてくる人もいます。そして皆さん、自分の名前が書かれた紙を大事に持って帰ってくれます。今回はエッセイで紹介しきれなかったピニャータについて紹介したいと思います。ピニャータは中南米で大人気のゲームで、ええ、紙製のくす玉の人形の中にお菓子やおもちゃを入れて天井に吊るしてセッティングが完了します。それを音楽に合わせて棒で叩き割ると、中からお菓子やおもちゃが出てきて、子供たちが夢中になってそれを拾い集めます。

お誕生日会やクリスマスの際に行われるのが一般的ですが、メキシコでは特にクリスマスの時期に開かれるポサーダというお祭りで、このピニャータ割りを行うのが定番です。ホームパーティーなどでピニャータ割りを行ってええ、子供たちが楽しむ。こんな風景がメキシコではクリスマスの風物詩となっています。皆さんはどうやってクリスマスをお祝いするでしょうか？ぜひピニャータ割りもやってみてください。外交というと、各国の首相が通訳を介して政治や経済の話をする。そんなイメージが浮かぶかもしれません。しかし、こうした文化交流の積み重ねも、国と国とをつなぐ大切

な架け橋の一つです。人と接するときにアニメでもスポーツでも何か一つでも共通の話題があると、そこからグンと仲良くなれたりします。語学の勉強ももちろん大事なのですが、相手のことを理解して心を通わせ仲良くなること。それがとても重要です。これから世界に羽ばたかれる皆さんは外国の方々から日本の文化風習歴史などについてたくさん聞かれるかと思います。そうしたときに日本の文化を紹介できるよう、外国のことだけでなく日本のこともたくさん勉強してぜひ日本文化のアンバサダーになってください。そして、日本のファンを世界中に増やしていってほしいと思います。

ビデオ⑤　クレムリンで日本舞踊×バレエ

　領土問題をめぐり、新たな成果が打ち出されなかった日口首脳会談と同じ舞台クレムリンで、今度は、日ロ両国の舞踊家たちがタッグを組みました。新たな架け橋となったのでしょうか。

　「このクレムリンの城壁の中にある劇場で、日本とロシアの交流を象徴するイベントが行われようとしています。」（記者）

　クレムリン・バレエ劇場で行われたのは、織田信長の半生を描いた舞台公演です。

　信長を演じるのは、ロシアが誇る世界的スターのバレエ・ダンサー、ファルフ・ルジマトフさん。一方の豊臣秀吉を演じるのは、ボリショイ・バレエで外国人初の第一ソリストとして活躍してきた岩田守弘さんです。斎藤道三と明智光秀の二役は日本舞踊家の藤間蘭黄さんが踊りました。

　日本舞踊とバレエ。日ロのコラボレーションが実現しました。

　「日本とロシアとすごく文化が違うんですけれども、えー、心の底ですごく通じ合うところがあると思います。」（岩田守弘さん）

　ロシアで5回目となったこの日の公演。駆け付けたロシア人の観客たちは予想以上に心をつかまれたようです。

　「この芝居を見に来た観客にとって大きなプレゼントです。奇跡です。」（観客）

　「クレムリンで、できたということは日本にすごく関心を持っていただけるのでは。プーチンさんにぜひ見てもらいたいです。」（岩田守弘さん）

第31課　国際交流

ビデオ①　パリでユニークな風呂敷イベントを視察

　フランス・パリを訪れている小池知事は、日本の伝統文化・風呂敷をPRするユニークなイベントを視察しました。

　「パリの市庁舎前にあるあちらの銅像。よく見ると、手に風呂敷を持っています。」（記者）

40体を超えるパリの偉人たちが持っているのは、赤い唐草文様の風呂敷。

これは東京都とパリ市が開いた文化交流イベントの一環で、都の職員によりますと「交渉はかなり大変だった」ということです。

目玉は、なんといっても巨大な風呂敷パビリオン！幅50メートル、高さは7.5メートルで、中には著名人およそ30人がデザインした風呂敷が展示されています。

昨日、パリのイダルゴ市長と視察に訪れた小池知事は入り口付近に飾られている自身と市長の風呂敷など様々な作品を鑑賞しました。

「これが草間弥生さんの作品です。彼女が東京都のために提供してくれました。これはビートたけしさん、日本人はみんな知っていて、はい、あの北野武映画監督でもあります。」（小池知事）

「とても美しいです。」（通訳）

ユニークな風呂敷をひとつひとつ紹介したあとは、風呂敷の包み方を学べるコーナーへ。イダルゴ市長は知事と一緒にワイン2本を包みました。

「こうやって日本の伝統や文化、知恵をですね、あの世界に発信していくことが日本の、そして東京の価値を高めていくというふうに思っています。」（小池知事）

訪れたパリ市民にとっても日本の伝統文化に触れられた1日になったようです。

ビデオ②　歌手・谷村新司さん　北京でコンサート

日本と中国の関係改善が進む中、先週、中国・北京で日中平和友好条約の締結から40周年を記念して、歌手の谷村新司（たにむらしんじ）さんによるコンサートが開かれました。

谷村さんはヒット曲「昴」などで中国でも人気が高く、会場には中国人のファンらおよそ2700人が詰めかけました。

谷村さんは1980年代から中国で活動し、2012年には北京でのコンサートを予定していましたが、日中関係の悪化から延期となりました。

それから6年後の今年、安倍総理の訪中が10月に予定されるなど日中関係の改善が進む中、コンサートの開催が実現しました。

「日本と中国って本当に千年以上、昔からの本当に長い交流の歴史があるわけですから、となり同士やっぱりいい関係でいたほうが絶対にいい。」（谷村新司さん）

歌声を通して世界はつながることができると信じ、文化交流を続けてきた谷村さん。これからは日中の若い世代の交流を後押ししていきたいと話しました。

ビデオ③　フランスが美食で交流　大使公邸も晩さん会

フランス政府が美食文化を通じて国際親善を図る世界規模の取り組み「グード・フランス」が今年も開催され、東京のフランス大使公邸では、大使主催の晩さん会が催されました。

「フランスの味」を意味するグード・フランスは、世界150か国以上のフランス在外公館や、3000を超えるレストランなどで同時に開催される一夜限りのフレンチディナーイベントです。
　ユネスコの無形文化遺産にも指定されているフランス料理を世界にアピールし、観光や外交をも促進するのが狙いです。
　4回目となる今年は、日仏交流160周年にあたり、日本各地の食材がふんだんに使われました。
　「では、北海道産仔牛のローストをいただいてみます。柔らかいお肉に上品で濃厚なソースがよくあっていてとてもおいしいです。」（日本テレビ　記者）
　腕をふるったのはフランスの著名なシェフ、ティエリー・マルクス氏です。
　今年は、逆に日本がパリで日本の文化を紹介するイベント「ジャポニズム2018」を開催する予定で、ピック大使は、今後もさまざまな分野で日本との協力をしていきたいと話していました。

ビデオ④　秋田美術大学附属高　ドイツの合唱団と交流
「ふるさと」合唱やうちわ作り

　秋田公立美術大学附属高等学院の生徒とドイツのカールス・ルーエ独日合唱団が8月29日、交流会を行いました。
　カールス・ルーエ独日合唱団は2004年にドイツで結成された合唱団で、世界各国から集まった団員で成り立っています。ヨーロッパ各地を初め日本でも公演を行っており、音楽活動だけでなく、日本文化を紹介する活動や、平和についてのメッセージを伝える活動などを行っています。
　この国際交流は今年4回目で、カールス・ルーエ合唱団とは初めての交流となります。国際交流企画の一つとして、コミュニケーション能力を高め、視点を地球規模に広げてほしいとの思いで企画されたものです。この日、生徒83人と合唱団34人が交流し親交を深めました。
　始めに行われた歓迎セレモニーでは生徒代表の加藤優風（ゆうな）さんが「短い時間ですが、楽しんでいただけるとうれしいです。」と挨拶し、全員で「ふるさと」の合唱を行いました。
　「兎追いし彼の山…」（合唱）
　セレモニーの後、1年生と団員がペアになり、うちわ作り体験を行いました。生徒たちは慣れない英語に身振り手振りで一生懸命作り方を説明し交流を深めていました。
　カールス・ルーエ独日合唱団は9月3日まで、演奏会のため日本各地を回ります。

ビデオ⑤　訪日外国人旅行者　5年8か月ぶりに減少

　外国人旅行者数が、5年8か月ぶりに前年の同じ月を下回りました。

観光庁は、先月の訪日外国人の旅行者数が去年の同じ月と比べて、5．3%減少し、およそ216万人だったと発表しました。減少に転じたのは、5年8か月ぶりです。
　台風21号で関西空港が閉鎖されたことや、北海道胆振東部地震の影響で、旅行のキャンセルが相次いだことなどが原因だということです。

第32課　海外事情

ビデオ①　ピコ太郎のプロデューサー、○○大使に

　「PPAP」で大ブレイクしたピコ太郎のプロデューサーでもある古坂大魔王さんが、グローバル人材の育成など文部科学省が行う様々な施策の広報を行う大使に任命されました。
　「多文化コミュニケーションに関する取り組みの広報活動において、大いに活躍されることを期待いたします。よろしくお願いいたします。」（柴山昌彦　文科相）
　「頑張ります。」（古坂大魔王さん）
　お笑い芸人の古坂大魔王さんは今日午後、柴山大臣からグローバル人材の育成や日本の文化発信など文科省が行う国際的な交流などの施策を広報する大使に任命されました。古坂さんがプロデュースしたピコ太郎が国際的に知名度が高く海外でも活躍したことから抜擢されたということです。
　「いろいろ世界中回ってみて得たこととか、後やはり一番感じたことはみなさん日本って意外とものすごく求められているなと思ったんです。ネットですべて情報得れますけど、（海外に）行ってみる、飛び立ってということがすごく僕は本当に共感しました。僕ができることは微々たるものですけど、頑張りたいと思います。」（古坂大魔王さん）
　任期は2020年3月までで、文科省が主催するイベントなどに出席するということです。

ビデオ②　世界最大級となる巨大ダムで発電開始　タジキスタン

　タジキスタン政府が建設を進めているログンダムは、完成すれば、ダムの底から堤防までの高さが335メートルと、世界最大級になることが見込まれています。
　ダムに併設された水力発電所では16日、最初の発電機の稼働を祝う式典が開かれ、ラフモン大統領が「歴史的な出来事だ。ここで生み出された電力が国の隅々に届けられるだろう」と演説しました。
　ログンダムは1970年代に建設が始まり、2万人を超す労働者と3600台の建設機械を投入して建設が進められてきました。
　タジキスタン政府は10年後の完成を目指すとともに、巨大なダムが生み出す余剰電力をウズベキスタンやアフガニスタンといった隣国に輸出したい考えで、周辺諸国

を含め、安定した電力供給につながることが期待されています。

ビデオ③　米カリフォルニアの山火事　死者50人に

今月8日にカリフォルニア州で発生した山火事、消火活動は今も続いています。13日、北部のパラダイスの状況について会見した地元の消防によりますと、新たに6人が遺体で見つかって北部での死者は48人となり、カリフォルニア州で発生した一つの山火事としては最も多くなっています。

また、南部で死亡した2人を含め、州全体の死者は50人になりました。避難所には、連絡が取れなくなっている人たちの情報を求めるたくさんの紙が張り出されていました。一方、南部のベンチュラでの山火事について、消防は、強い風にあおられて新たな火災も発生し、焼失面積はおよそ4万ヘクタールに拡大したと発表しました。

避難命令が解除された地域もありますが、現地のメディアによりますと今も20万人近くに避難命令が出ていて、消防は近隣の州から応援も得て消火活動にあたっています。

ビデオ④　ドイツ首相　暴動が起きた町で市民との対話集会

ドイツの東部の都市ケムニッツではことし8月、ドイツ人の男性が難民として入国した中東出身の男らに刃物で殺害されたと見られる事件が起き、その後、外国人排斥を訴える極右団体の支持者らの暴動に発展しました。

メルケル首相は16日、暴動のあと初めてケムニッツを訪問し、市民との対話集会に臨みました。

市民からは寛容な難民受け入れ政策への批判が相次いだのに対し、メルケル首相は、多くの人が極右に抗議するデモに参加したことを評価したうえで、外国人への憎悪をあおるような言動に反対の声をあげるよう呼びかけました。

会場の近くでは2,000人を越す極右団体の支持者などが参加して移民政策などを非難するデモが行われ、「辞任しろ」などとシュプレヒコールをあげていました。

対話集会でも辞任を求める声が出ていましたが、メルケル首相は、与党の党首は退任するものの、首相の職は2021年の任期満了まで全うする意向を改めて示しました。

ビデオ⑤　韓国で大学入試　受験生パトカーで送り届け

日本以上に厳しい学歴社会の韓国。今日は日本のセンター試験にあたる大学入学試験が行われていて、国中が朝から受験一色に染まっています。

「こちらでは後輩たちが歌や太鼓で受験生を応援しています。」（越部憲洋）

韓国では今日、全国で一斉に大学入学試験が行われていて、受験会場の前では本番に挑む先輩に、後輩たちがエールを送っていました。パトカーが遅刻しそうな受験生を会場に送り届ける、毎年恒例の光景も。英語のリスニング試験の間は、飛行機の離着陸を取りやめるなど、国を挙げて受験生をサポートします。

また、今年はPM2.5が多い日が続いたため受験生が希望すれば試験中もマスク着用が認められることになりました。

一方、受験生の保護者は…

「こちらの寺では子供たちの受験成功を願う大勢の保護者達が一心に祈りを捧げています。」（NNNソウル　尼崎拓朗）

出身大学で人生が決まるとまで言われる、学歴社会の韓国。試験結果は来月5日に通知されます。

第33課　日本経済

ビデオ①　5日東京株終値

今日の株価の動きについて、東証アローズから丸三証券の山城直樹さんに伝えてもらいます。山城さん。

「はい、お伝えします。週明け5日の東京株式市場で、日経平均株価は大幅反落し、先週末比344円安い、2万1898円で取引を終えました。先週末に、今年2番目の上げ幅を記録していたことに加え、先週末の米国株式市場で、米中貿易交渉の先行きについて楽観ムードが後退したことを受け、売りが優勢となりました。10月の米雇用統計を受け、米長期金利が3.2％台まで上昇したことや、アジアの株式市場が軒並み下落したことも、買いを手控える動きにつながりました。一方、東証マザーズ指数が続伸するなど、小型株には押し目買いを拾う動きが出たことで、上昇する銘柄も一定程度見られました。6日に実施される米中間選挙の投開票を控えて、一方的なポジションを形成しにくい中で、当面は、米中貿易交渉についてのニュースで相場が上下する展開が想定されます。」（山城直樹さん）

ビデオ②　「サラリーマン川柳」で平成の経済振り返る

毎年、世相をユーモアで表現する「サラリーマン川柳」を発表している第一生命が、平成の経済を振り返った時代の象徴的な句を紹介しました。

バブル景気にわく1980年代の後半は、「ビジネスマン　24時間　寝てみたい」（ボーナス）

バブル崩壊後の1990年代前半は、「御取り引き　バブルはじけて　お引き取り」（逆転パパ）

日本がデフレ経済へと向かった2000年代前半は、「上司ども　パソコン見ないで現場見ろ」（営業ウーマン）

また、2012年まで続いた金融危機のころは「『空気読め!!』　それより部下の　気持ち読め!!」（のりちゃん）

いわゆるアベノミクスで景気回復が見えた2013年以降は、「やってみた　ゆう活憂

鬱　趣味がない」（咳をしなくても独り）

　など、日本経済の歩みとともに会社や職場も変わっていく様子が巧みに描かれています。
　平成最後のサラリーマン川柳は来月発表されます。

ビデオ③　税収約58兆8千億円　バブル期なみ高水準

　2017年度の国の決算を財務省が発表しました。税収は前の年度を3兆円あまり上回って、およそ58兆8000億円とバブル期なみの高い水準となったことがわかりました。昨年度の国の一般会計の決算は、企業の業績が好調なことを背景に所得税、法人税、消費税の「基幹3税」が3年ぶりにそろって前年度を上回りました。税収の総額は前の年度より3兆3000億円多い58兆7800億円あまりで、バブル期の1991年度以来、過去3番目に高い水準となりました。背景には、株価の上昇にともない株の売却益などにかかる所得税が増えていることや、好調な企業業績を背景に法人税が増えたことなどがあります。一方、歳出では、金利の低下で国債の利払いが減ったことなどから当初の見込みを1兆4000億円あまり下回りました。その結果、歳出と歳入の差額にあたる「剰余金」は前年度のおよそ3800億円から9000億円あまりに増えました。税収の伸びを受けて、歳出拡大を求める声が高まることは避けられず、財政健全化に向けて財務省の手腕が問われます。

ビデオ④　ローソン、「セルフサービス」取り入れた新店舗オープン

　コンビニ大手のローソンは混雑緩和や人手不足に対応するため、セルフサービスを多く取り入れた新型店舗をオープンしました。
　「普通のお店ではショーケースの中の商品は店員が取り出しますが、こちらのお店では、自分で選んで取り出します。」（リポーター　梅田翔太郎）
　ローソンが今日、東京・秋葉原にオープンしたのは、「セルフサービス」を多く取り入れた新しいタイプの店舗です。レジに並ばなくても購入できるコイン式のコーヒーマシンが設置されているほか、支払いも客自身がスマートフォンで商品のバーコードを読み取りネット上で行うため、レジに並ぶ必要がありません。ローソンによりますと、ランチタイムでの混雑緩和やアルバイト従業員の人手不足に対応するため新たな店舗を開発したということです。
　コンビニ業界をめぐっては、セブン-イレブンやファミリーマートでも主婦や高齢者の採用を積極的に行うなど、人手不足への対応を急いでいます。

ビデオ⑤　レギュラーガソリン　約4年ぶりに160円台　8週連続値上がり

　「いや、高い。」
　「すごい高いと思う。」
　「来るたんびにあがってますもんね。」

石油情報センターによりますと、一昨日時点のレギュラーガソリンの小売価格は、1リットル当たりの全国平均で、前の週より0.4円上がって160円ちょうどとなりました。値上がりは8週連続で、160円台となったのは3年11か月ぶりです。

「なるべく安い時を狙って、きょう入れてこいっていう形で。」（訪ねた女性）

「実家を帰ったりするのも電車で行こうかなとかいろいろちょっと考えちゃいますよね。」（訪ねた女性）

原油価格の高止まりで、ひときわ影響をうけているのがトラック業界です。こちらの運送会社、月に2万リットルの軽油を使っていますが、軽油の価格は1年前と比べ20%近く値上がりしました。先月の燃料費は250万円ほどと、去年の同じ時期よりおよそ50万円増えました。

「また上がった、また上がった、で、もう、だから、これ以上燃料が上がったんではもう本当にもうやっていけない。トラック業界もうほとんどもう誰とあってもそうだと思う。」（山一運送　山口正社長）

この会社では軽油を共同購入したり、ガソリンスタンドを使わずに会社の敷地内に設けた給油所を利用したりして、コストを抑えていますが、値上がり分を補うのは難しいということです。

「安い燃料をできるだけ買おう、そして、それを今度は、使用量で抑えよう。それでも利益が出ないから、今運送業界はこの燃料で大変。」（山口正社長）

原油の高値は、アメリカのトランプ政権がイラン産原油の輸入停止を各国に求めていることが、主な要因です。

今後について、専門家は「原材料になります原油が高止まりないしは横ばい圏で推移するということになっていきますと、ガソリンの価格というのも高止まり横ばい圏での推移ということになりやすい。160円近くの、まあ価格帯というのが続くんじゃないかなと…」（芥田知至主任研究員）

第34課　世界経済

ビデオ①　米FRB　利上げ見送りへ

アメリカのFRB（連邦準備制度理事会）は政策金利の据え置きを決めるとともに、今後の引き上げも当面、見送る姿勢を示しました。

「ブレグジット（英国のEU離脱）、貿易交渉、米国の一部政府閉鎖といった政策問題を巡る先行きの不透明感が強まっている。」（FRB　パウエル議長）

FRBはアメリカの政策金利を2.25%から2.5%の範囲に据え置き、今年は2回を見込んでいた利上げについては当面、見送る姿勢を滲ませました。また、おととしから始めた保有資産の縮小については、政策転換に踏み切る考えを示しました。トランプ大統領はこれまで利上げが株価下落の原因だとして、FRBを繰り返し批判してきまし

た。この決定を受けてニューヨーク株式市場では株高が進み、ダウ平均株価の30日の終値は前日に比べて434ドルの値上がりとなりました。

ビデオ②　「データ流通」新たな枠組みを安倍首相が呼びかけ

安倍総理大臣はスイスで行われている世界経済フォーラム年次総会、いわゆるダボス会議に出席し、AIなどの技術革新が進む中、国際的に信頼性が確保されたデータ流通を進めるため、新たな枠組みの創設を呼びかけました。

世界各国の政財界のリーダーが集うダボス会議に安倍総理が出席するのは5年ぶりで、6月に行われるG20サミットの議長国として、各国にメッセージを発信する狙いがあります。

安倍総理はさらに、「データは慎重な保護のもとに置かれるべき」とする一方、個人データではない医療や産業などのデータは「自由に国境を跨げるようにしなくてはならない」と指摘しました。その上で、信頼性のあるデータの国際的な流通体制をつくり上げるべきとの考えを強調しました。

ビデオ③　NY市場急落…日経平均一時800円超下落

ニューヨークの株価急落を受け、今朝の東京株式市場の株価は一時800円以上下落しました。

中継です。広芝さん。

「はい、世界経済の先行きへの懸念から東京市場は、またも大荒れの展開となりました。今日の東京株式市場は取引開始から全面安の展開となり、日経平均株価は一時800円以上値下がりしました。株価急落の原因はアメリカです。アメリカで発表されたハイテク関連企業の決算や住宅販売のデータが市場の予想より悪かったため、NY株式市場の株価が大幅に下落しました。

これにサウジアラビアの記者が殺害された事件や、米中貿易摩擦、さらにイタリアの財政難の問題が大きくなっていることなど、様々な要因が重なり売り注文が相次ぎました。」（記者　広芝　学）

「影響は受けていると思いますけれども、経済の実力は日本はね、あると思いますので、期待しています。」（投資家）

「いずれ上がるでしょう。下がったものは…」（投資家）

「東京市場株価は結局、618円安で午前の取引を終えています。市場関係者は世界経済が悪化しているわけではないので、このまま下落に突き進むわけではないが、今月いっぱいは市場の動揺が続くのではとみています。以上東証から中継でした。」（記者　広芝　学）

ビデオ④　対イラン経済制裁、第2弾発動へ　気を揉む原油市場

イランに対し、アメリカのトランプ政権が大規模な経済制裁の第2弾を日本時間の

今日午後発動します。原油の輸入禁止が柱で、イランには打撃になりそうです。

「イラン制裁はとても重い。史上最強の制裁だ。」（アメリカ　トランプ大統領）

アメリカの制裁第2弾はイランの核開発やテロ支援を中止させることが狙いで、原油の輸入禁止が柱です。

「8月の制裁実施以降、海外から輸入しているこちらの紙おむつは値段が2倍に。そして国内で生産しているこうした乳製品も3割ほど値上がりし、生活での大きな負担となっています。」（記者　阿部健士）

「もちろん、100％（制裁の）影響はある。毎日の買い物がすごく高くなっている。」（テヘラン市民）

イランではアメリカが8月に再開した経済制裁の影響で、食料品や日用品などが大きく値上がりしています。イランは歳入の3割を原油から得ていますが、原油を輸出できなくなると大きな打撃になりそうです。日本などは当面、輸入禁止の適用が除外される見通しですが、世界の原油価格への影響が心配されます。

ビデオ⑤　日・EU両首脳　経済連携協定に署名

安倍総理大臣は、来日しているEU（＝ヨーロッパ連合）のトゥスク大統領らとEPA（＝経済連携協定）に署名しました。

EPAをめぐっては先週、安倍首相がベルギーを訪問し署名する予定でしたが、西日本豪雨で中止したため、トゥスク大統領らが来日し、今日署名されました。

「EPAへの署名は保護主義的な動きが世界に広がる中、日本とEUが自由貿易の旗手として、世界をリードしていくとのゆるぎない政治的意志を世界に鮮明に示すものであります。」（安倍首相）

安倍総理はこのように述べ、自由貿易の推進に向けEPAの意義を強調しました。今後、EPAはそれぞれの国会、議会の承認を経て来年前半にも発効する見通しです。

EPAが発効すれば、EUから輸入されるワインの関税は即時撤廃されるほか、チーズの関税は一定の枠内で15年の間に撤廃されます。一方、日本から輸出する乗用車の関税は7年かけて撤廃されます。

第35課　農業経済

ビデオ①　「TPP11」12月30日に発効へ

アメリカ抜きのTPP（＝環太平洋経済連携協定）について事務局を務めるニュージーランド政府は、発効に必要な6か国目の国内手続きが終了し、協定が12月30日に発効すると発表しました。

TPPは、加盟11か国のうち6か国で国内手続きが終われば60日後に発効することに

なっていて、これまでに日本など5か国が手続きを終えていました。

　事務局を務めるニュージーランド政府は31日、オーストラリアから国内手続きを終えたと通知を受けたことを明らかにしました。これで、6か国が国内手続きを終えたことになり、協定は12月30日に発効するということです。

　「日本の経済成長にとっても、さらにはアジア太平洋地域の新たな発展についても大きな意義を持つ。」（茂木経済再生相）

　茂木経済再生担当大臣はまた、アメリカのトランプ大統領が保護主義的な動きを強める中、自由で公正な新しいルールを作っていく重要性はますます高まるとTPP発効の意義を強調しました。

　TPPの発効により農産品などの関税は下がります。牛肉は15年かけておよそ3分の1の9％となることから今後、値下がりする可能性があります。

ビデオ②　農産物の輸出促進へ　小泉進次郎議員ら提言

　日本の農産物の海外輸出を促進するため、自民党の小泉進次郎筆頭副幹事長らは、輸出に意欲がある生産者らが自由に参加できるコミュニティーを作ることなどを柱とした提言をまとめました。

　日本の農産物の輸出額は、現在、世界で60位にとどまり、生産者からは海外市場についての情報不足や行政との協力体制の不備を指摘する声が出ていました。

　こうした中、自民党が今日取りまとめた提言では、輸出に意欲的な生産者や団体、商社などが、自由に登録して参加できるコミュニティーをこの夏に立ち上げ、インターネット上で情報交換できる仕組みを作ることが盛り込まれました。

　「（農産物輸出の）ポテンシャルは計り知れない。僕は、これは本当に日本のこれからの最大の外交戦略でもあり、国家戦略になり得るなと思います。」（小泉筆頭副幹事長）

　党内からは「JA（＝農業協同組合）などから反発が出る」との声もありましたが、小泉議員は「それは誤解で、誰も排除することなく参加できる場になる」と説明しています。

ビデオ③　高校生とローソンが共同開発！　「金農パン」いかがですか？/秋田

　「いらっしゃいませ。金農パン、いかがですか。」（高校生たち）

　秋田市の県立金足農業高校生と大手コンビニエンスストア「ローソン」が共同開発した「金農パン」が5月25日から販売されています。

　金農パンは、地元に密着し地産地消を進めるローソンと、地域の豊かな食材を発信したい金足農業高校の食品流通科・生活科学科の生徒12人が共同し、今年1月から開発したものです。

　販売開始日の25日、ローソン八橋大畑店他2店舗で生徒がパンの店頭販売を行い

ました。

　取り組みが始まって7年目となる今年、販売されるパンは、毎年大好評の「金農パンケーキ」と今年新発売の「金農デニッシュドーナツ」の2種類です。

　パンケーキは、県産リンゴの蜜漬けを、小玉醸造の醤油を使用した甘じょっぱい生地で挟んであります。もうひとつのデニッシュドーナツは、男鹿市産の塩を使い、同じく甘じょっぱい味に仕上がっています。

　金農パンはローソン県内192店舗で6月末頃まで販売されます。

ビデオ④　「宮城」12月発効　TPP農産品輸出には好機？

　関税の撤廃や投資の自由化を進める環太平洋、環太平洋経済連携協定＝TPP11が来月30日に発効します。県内では、農産品の輸出拡大のチャンスと捉える動きもあります。

　「TPP協定は本年12月30日に発効することになります。日本の消費者にとってもですね、海外の、えー、良い商品、これがさらに安価で手に入る。」（茂木　経済再生担当大臣）

　TPPには日本やオーストラリア、カナダ、メキシコなど11カ国が加わり、工業製品や農産品にかかる関税の撤廃を進めます。自動車や部品など工業製品の輸出拡大が期待される一方で、海外産の牛肉やバターなどが値下がりすることで、国内農家への打撃が懸念されています。

　その一方で県内では、高品質で価格の高い農産品の輸出を増やす「攻めの農業」につなげようという動きもあります。

　ITで温度を自動制御する最先端のハウスで栽培したイチゴをシンガポールなどに輸出する山元町の農業生産法人「GRA」では、TPP発効を前向きに受け止めています。

　「傾向としては、まあ輸出する側とすればありがたい話ではあるとは思っています。」（GRA 千葉佳佑さん）

　一方で、経済協定とは別に各国ごとに残留農薬の規制があったり、飛行機での輸送料が割高だったりするため、輸出のハードルが劇的に低くなるわけではないと指摘します。

　「まあ輸出に向けて動き出すんであれば、やっぱり産地ごとの競争というところではなくてですね、まあオールジャパンブランド掲げてですね、まあ、あの国を含めいろんなサポートをしてですね、まとまって輸出するってことが非常に大事かなというふうには思ってます。」（GRA 千葉佳佑さん）

　農林水産業の振興策として輸出を後押しする県でも、TPPを輸出拡大の足掛かりにしたい考えです。

　「人口減少の中で国内での市場が縮まっていくのではないかという中で、一方で、世界レベルで見れば人口が増えて市場が広がっていくと…」（県食産業振興課　嘉藤

俊雄課長）

　県では今後、TPPの影響を見極めながら、生産者に専門家を派遣して新商品の開発に取り組んだり、海外からバイヤーを招いて商談会を開くなどの支援を続ける方針です。

　「（国内の）他の産地との競争であったりいろいろ他にも課題がありますので、まあそういったところを継続的に支援をしていければなあというふうに考えます。」（県食産業振興課　嘉藤俊雄課長）

ビデオ⑤　食品ロス「3分の1ルール」の変更が課題

　まだ食べられる食品が捨てられてしまう「食品ロス」。昨夜の「深層NEWS」では、この「食品ロス」を減らすには、食品の流通過程での「3分の1ルール」という習慣を変えていくことが課題だと指摘しました。

　「（食品）流通の部分ではね『3分の1ルール』という、（3分の1ルール）そういう、あのう、まあメーカーから消費者に至るまでの、えー、それぞれのところで、（はい）まあ一定の期限を設けて、（ええ）それを過ぎるともう廃棄になってしまうというルールがあるんですね。この期限っていうのは、海外にいくと例えば2分の1だったりとか、（日本は）すごく短いので、（ええ）かなり日本っていうのは、あのう過敏だなというか、あのう管理が厳格すぎるなというところがありますね。」（愛知工業大学　小林富雄教授）

　愛知工業大学の小林富雄教授は、農水省や経産省などが取り組んでいる「3分の1ルール」の緩和について、飲料や菓子類では進んでいるものの、ほかの食品にまで広げていくことが課題だと強調しました。

第36課　経済政策

ビデオ①　豊洲市場オープン　世界の「TOYOSU」への課題

　豊洲市場が開場。世界に誇れる市場を目指し、ブランド化への挑戦が始まります。今、豊洲市場で初めての競りが始まりました。今日開業した東京・江東区の豊洲新市場。早速、威勢のよい声が響き渡り、初競りでは、青森・三厩（みんまや）産のマグロが428万円で競り落とされるなど、場内は活気にあふれました。

　「顧客の皆さま方からの信頼を高めてゆき、やがては築地を上回るような豊洲のブランドを構築し、皆さん一丸となって、まい進してまいりましょう。」（卸会社代表　大都魚類株式会社　網野裕美社長）

　築地を超える豊洲ブランドの確立へ。都内のスーパーでは記念のセールが行われるなど、新たなブランドの誕生に注目が集まっていますが、一方、築地を訪れていた外国人観光客に話を聞いてみると…

「（豊洲を知っている?）トヨタ?」（スペイン人観光客）

「（豊洲を聞いたことある?）わからない。」（ドイツ人観光客）

「築地はガイドブックに載っているので知っている。」（フランス人観光客）

　課題の1つは、外国人や世界へ向けた「TOYOSUブランド」のアピール。例えば、欧米に食品などを輸出する場合、国際的な衛生基準である「HACCP」の認定を受けることが義務づけられていますが、これまでの築地市場は、屋外の部分が多く、温度管理が不十分であることから、認定を受けるのは難しいとされていました。

　一方、豊洲は、外気を遮断する閉鎖型の市場で、入荷から出荷まで、途切れることなく一定の温度で管理ができる、いわゆる「コールドチェーン」が可能に。

　衛生管理の面で飛躍的に向上したことから、世界の市場へ打って出ることも不可能ではなくなったのです。

「これから、あの、ますます、国際標準で、この市場というものが育っていく。その中で、やはりTOYOSUブランドを確立、1日も早く確立することが、この新しい中央卸売市場のですね、あの存在感というのを確立をして…」（小池都知事）

　日本の台所から、世界の台所へ。TOYOSUブランドの挑戦が始まります。

ビデオ②　来年度予算案は初の100兆円超　日本の財政大丈夫?

　政府は先ほど来年度の予算案を閣議決定しました。初めて100兆円を超えた"巨大予算"。日本の財政は大丈夫なのでしょうか。

「財政を再建できるかは、景気対策を短期間でやめられるのかにかかっています。来年度の一般会計の総額は今年度より3兆7000億円増えて101兆4600億円となり、7年連続で過去最大を更新しました。消費増税対策としてプレミアム付き商品券や、キャッシュレスのポイント還元など総額で2兆円余りが投入されるほか、高齢化による医療費の増加やアメリカからの高額装備品の購入などで社会保障費と防衛費も過去最大となっています。気になる財源ですが、新たに発行する国債の額は1兆円ほど減る見込みです。消費税率の引き上げによる増収のほか、景気回復を背景に税収全体で過去最大の62兆5000億円となるためです。ただ、本来はもっと借金返済に回すはずだったところが、ほとんどを臨時の景気対策に充てています。その後も、"バラマキ"をずるずる続けてしまうようだと財政再建は遠いままです。」（ANN経済部　松本寛史）

ビデオ③　「働き方改革関連法」「TPP関連法」成立

　安倍政権が今の国会で最重要と位置づける「働き方改革関連法」が今日の参議院本会議で与党などの賛成多数で可決、成立しました。

　働き方改革関連法は残業時間に上限を設け罰則を科す一方で、高収入の一部の専門職を労働時間の規制から外す「高度プロフェッショナル制度」の創設などが盛りこま

れています。

「長時間労働を是正をしていく。子育て、あるいは、介護をしながら働くことができるように、多様な働き方を可能にする法制度が制定された。」(安倍首相)

「『働かせ方改悪法案』『定額働かせ放題法案』が成立をしてしまいました。過労死・過労自殺などを大きく増やしかねないという強い危機感を持っております。」(立憲民主党 枝野代表)

一方、TPP(=環太平洋経済連携協定)の関連法も成立しました。協定自体はすでに国会で承認されているので、これによりTPP発効に向けた国内の手続きが完了することになります。

この2つの法律の成立を受けて今後、政府与党はカジノを含むIR(=統合型リゾート)整備法案や参議院の議員定数を6増やす公職選挙法改正案などの成立に全力を挙げます。しかし、野党側は両法案には問題点が多いと指摘していて、徹底抗戦の構えです。

来月22日の会期末をにらみ、国会では与野党の激しい攻防が続く見通しです。

ビデオ④　「来年10月1日に消費税引き上げ」表明へ

安倍総理大臣は来年10月1日に消費税率を今の8%から10%に予定通り引き上げる方針を固め、明日の臨時閣議で表明する方向であることがわかりました。

安倍総理大臣は明日の臨時閣議で、来年10月1日に予定通り消費税率を引き上げる方針を示し、増税による影響を和らげるための景気対策などについて検討するよう指示する見通しです。

安倍総理はこれまで、消費税率10%への引き上げを2度延期していました。しかし、今回は、景気の回復局面が続いていることや、消費増税分も財源とする全世代型社会保障制度の導入を政策の柱に据えていることなどから、最終判断したものと見られます。

政府関係者によりますと、増税のおよそ1年前となる今回のタイミングでの表明には、景気対策や、中小企業などの準備を万全にする狙いがあるということです。政府は増税後の景気対策として、クレジットカードなどキャッシュレスで買い物をすれば、購入額の2%分のポイントをつける制度の導入などを検討しています。

ビデオ⑤　「骨太の方針」「成長戦略」を閣議決定

政府は今日、経済財政運営の基本方針、いわゆる「骨太の方針」と新たな成長戦略を閣議決定しました。

基礎的財政収支の黒字化、つまり、政策に必要な経費を借金に頼らずに税金などの収入でまかなうことを実現する時期については、これまで2020年度を目指すとしてきましたが、骨太の方針では、新たに2025年度とする目標を示しました。来年度か

ら3年間を強化期間と位置づけ、社会保障の抜本改革に取り組むとしています。

　来年10月に消費税率を10％に引き上げる方針も明記され、消費の落ち込みを抑えるため、自動車や住宅などの購入には減税や給付金などを検討するとしています。

　また、人手不足を解消するため、単純労働の分野にも外国人材を受け入れる新たな在留資格の創設も盛り込まれました。

　成長戦略では、AI（＝人工知能）などを扱うIT関連の人材を重点的に育成するため、情報教育の強化を打ち出しています。また、自動運転車の普及やITを活用した生産性の向上を実現し、少子高齢化のもとで持続的な成長を目指すとしています。

第37課　農業・農村1

ビデオ①　ローカル5Gを活用した新しい農業技術の開発

　こちらがローカル5Gのアンテナになります。で、えー、こちらがですね。あの、この特徴としましては、超高速低遅延という特徴になっており、このハウスの中に、え、その電波を、えー、届けております。これよって、4Kカメラであったり、スマートグラスであったりだとか、えー、遠隔操作できる、え、走行型カメラの方も、ええ、こちらの方で実験しているようなものになっております。

　で、えー、こちら4Kカメラになります。あの、4Kなので、かなり高精細なものになっております。え、こちらを使って、え、20キロ離れた研究センターの方から拡大などをすることによって、え、トマトの状態というのをリアルタイムで監視することが可能になっております。こちらの方が遠隔操作できる、えー、走行型のカメラになっております。こちらの方を、え、20キロ離れた立川の方から、えー、これをコントロールしてトマトの状態をですね、固定の4Kカメラでは見づらい部分を、農業作業者の手を煩わせずに自分で見ることが遠隔でできる、そういったものになっています。

　遠隔操作できる走行型カメラの方でカバーしきれない部分っていうのがありますと、例えば、それはどこかというと、え、トマトの裏側であっているとか、葉っぱの裏側、こういう部分をよりこう、キメ細かく見るためにスマートグラスをつけて、え、農作業者は、これで、ええまあ、遠隔で指示をもらって、っていうような形になっています。

　こういった、え、まあ、4Kカメラであったりだとか、えー、遠隔操作できる、えー、走行型のカメラ、で、スマートグラス、こういったものを組み合わせながら、素人でも農業ができるような環境というを実現しております。

　「家庭菜園ぐらいの経験しかないんですけれど、だいたいこの350株を超えるですね、トマトを栽培できるかどうか、非常に、まあ不安があったんですが、あのう、遠隔指導のおかげでですね、実際の作業とか、それから何か問題あった時、困った時、

すぐ相談できる、的確なご指導いただけるということで、ええ、本当に不安もなくですね、え、こんな素人がこんなことまでできるのかというくらい、あのう、気持ちよくストレスなく、あの、栽培励んでいる。」（NTTアグリテクノロジー栽培スタッフ服部三平さん）

ビデオ②　最先端の野菜工場

　全身を無菌作業服で覆い、工場の中で作っているのは野菜。
　猛暑や豪雨など、異常気象が続く中、研究が進められている次世代型の農業とは。
　庄原市にある、県立広島大学庄原キャンパス。
　気候変動に左右されない農業を研究するため、3年前、この施設が作られました。
　「ここは、あの、人工光植物工場になります。太陽光ではなくて人工の光、ここはLEDですけども、そういったもので植物を育てる工場ということになっております。」（広島大学　田村浩之学科長）
　育てられているのは2種類の葉物野菜。ベビーリーフとリーフレタス。人工の光と栄養分が溶かされた水を使って栽培しています。
　工場内は、雑菌が入らない閉鎖空間にすることで、あるメリットが。
　「非常に無菌状態で、え、綺麗な状態で育てますので、洗わずに食べられるという、そういった特徴が、まあ主だと思います。」（広島大学　田村浩之学科長）
　およそ35日で収穫できるリーフレタス。年間13万株生産しています。
　去年、野菜作りに欠かせない新たな研究も始まりました。水の中には。
　「こちらはナマズになります。どうしてもこう備北地域で、何かやっていこうとした時には、やっぱりなんかインパクトがあるものが欲しいということで、ここのフィールドのスタッフさんでナマズをやられてた先生、高校の先生がおられたんで、このナマズが出した糞尿から栄養源を取って、その栄養で野菜が育つという。」（広島大学　谷垣悠介講師）
　このナマズの排泄物を利用して野菜を作る研究。しかし、植物工場ならではの課題があるそうで。
　「閉鎖型の植物工場の場合は、ええと、中の菌数、菌の数が非常に少ないというのが、1個メリットとしてあるので、この水をいかにその菌を殺せるか、そこをどういうふうに工夫していくかっていうのは今現在の課題として上がってます。」（広島大学　谷垣悠介講師）
　野菜作りは天候や地域の気候などに影響を受けます。この人工光植物工場はその課題を解決する可能性を秘めています。
　「暑い時期っていうのはレタスは逆に暑いのは苦手なんですね。暑いところではできないので、夏の暑い時期でもレタスのような冷涼なところを好む野菜が周年でいつでも収穫できるとか、皆さんにこの得られた成果っていうのをやっぱり還元はしてい

きたいとは考えております。」（広島大学　田村浩之学科長）

地域の気候や気象状況に左右されない野菜作り。次世代へとつなぐために研究は続きます。

ビデオ③　豊かな海を守る　陸で育てるサーモン

地球を笑顔にするウィーク。フューチャーアース、未来のために。

「こんばんは。宇内梨沙です。回転寿司チェーンなどで人気のネタといえばサーモンですよね。私も必ず頼んでいます。およそ8割を輸入に頼る日本ですが、意外な場所での養殖に注目が集まっています。」（TBSアナウンサー　宇内梨沙さん）

東京湾に面する千葉県木更津市。こちらの養殖場で育てられているのがトラウトサーモンです。

実はここ、海からおよそ10キロも離れた山の中。ここで育ったサーモンの名も、「おかそだち」です。

こちらの会社、水道水にナトリウムなどのミネラルを加えて人工海水を作り出し、水質や水温などをコンピューターで管理。年間30トンの安定的な生産を実現したと言います。

しかし、なぜ、海ではなく陸上での養殖を始めたのでしょうか。

「これまでの海面養殖では、ま、フンとかが回収されずに海に流れ出ていたものを回収して、え、環境への負荷を下げる形で養殖しようと。」（FRDジャパンCOO　十河哲朗さん）

一般的な海面養殖で問題視される魚の餌やフンなどによる海の汚染。そこで、この養殖場が独自に開発したのがこちら。黒く見えるのがバクテリアの住処となっているもので、これによって汚れを分解。水質を改善させた上で再び水槽に戻しているのです。こうした技術で海を汚さないだけでなく、抗生物質の投与の必要がない魚の養殖を実現したのです。こうして生まれた「おかそだち」。値段はちょっと張りますが、都心までわずか1時間で届くため新鮮さが人気です。

「国産というのがどちらかと言うと、いいなと思っているので」（購入客）

「安全安心で美味しく食べれるのかな」（購入客）

いいことづくめのようですが、設備に資金もかかるため出荷量はまだわずか。来年から規模拡大に乗り出し、今の生産量30トンから3 000トンの生産を目指すと話します。

「まず、日本で商業化を実現するというのが目標ではあるんですけども、まあ特に、ま、海外、その中でもアジア圏で、魚の需要っていうのはものすごく伸びてまして、アジア圏にまたプラントを広げていきたいというのが次の目標として持っているところです。」（FRDジャパンCOO　十河哲朗さん）

豊かな海を守ることにつながる前例のない挑戦に注目が集まっています。

ビデオ④ 「もうかる農業」に若者が続々「年収1 000万円目指す」
持続可能な食料生産

　都内のデパート。客が次々と手にしていたのは、紅まどんな。みかんの仲間ですが、お値段なんと…

　「8 000円近くのものもあります。」（記者）

　少し高めですが、15年の品種改良で実現したトロンととろける食感にリピーターも多く…

　「すごくいいゼリーを頂いているような、ジューシーでぷるんみたいな」（購入客）

　ヒット商品の産地を訪れると…農作業をしていたのは、高橋茄奈さん、23歳。実は…

　「前の仕事は自衛官をしていましたね、はい。」（高橋茄奈さん）

　なんと元自衛官。なぜ転職したのでしょうか。

　「今までだったら、お給料も決められて。でも自営業ってなったら、自分がやったらやっただけ、儲けることができるので。」（高橋茄奈さん）

　実は今、農業は、もうかる職業として人気になりつつあるのです。この地域でも売れる品種ができたことに加え、JAが就農支援を強化したことで、農家のなり手が増加。地域の過疎化を止める一助となっています。

　「（農家は）もうからないってイメージがあるんですけど、全然そんなことはなくて。もうやったらやったほどもうけれると思います。年収4桁とか。」（高橋茄奈さん）

　かつて「きつい・汚い・危険」の3Kと言われた農業。若い世代で農家になる人は、この10年で、なんと3倍になっています。

　茨城県にあるキャベツ畑。極めて効率的な方法で、すごい利益を上げています。強みは、伝統の集団農業です。驚くべきはそのスピード。この映像、早送りしているわけではありません。およそ6 000個のキャベツを2時間で収穫しました。時間を無駄にしないよう、雨で農作業ができない日は加工工場で働く、いわば一人二役。小さ過ぎたり、大き過ぎたりして、売りものにならない規格外の野菜も有効活用します。

　「それを全部、売り物にして、加工して売り物にしていけば、かなりの利益率になりますし、農業界の当たり前は私の当たり前ではないので、まだまだもうかる要素って、いっぱいあると思うんですけれども。」（ワールドファーム 上野裕志代表取締役）

　効率を上げることで従業員は残業ゼロ。週休2日で、給料は20代で350万円から400万円と、サラリーマンの平均を上回ります。ノウハウを学び、独立を考える人が多く…

　「1 000万円を稼げるようなプロを目指したいですね。」（従業員）

　この成長性に、大企業も目をつけています。

「山中の開けたところにあるこちらの農場、実は楽天グループが運営しています。」（記者）

耕作放棄地を整備、オーガニック野菜で作るカットサラダをヒットさせ、急成長しています。他にもトヨタやソフトバンクなど企業が相次いで参入。

「農業というのは、ま収入が低くて、え、非常に先細りだったんですけれども。ま、最近では、もうかりやすくなったので、企業とか若者が、まあ、参入して産業として活気がある。食料の供給という面でもね、プラスになる。」（第一生命経済研究所　永濱利廣首席エコノミスト）

もうかることで持続可能な食料生産にもつながる農業。若い力が集まり始めています。

ビデオ⑤　農業技術（北海道大学）北大×ソニー　新たな農業のカタチ

地球を笑顔にするウィーク　フューチャーアース　未来のために

「こんばんは宇内梨沙です。世界の大学のSDGsランキング第10位。日本ではトップに立つ北海道大学。今年、今までにない環境に優しい農場を生み出すため、あの世界のソニーとタッグを組みました。」（TBSアナウンサー　宇内梨沙さん）

北海道大学のある研究室。

「まあ、バクテリアだったり、バクテリアって何万種類っているので…」（北海道大学　内田義崇准教授）

環境生命地球科学が専門の内田義崇准教授。熱心に耳を傾けるのは世界のソニーのお二人です。

「ひらめくことはあります。で、ただそれが実際に使えるかどうかっていうところで、まあ、実際の現場でも試していく。」（ソニーグループ株式会社　追田元さん）

今年、北海道大学とソニーグループは環境を再生しながら食料を作る新しい環境再生型農業の共同研究に乗り出しました。

この日向かったのは札幌市内の森です。

「あいつだ。あいつね、ちょっと足がね。」（ソニーグループ株式会社　追田元さん）

現れたのは馬。実はここ北海道大学の馬を使った壮大な実験農場なのです。

「簡単に言うとゼロカーボン畜産。馬が放たれると糞尿が土に巻かれるような形になるので、そういった要素を利用してきちんとですね。この森がCO_2を最大限吸収するような形になるように、あの、5年10年というスパンでこの場所が、人間にとって食料を生産できる場所になっていくんではないかと。」（北海道大学　内田義崇准教授）

馬の放牧を皮切りに土壌、植物、家畜の持続可能なサイクルを作り上げ、ソニーグループがその実態を見える化しようというのです。

近年の研究で土が活性化すれば温暖化の原因となる炭素をより多く貯め置く能力があることも明らかになっています。
　どんなデータか先生も興味津々。しかし、我々には企業秘密だということで見せてもらえませんでした。
　「ざっくり言うと何を見てるんですか？」（記者）
　「基本的には気象の情報ですね。気象の情報とあとは土壌の情報も少し。」
　「僕の力ではなかなかこうアイデアとしてあっても実現できてない、こう、構想がいっぱいあるのでそういったものはどんどんソニーさんとシェアして情報が使えるようになるんじゃないかなって期待はしてます。はい。」（北海道大学　内田義崇准教授）
　自然のサイクルで生まれる効果の見える化がSDGsへの取り組みを加速させる鍵なのかもしれません。

第38課　農業・農村2

ビデオ①　農業の大切さを学んで 小学生がソバの種まきを体験

　ソバの種まき体験は、嬉野市塩田地区の地域コミュニティ運営協議会が地域の耕作放棄地を活用しながら、子供たちに農業の大切さを学んでもらおうと初めて企画しました。今日は塩田小学校の5年生26人が参加、嬉野市は34℃を超える暑さとなりましたが、およそ14キロの種を丁寧にまいていました。私も今日指導に当たったソバ部会の岸川和則さんにコツを教えてもらいながら種まきを体験しました。
　「握るときの量はこれくらいでいいですか。このくらい。」（記者）
　「これくらいですね。」（記者）
　「で、ここから種が出てくるように。そうそうそうそう。」（ソバ部会　岸川和則さん）
　「こういう感じですね。」（記者）
　「そうそうそう、低いからこうやって散らばらんわけよ。高くすると飛び散るわけね」（ソバ部会　岸川和則さん）
　この後、肥料をまいて土をかぶせ、種まきは完了です。
　「土かぶせるのが楽しかった」（参加した児童　男の子）
　「喉がかわいたりしたけど楽しかったです」（参加した児童　女の子）
　「農業をすることによってできあがる作物。これの、その美味しくいただこうと。地域の皆さんと一緒にやっていこうと。ソバだったら、作ったらすぐ食べれるという楽しみもあるんで、ほいじゃこれやろうと。」（ソバ部会　岸川和則さん）
　ソバは11月上旬に収穫し、手打ちそばで楽しむ予定です。

ビデオ②　農業体験で深めるきずなと食育

　抱えられた子供が頑張っているのは岡山名産、清水白桃の袋掛け。今回の岡山ESDナビはファミリー農園クラブをご紹介します。

　6月に岡山空港近くの農園で行われたファミリー農園クラブ。岡山市立少年自然の家などが年に数回行っている農業体験のイベントです。

　ところでみなさん、ESDって知っていますか。

　そう、持続可能な開発のための教育という意味なんです。簡単に言うとこれから先もこの社会でずっと幸せに暮らしていくための取り組みのことだね。

　この農業体験もESDの活動なんだ。

　「少年自然の家にまず拠点をおいて、そして畑があります。それから果樹園があります。そういうここの地域の強みをどういう風にして生かしていくかということで、これを使って子供たちの代へ、なんか繋げていけることはできないだろうかということで農園倶楽部を立ち上げました。」（岡山市立少年自然の家　金谷啓司所長）

　ああ、袋に自分の名前を書いているよ。こうやって名前や思いを書くと愛着が湧くよね。本当ねえ！うーんと甘くなあれ。

　各家庭に一区画ずつ貸し出しているファミリースペースではお隣同士の交流が生まれていたよ。ここははっきり仕切りを設けないことで隣の家族とのふれあいを持てるように工夫されているんです。畑では前回参加した人たちが植えたジャガイモや玉ねぎを収穫していたよ。

　「あの、これね。去年のみんながあの去年の子どもたちが増えてくれたらしいんだけど。」（記者）

　「あ、僕も去年行ってたよ。」（体験参加した子供）

　「どうだった？大きくなって。」（記者）

　「びっくりした。」（体験参加した子供）

　土を触って農業の大変さ楽しさを知ると、もっと食べ物を大切にしようって気持ちになるよね。私たちがずっと幸せに暮らしていくために欠かせない農業。

　それを伝えていくこともESDなんだね。今回紹介したファミリー農園クラブ以外にもいろんなESD活動があるよ。

　「ぜひ、岡山ESDナビで検索してください。」

　秋に開かれる世界会議の情報も要チェック！

　未来へつなぐESD。

ビデオ③　充実した農村ライフ

　「千葉県の中山間地域に移住した皆さんの暮らしぶりをご紹介する農村デイズ。農業未経験から新規就農した五十嵐大介さん早矢加さんご夫婦です。それではお二人の

スクリプト

ライフスタイルご覧ください。」(トラウデン直美さん)

　千葉県の南部に位置する南房総市。黒潮の影響で温暖な気候に恵まれた地域です。最南端の白浜地区で農業を営んでいるのが五十嵐大介さん早矢加さんご夫婦。二人が愛情を込めて栽培しているものがあります。

　「こちらでカレンデュラというお花を栽培しています。」(早矢加さん)

　冬から春にかけて花をつけるカレンデュラ。収穫時期である3月には畑一面が美しいオレンジに彩られます。五十嵐さん夫婦はこのカレンデュラをメインに栽培し、石鹸やクリームといったコスメを委託製造で販売しています。

　そんな二人の移住のきっかけは？

　「私たちあの、もともとJICAの海外協力隊っていうので、あの、中央アジアのキルギスという国であの、出会って。(五十嵐大介さん)

　「お二人とも？」(トラウデン直美さん)

　「そうです、はい。」(五十嵐大介さん)

　「そうなんですね！」(トラウデン直美さん)

　「キルギスで、あの、まあ、あの家族がなか睦まじく、家族農業営みながらすごい支え合いながら生活してるっていう姿がすごく魅力的で、」(早矢加さん)

　キルギスでの自然豊かな暮らし。さらにそこで出会ったカレンデュラに魅了された2人。6年前、農業未経験で千葉県への移住を決断したそうです。

　「今住んでる白浜というところが（カレンデュラの）産地で。」(五十嵐大介さん)

　「ああ、なるほど。」(トラウデン直美さん)

　「で、」(五十嵐大介さん)

　「カレンデュラを求めて、南房総にきたって感じです。」(早矢加さん)

　「そうなんですね。」

　「初めての農業経験ってどうでしたか？」(トラウデン直美さん)

　「この南房総市って、あの、農業研修制度があって、カレンデュラ栽培を教えてくれる師匠っていうのがいたんですね。で、その師匠のもとに弟子入りをして、そこで一から教えてもらえるっていう研修だったので、知識を得ながら少しずつは上達してきているかなっていう感じです。」(早矢加さん)

　「へえ。」(トラウデン直美さん)

　市のバックアップでスムーズに就農できたという五十嵐さん。

　「市役所の方とか、まあ、千葉県、（の人は）あったかいんで、もしカレンデュラダメだったら、他があるよって言っていただいて、それがすごい後押しになりました。」(五十嵐大介さん)

　「いいですね。ちょっとある意味、少し気楽に。」(トラウデン直美さん)

　「ああ、そうですね。」(早矢加さん)

「今の生活になってみていかがですか?」(トラウデン直美さん)

「自分が思い描いてたこの家族農業、こじんまりと自分たちで農業しながら、子どもたちとの時間を持ちながら本当にこう田舎の暮らしを楽しみながら、生活ができてるのかなっていうふうに思います。」(早矢加さん)

手厚いサポートで未経験からでも挑戦できる農村での暮らし。

「千葉県に住んでみませんか?」(トラウデン直美さん)

ビデオ④　高校生がリモートで農業学ぶ　次世代デジタル教育

農業に携わる人材の育成にデジタル技術を取り入れた授業がスタートです。県の農業大学校の教員が高校生に向けてオンラインでの授業を今日初めて行いました。

この取り組みは農業を学ぶ高校生に、就農への意欲を高めてもらう、県の次世代デジタル農業教育の一環で行われました。初めての授業は眞岡北陵高校と県の農業大学校をオンラインでつなぎ、農業機械科と食品科学科の生徒16人に対して、農業大学校のイチゴ学科の教員が授業します。

この日のテーマはイチゴの高設栽培での環境制御装置についてです。10アール当たりの収穫量が過去に比べて、現在大幅に増えた理由の一つに、環境を制御する技術の進歩がありますが、装置が高価なため、高校に実習設備がありません。

「まあ、雨の影響を受けにくいので、作業を計画的に行えるっていうことがあります。給肥装置を使ってね、肥料をあげることで、えー、肥料の与え方もかなりね、え、細かく管理できるというところが特徴です。」(教員)

高校にはない設備を使ってリアルに学ぶことができ、さらに専門の教員が教えているためグラフを多く使って分かりやすく指導できます。収穫された三つの品種のイチゴを試食すると、学んだ後では印象が変わり楽しいと話す生徒もいました。

「自分初めてそのオンライン授業やったんですけど、まあ、あの、声とかもすごくはっきり聞こえやすくて、画面通しても機械を見ることができってのが、自分がやっぱりそこが一番いいなあと思います。」(授業を受けた男子生徒)

「私の家にない装置とかが見れてとてもよかったと思います。遠隔で見て、操作している人がいて、自分で見ると、なんか自分が動かしてるように見えて、あの、とてもよかったと思います。」(授業を受けた女子生徒)

県経営技術課は今回のオンライン授業を皮切りに今後VRやAIを活用したデジタル教材を作成して、さらに実践的な授業が受けられるよう、事業を進めていくことにしています。

「若い人にとって、今VRとかAIとか、色々なデジタル技術があの身近なものになっているんですけども、まあ、農業の魅力を知ってもらう、そして農業をやりたいと思ってもらうっていう、まあ、一つの新たな切り口と言いますか。新たな手法としてより関心を高めてほしいと考えています。」(県経営技術課担い手育成担当　菅谷和音

さん）

　先ほど話題に上がった今後作成するデジタル教材はVRをつかった仮想体験ができるというものです。定点観察したイチゴやナシの生育の様子や栽培管理の方法、季節に関係なく木の剪定、実の間引き作業の訓練ができる教材を制作予定ということで、まるでゲームのようですね。（本当ですね）こう、一見難しそうに思える内容でもわかりやすく楽しく学べるとなると、こう、学びたいという意欲もさらに増しそうですよね。まあ、時代の進化に合わせて、どんどんこう農業であったり教育分野いろんな分野が変わって、（そうですね）いってますね。（進みますね）はい。

ビデオ⑤　学校法人国際総合学園　新潟農業・バイオ専門学校

　日本の農業分野で、作業従事者は減少の一途をたどり、熟練の作業者の技術の継承が困難になるケースが増加しつつあります。また、大規模生産法人の下支え、新しい農作物の産地形成など、人材育成の効率化により、様々な問題を解決しなければいけません。

　農業の教科書は、作目に対する全体の大まかな要素を示すものが多く、農作業の内容に関しては140字程度といった場合も。ARグラスを用いた実験では熟練者が長い時間をかけて、経験を重ねてきたイレギュラーな事象に対する対応を、複数人でともに体験することで効率的に経験を積んで、初心者の作業能力の行為平準化を目指し、人材育成の効率化が図れるかを検討するものです。

　この実験では、農業を学ぶ1年生20名を対象に、10月から12月に週6コマの時間を使い、実証実験を行いました。施設栽培のトマトの管理作業から芽かきの作業に着目し、協力法人の作業者のアンケートから重要と思われるイレギュラーな22パターンを抽出し範例集を作製、この範例の利用方法で、プル型とプッシュ型の2つの方を検討しました。

　プッシュ型の手法ではオペレーターからの解説や情報の共有により、学生からはゲーム感覚で楽しかったといった声も聞かれました。3D動画では口頭や文章化しにくい農作業における暗黙値の表現、座学から実習までの記憶、イメージの壁の軽減を目指し、作業のやり方だけでなく、スピード感の表現についても工夫しながら作成を行いました。

　委員会における議論では、ARの技術や3Dの技術を体験した方が少ない中でも活発な意見があがりました。

　これらをふまえ、次年度以降は学内だけの実験にとどまらず、委員会の皆様に参加していただき、企業や他の学校にも同様に実験検証を行い、得られたデータや知見を基に最終的なマニュアルなどを作成し、最終報告を目指していきます。今後これらの実証実験により農業分野とXR技術への応用など、人材育成の効率化に向けた基礎となっていくことが期待されます。

第 39 課　中国の声 1

ビデオ①　遣隋使・遣唐使

　西暦607年、聖徳太子が活躍したころ、日本はとなりの中国、当時の「隋」に使いを送りました。「遣隋使」です。やがて隋が唐へかわると、「遣唐使」になります。

　当時、中国への旅は船で荒海を渡る危険なものでした。日本よりもはるかに進んだ中国の文化。遣唐使は命がけでその文化を日本に伝えようとしたのです。

　みかんや茶、薬、仏教の経典などたくさんのものが遣唐使によって伝えられました。

　また、710年につくられた奈良の平城京。794年に都となった京都の平安京。そのほか国のしくみや法律も唐を手本にしてつくられました。

　遣隋使・遣唐使は平安時代まで200年以上も、中国と日本を行き来しました。

ビデオ②　中国伝統製茶

「だいたい60秒で中国の話題」（男性）

「わかった気になっチャイナ」（男女一同）

「中国伝統の製茶技法と関連の風習が」（女性）

「世界無形文化遺産に登録されました」（男性）

「そういえば、劉さんの故郷は緑茶で有名だよね」（女性）

「うん、だからお茶には結構詳しいよ」（男性）

「では、中国茶の数字クイズ、スタート！」（女性）

「数字？ そういうことか、よし来い！」（男性）

「中国茶の6といえば？」（女性）

「簡単。中国茶の種類だね。緑茶、黄色い紅茶、黒茶、白茶に烏龍茶、それから赤い紅茶。これがいわゆる中国の六大茶葉。」（男性）

「おみごと！ では中国茶の2 000といえば？」（女性）

「ええ？ う〜ん、値段じゃないよなぁ…」（男性）

「ぶっぶー、正解は現在栽培されている品種の数」（女性）

「2 000種類か」（男性）

「ラスト、中国茶の1といえば？」（女性）

「そりゃあ、どの国よりも一番長い歴史でしょう。」（男性）

「正解。中国茶の歴史はおよそ4 700年。中国は世界で最初にお茶の栽培と製茶を始めた国なのです」（女性）

「そんなお茶文化は歴史上中国と多くの国とをつないできました。日本の皆さんにももっともっと味わってほしいね」（男性）

「うん。2 000品種あるから毎日違うのを飲んでもらっても、ああ、5年半は楽しめるよ」（女性）

「もっとゆっくり楽しもうよ。今日はここまで。」（男性）

「再見！」（男女一同）

ビデオ③　中国のおもちゃ

　バラエティーに富んだおもちゃを収集している姫路市香寺町の日本玩具博物館では、中国のおもちゃを集めた特別展が開かれています。

　小さな舞台上で中国の伝統芸能京劇を舞い踊る人形たち。一方こちらには鮮やかな色で獅子や猿を塗りあげた人形が並べられています。

　中国では土や布といった身の回りの素材を使ったおもちゃが多く、子どもたちが遊びに使うほか、健康や福を呼ぶ縁起物としての役割もあるといいます。

　この特別展「中国民衆玩具の世界」ではおおよそ1 300点のコレクションが並び、音や動きを楽しむ人形や日本古来のおもちゃと比較した展示などで大陸文化が日本に与えた影響も紹介しています。

　「中国のやっぱり人々の気性を表したようなものがたくさん出てるんじゃないかと思います。世界でも最高のコレクションだということでぜひこのね、展覧会を見に来ていただきたいなと思っています。」

　この特別展は姫路市の日本玩具博物館で10月23日まで開かれています。

ビデオ④　グレートネイチャー　中国・長江最大の支流大渡河峡谷

　グレートネイチャー。今回は中国南西部横断山脈にある大渡河峡谷。世界的大河長江の最大の支流。高低差2 600メートルにもおよぶ大自然の驚異です。

　これは圧巻。そそり立つ岩壁の合間を激流が突き進んでいきます。早速谷底から峡谷の深さを体感しましょう。

　絶壁に挟まれた大渡河峡谷。その長さは26キロにも及びます。谷底から絶壁の上まで高低差は最大で2 600メートル以上。深い峡谷の形成にはこの一帯に降る雨が関わっているといいます。

　3 000ミリといえば東京の年間降水量のおよそ2倍です。春、暖かくなると大陸の内部の青蔵高原周辺では強い日差しが地面を熱し、空気が暖められて上昇気流が起こります。すると太平洋の南から大陸に向けて湿った空気が流れ込みます。これが東南モンスーンです。湿った大量の空気は高い山がない中国南東部を通過。やがて東南モンスーンは大渡河峡谷西側の山脈にぶつかり上昇。すると積乱雲が発生し大量の雨が降るのです。

　5月から10月にかけて大渡河峡谷周辺に降る豪雨。その水を集めた激しい流れが峡谷を深く削っていくのです。

さらに大峡谷の形成にはもう一つの秘密があるといいます。やってきたのは峡谷の最上部。

えっ？巨大な断崖絶壁に道がありますよ。

露わになった白っぽい石。どんな岩石なんでしょう。

石灰岩は海のサンゴなどが堆積してできた岩石。それがこんな内陸部にあるということ？

今も続く大地の隆起。それが大峡谷形成のもう一つの秘密だといいます。大地の低い部分には雨などの水が集まり削られて川になります。雨などによる浸食はその後も続きますがそこに大地の隆起が加わると、隆起と浸食その両方の作用が働き峡谷はさらに深さを増していくのです。

今も年間7.8ミリのペースで続くという隆起。それを生んでいるのはダイナミックな地殻変動の力だといいます。大渡河峡谷は地球の営みの不思議を物語る大自然の造形なのです。

ビデオ⑤　中国廬山滝

泉屋博古館の学芸員竹島と申します。

本日は泉屋博古館東京で開催中の「古美術逍遥展」で展示しております中国絵画の名品から、石濤の「廬山観瀑図」をご紹介します。

中国絵画の山水画はなかなか広大な世界を描いていて一見とっつきにくい存在ですが、その時はですね、ぜひ画面の中に描かれております人物に着目してみてください。その人物に自分を重ねることでその絵画世界に飛び込むことができます。例えばこの絵画ではですね観瀑、滝を見るという画題なんですけれども、なぜかですね、画面に佇んでいる人物は描かれている滝の方を見ていません。ただ、滝の方を見ていないからこそ滝の落ちる水音であったり滝が落ちてからですね、水蒸気をあたりに振りまくその湿気を帯びた空気を感じる、そういった姿に見えてきます。するとですね、そこに身を重ねると私たち鑑賞者もですね、滝の轟音が聞こえてきたり、あるいは水気を多く含んだですね、空気にこう頬をなでられるような、あの、滝を見に行った時の感覚を思い出すことができます。

そしてこの絵は、石濤がですね、ええ、過去に廬山という場所に旅をした、ああ、時の記憶をもとに描かれた絵画です。

そのことが記されているのが画面上部に書かれております「書」ですね。「讃」なんですけれども、この讃、よく見ていただきますと、濃い墨で書かれている字と、薄い墨で書かれている字がですね、ええ、一定のリズムで登場します。ええ、濃い墨が書かれたあと薄い墨。ええ、また濃い墨で字を書く。これがですね、ええ、もしかするとですね、ええ、この字のですね、ええ、上にですね、ええ、雲気、雲がですね、流れ込んでいるから雲越しにですね見ている字は薄く、雲よりに前に出ている字は濃

く見えているかもしれません。

続いてご紹介するのは、仏教美術の部屋から国宝に指定されております「線刻物諸尊鏡像」です。こちらはですね、鏡の鏡面にですね、仏様を、ええ、彫り込んでいるんですけれども、大変美しい線刻が見所なんですが、鏡に彫り込んでいるがためになかなかその姿を現してくれません。

そこでですねこういったふうにですね、ええ、見上げてみて、ええ、見てみたりですね、こう少ししゃがんで見てみたりすることですね、突然反射光のきらめきの中から仏様が姿を現す瞬間が訪れます。

第40課　中国の声2

ビデオ①　中国の食文化

国土の広い中国は地域の気候や産物などの違いが大きく、それぞれの地域で独特の料理が生まれました。

その特徴は東西南北の四つに分けられます。

東の上海料理。上海は海や湖が近く新鮮な魚介類が使われます。上海ガニが代表的です。また、米の生産が多い地域で、粽など米を使った料理も食べられています。

西の四川料理。四川料理は辛さが特徴です。四川は内陸に位置し、夏は蒸し暑く冬は寒さが厳しいため、食欲を増進させる辛い料理が発達しました。日本でもなじみがある麻婆豆腐は四川地方が発祥です。

南の広東料理。広東料理は港町として栄えた広州を中心に発展しました。野菜や魚、肉はもちろんのこと、豊富な食材が集まり、蛙やさそりなども料理します。食は広州にありと言われるほどです。

北の北京料理。北京料理は肉料理が多く、北京ダックや羊の肉のしゃぶしゃぶなどが代表的です。中国北部は小麦の生産が多く、小麦粉を生地にしたマントウなどがよく食べられます。

ビデオ②　中国国産アニメ

「こちら北京の遊園地には、多くのアニメファンが集まっています。皆さん思い思いの格好で、イベントに参加しています。」（記者）

思い思いのキャラクターに扮した"コスプレーヤー"。アニメソングに合わせて踊るのは、中国のオタクたちです。こちら、この5連休に合わせて北京で開かれているアニメのイベント。キャラクターの装飾を施した、いわゆる"痛車（いたしゃ）"まで登場し、日本のアニメはここでも大人気ですが、実は今、中国で「国産」アニメが存在感を増しています。

「楽しいです。最近の国産アニメは、どんどんクオリティーが上がっている。」

（女性）

「（国産アニメは）何年か前よりはとてもとても発展した。」（男性）

「文化強国」として国産アニメ産業を成長させたい中国政府。制作会社を税制面で優遇するほか、午後5時から9時までは海外アニメの放送を禁止したり、海外アニメがアニメ放送時間全体の3割を上回ってはならないと定めたりするなど、国を挙げて後押ししているのです。

こうしたなか、中国アニメの勢いを象徴する新たな動きが。

「緑の多い山あいの街に突如できあがったのはこちら、中国アニメ初のテーマパークです。」（記者）

浙江省杭州市の中心部から車でおよそ2時間半の場所に、1日、オープンした中国アニメ初のテーマパーク。建築費は日本円で11億円、最終的にはさらに40億円になる見込みで、45平方キロメートル、東京ドーム960個分の巨大施設になります。

仕掛け人は、中国IT大手の「テンセント」。日本にも輸入された中国アニメ「縁結びの妖狐ちゃん」は、テンセントが運営する動画配信サイトで人気が出ました。

テーマパークは、その世界を再現し、観客もアニメキャラになったような一体感を味わうことのできるステージが目玉だといいます。

「今の若者が好きなアニメ・コンテンツを用い、中国の伝統的な観光商品に新たなエネルギーを与えたい。」（テンセントアニメ知財責任者 梅雪さん）

テンセントは、人気アニメの著作権を取得。ゲームなどだけでなく、テーマパーク事業でも著作権ビジネスを展開し始めています。

「素敵です。元々このアニメのファンなので、来るかいがあったと思っている。」（女性）

「ファンなら、ここに来てアニメの中の場所も見られるし、ほかのファンにも出会えて交流できる。」（女性）

収益拡大に向け裾野を広げようと新たな事業に打って出たテンセントのビジネスは、日本でもすでに拡大。これまでに少なくとも6つのアニメ作品を日本企業と共同制作し、アニメ制作会社に出資もしています。

「日本の皆さんにぴったりの優秀作品があれば、今後の日本市場の進出についてもオープンです。」（テンセントアニメ知財責任者 梅雪さん）

中国の調査会社によると、2019年には市場規模は日本円で3兆円以上となった中国のアニメ市場。アニメの先駆者である日本の市場でも、その戦いは始まっています。

ビデオ③　中国コーヒー市場

日本の皆さんこんにちは。Aちゃんタイムズのお時間です。

Aちゃんタイムズでは日本ではなかなか知ることができない中国のディープでホットな情報をお届けしていきます。今回のトピックスはこちら。加熱する中国コーヒー

市場です。日本の皆さんは中国イコール、コーヒーのイメージはあまりないかもしれませんが、去年11月上海のコーヒーショップの数が6 913店舗に達し東京、ニューヨークを追い抜いて、世界で最もコーヒーショップが多い都市であると話題になりました。

　中国経済メディアの第一財経によりますと、中国のコーヒー消費量は毎年平均15%から20%の勢いで増加しており、世界規模の2%を大幅に上回っています。

　中国のコーヒー市場規模は2020年に3 000億元、おおよそ5兆4 297億円を記録しており、2025年には日本円にして18兆円に達する見込みです。

　今回はそんな今ホットな中国のコーヒー市場を紹介していきたいとおもいます。

　1980年代まで、中国ではお茶が伝統的な飲み物が親しまれており、外来品であるコーヒーをたしなむ習慣はあまり根付いていませんでした。

　1990年あたりに、コーヒー業界大手であるネスレが中国で廉価なインスタントコーヒーを打ち出したことで、中国のコーヒー市場はインスタントを中心に成長してきました。

　中国では1999年にスターバックスが市場進出を果たし絶大な人気を誇りましたが、近年はラッキンコーヒーやマナーコーヒー、ノバーコーヒーなど国内の新興コーヒーブランドが現れたことで、その地位が脅かされています。

ビデオ④　中国で今一番人気の旅行先「山東省・淄博市」

　「ニーハオ！現在こちらは午後4時過ぎです。中国はですね、連休の真っ只中なんですけれども、こちら見てください。たくさんの人たちが今来ています。皆さんね、観光客なんですけれども、ここ山東省の淄博市という場所です。皆さんあまり聞いたことないと思いますけれども、北京からは高速鉄道でおよそ2時間半ほど、連休中のチケットはですね、一瞬で完売しました。さて、ここでクイズなのですが、この淄博市、えー、今中国で最も人気の旅行先ともいえるんですけれども、皆さん何を目的に来ているのでしょうか。」（北京支局　松井智史）

　「観光客で賑わう中国山東省の淄博市です。先ほどのクイズでですね。こちら、え、最も人気の旅行先ともいえるこの淄博市、皆さん何を目的に来ているのかお分かりになりますでしょうか。3つの中からお答えください。①バーベキュー、②占い、③免税店。」（北京支局　松井智史）

　「へえ？今村さんどうですか。」

　「いやなんか、1。（あー）だって占いやったらえらい時間かかりそうじゃない？この人数。（ええー！）」

　「でも、バーベキューってどこでもできません？」

　「そうなんですよ。免税店もなんかないだろうし。」

　「だから逆に入ってんのおかしくない？1番。急に。」

「あー、確かに。」
「でも2番とかであってほしいんだよな。」
「私も2番じゃないかと思ったんですけどね。」
「違和感感じるわ、一番に。」
「まぁ確かに。そういうことか。」
「答えは何でしょうか。」
「はい、正解はですね。一番のバーベキューです。ここバーベキュー会場になっていまして、今その食べるためにみんな並んでるんですけれども、ここにあの実際バーベキューちょっと準備してもらいました。ちょっと、はい、すいません。はい、こちらでーす。これですね。中国語で"ズーボーシャオカオ"というふうに呼ばれるバーベキューなんです。えー、ま、普通の羊の肉、牛肉など、こうやって串刺し串刺しにして焼いて食べるんですけれども、食べ方に特徴がありまして。まずですね、あの、こういうナンのようなもの、これをですね、つけまして、開いて、地元特産のこれネギ、これをまず挟みます。そして、2本、2本ほどですね。これをここに挟んで、抜いて、で、これをガブリと食べます。肉もおいしいんですけれども、このネギとの組み合わせが本当にあの、最高です。」（北京支局　松井智史）
「つけた粉はピリ辛なんですか。」
「そうですそうです、ピリ辛です。」
「ちょっと店内見ていただきたいんですが。はい、今はもう店の中ですね、人がびっしり詰まっています。で、まだ実はまだ皆さん食べてないんですね。これあの場所取りのために来てて、今こう人だかりありますけれども、これは注文するための紙を取りたいためにみんな並んでるんですね。ちょっと映像を見てほしいんですが、こちら昨日の映像ではですね、もうこの注文するための紙を争奪戦のような状態になっていました。はい、今年3月頃からですね。このズーボーシャオカオ爆発的な人気となっているんですけれども、きっかけはですね、コロナで隔離生活をこの地で送っていた大学生たちが、あの、隔離が解除される際にですね、地元政府からこう無料でバーベキューを振る舞われたというようなエピソードがありまして、それにこういたく感動した学生たちがこうSNS上でコロナが終わったら、このズーボーシャオカオを食べに行こうなどとネットで、これ、言うようになって、えー、超バズったそうなんです。それだけじゃなくてですね。あの地元政府もその評判にあやかってバーベキュー会場への無料バスを走らせたり、また特設会場まで作ったりして、このなんか盛り上がりというのを街全体でやったというようなのがありました。今では町おこしの手本とまで言われるようになっているんです。」（北京支局　松井智史）
「お子さんまでいるんだ。味は別に特にこの場所ならではのっていうことではないんですか。松井さん」

「そう、実はですね。あのまあ、お肉自体は、あの美味しいんですけれども、まあここじゃないと食べられない美味しさかっていうと、あの実はまあ、中国国内全土いろんなところにあるバーベキューおいしいところ他にもあります。ただ先ほどはちょっとご覧いただいた食べ方、で、食べるのはここオリジナルで、これあのちょっと食べてみないと美味しさわからないんですけれども。あの、ネギと肉とあの、ナンみたいなやつその組み合わせがすごく絶妙で美味しいんですよ。」(北京支局　松井智史)

「うーん。今のところで何分待ちかってわかるんですか。」

「あ、すみません。もう一度お願いします。」(北京支局　松井智史)

「今のところ最大で何分待ちが発生してますか。」

「あ、今のところですね、さっき、あの、こちらの店長さんが、あの、ちょっと3時間ぐらい待つかもしれないけど。あの、ま、皆さんの騒がないでというふうにアナウンスしてましたんで、かなり先の行列の後ろの方の人たちは待たなきゃいけないようです。」(北京支局　松井智史さん)

「そうですか。松井さん、ありがとうございました。」

ビデオ⑤　パンダ

ニーハオ！今日の皆さん、こんにちは、Aちゃんです。

ええ、私は今日は中国四川省都江堰市にある中国パンダ保護研究センター都江堰基地にやってきました。

中国四川省にはパンダの保護、繁殖、育成を目的とした施設がいくつかありますが、その中の一つが中国パンダ保護研究センター都江堰基地で、別名ションマオラーユェン、パンダ楽園と呼ばれています。およそ50ヘクタールという広大な敷地に、パンダの生息に適した自然環境が再現され、およそ30頭ものパンダが生活をしています。

で、こんなパンダ園でなんとAちゃんは、飼育員の一日を体験できることになりましたので、パンダ大国中国の飼育員の一日と、都江堰パンダ基地の魅力を皆さんにご紹介したいと思います。さあ、行きましょう。いや、平日なのに今日は団体客いっぱいで賑やかですね。ええ、ここの入場料は一人58元、えー、日本円で言うと700円ぐらいですね。さあ、今日の、えー、パンダの飼育員1日を体験するのは、えー、ここですね。パンパン園っていうところです。どんなパンダが私を待っているのかしら。いや、ここはパンダ早速発見、かわいい。ね。えー、雌のインインちゃんかわいい。

じゃじゃん着替えが終わりました。Aちゃん、早速一日飼育員体験することになります。頑張ります。

こんにちは。

ニーハオ！ニーハオ！ニーハオ！ニーハオ！

ええ、今日の私の世話役です。胡さんです。よろしくお願いします。
そのパンダの安全のために飼育員以外の人がこういう中に入るのが禁止だそうです。

新编日语
视听说教程

第二版

（上）

主　编　　王　磊
副主编　　黄　周　王永东
主　审　　川野宏平　小西幹
摄　影　　张　俊　沈家平

苏州大学出版社
Soochow University Press

图书在版编目(CIP)数据

新编日语视听说教程. 上 / 王磊主编. -- 2 版. -- 苏州：苏州大学出版社，2024.7. -- ISBN 978-7-5672-4886-1

Ⅰ. H369.9

中国国家版本馆 CIP 数据核字第 20242LW603 号

本书配套视频和练习参考答案可在苏州大学出版社网站(http://www.sudapress.com)"教学资源下载"下载。

书　　名：	新编日语视听说教程(上)(第二版) (XINBIAN RIYU SHITINGSHUO JIAOCHENG)(SHANG)(DI-ER BAN)
主　　编：	王　磊
责任编辑：	金莉莉
装帧设计：	刘　俊
出版发行：	苏州大学出版社(Soochow University Press)
社　　址：	苏州市十梓街1号　邮编：215006
网　　址：	www.sudapress.com
E - mail：	sdcbs@suda.edu.cn
印　　装：	苏州工业园区美柯乐制版印务有限责任公司
邮购热线：	0512-67480030　销售热线：0512-67481020
网店地址：	https://szdxcbs.tmall.com/(天猫旗舰店)
开　　本：	787mm×1092mm　1/16　印张：22(共两册)　字数：482千
版　　次：	2024年7月第2版
印　　次：	2024年7月第1次印刷
书　　号：	ISBN 978-7-5672-4886-1
定　　价：	58.00元(共两册)

凡购本社图书发现印装错误，请与本社联系调换。服务热线：0512-67481020

前　言

编写背景

当前，加快构建中国话语和中国叙事体系，讲好中国故事，传播好中国声音，展现可信、可爱、可敬的中国形象，已成为新时代的要求。因此，如何用外语向世界讲好中国故事是新时代赋予外语教育的历史使命，也是外语人才面临的巨大机遇。在此背景下，日语作为一门重要的外语，要立足新时代，积极与其他学科交叉融合，主动服务国家战略。

教学改革，教材先行。视听说作为日语专业核心课程之一，如何更好、更充分地发挥这门课程的优势，助力新时代大学生增强语言技能，提升思辨能力，教材起到了至关重要的作用。为此，在本教材的编写过程中，编者坚持守正创新，以最新的教学理念为指导，对教学内容与形式进行了大胆的改革与创新，力图让学生通过本教材的使用提高用日语讲好中国故事、传播中国声音的能力，实现"知识传授、能力培养、价值塑造"三位一体的目标。

纵观各类日语视听说教材，编者发现或题材单一，或视频时间过长。题材单一使得课程缺乏趣味性，视频时间过长容易造成学生听觉与视觉上的疲劳，因此这些视频均不太适合用于视听说课程的教学。比较之下，新闻视频具有语音纯正、简短精悍、取材广泛、信息量大等特点。通过看、听、说新闻，学生可以获知日本和其他国家的各种信息。另外，新闻是较早使用新词汇的媒介，学生可以通过新闻了解并掌握新词汇。因此，学习日语，了解日本，研究日本并提升日语视听说能力，日

语新闻视频是不二选择。

　　本教材的日语新闻既有文字，又有画面，由专业播音员播报，发音地道、纯正，给学生提供了内容丰富、生动、有趣的素材。在每课的结构设置上，先列出关键词让学生事先预习和了解相关内容；然后标出重点词汇，以便学生理解新闻的内容；接着设置基础题型及拓展题型，对视听效果进行检验，这种课程结构的设置是对已有的日语视听说教材的一种改革与创新。日本播音员地道、纯正的语音及丰富的新闻画面，使学生摆脱了以往单纯练习听力的枯燥，极大地提高了学生的学习兴趣。学生不仅可以了解日本国内外的新闻动态，提高听力水平，模仿新闻的语音、语调，熟悉日语新闻的语速，还可以通过新闻学到一些新词汇和了解一些社会背景知识。

　　本教材自 2019 年 6 月出版以来，先后在安徽、江苏、山东、河南、河北、广东、四川、黑龙江等省的高校使用，获得了各校日语专业师生的高度认可，在短短几年内先后 5 次印刷，其良好的教学效果已经得到了证明。

　　然而，一本好的教材要想保持永久的生命力，需要不断的修订和完善，以便更好地适应新形势的发展和需求。为此，在广泛收集学生和教师对第一版的建议的基础上，编者通过认真研讨，对本教材进行了修订。在保留原版特色的基础上增加了"農業・農村""中国の声"各 2 课，用"僻地教育"替换了"芸能ニュース1"，同时对一些时效性较强的视频进行了更换，增加了体现时代特色的最新信息。

教材结构

　　本教材分上、下两册，有 40 课，每课包括 4 个教学视频和 1 个作业视频，完成 1 课需要 2~3 学时，满足日语专业《普通高等学校本科专业类教学质量国家标准》（以下简称《国标》）中规定的 2 学时/周的两个学期以上的教学需求。编者在教材内容上进行了较为详尽的分类，主要从教育、民俗、文化、社会、文艺、体育、外交、经济政策、中国故事等方面进行编排，专题性较强。

　　各课分三个步骤开展教学活动。第一步，课前热身环节。学生在课前根据本课所列出的关键词查阅相关知识，同时尽可能地记忆本课中的主要词汇，并在正式进入本课教学前用日语表述所查阅的内容。第二步，视听与回答问题。观看 4 个教学视频，回答针对每个视频设置的问题，检验视听效果。为了训练说的能力，在每个视频作业后还设置了"拓展练习"，这些练习都是依据该视频进行设置的，同时又不局限于该视频内容，没有给出任何参考答案与提示，给予学生充分的发挥空间。第三步，作业环节。一是布置 1 个作业视频让学生课后进行分组讨论；二是要求学生对 4 个教学视频的主要内容用自己的语言进行概括，并提交录音给任课教师；三是做好下一课内容的预习与表述准备。

为了方便学生核对视频视听的准确性，编者还在书后提供了听力文本。

特点与创新

（1）充分体现了《国标》的指导思想

在编写理念、体例、内容方面，本教材均符合《国标》的要求，特别注重以日语语言运用能力为主的基本功训练。

（2）实用性和人文性相融合

实用性体现在提供足够的新词汇和信息，学生可以利用日语这一媒介进行跨文化交流，学习各种知识和传递各种信息。人文性则体现为利用日语这个载体，帮助学生在学习过程中借鉴和继承人类文明的优秀成果，提高学生的人文素质。

（3）内容兼顾多样性与统一性、时效性与典型性

本教材采用主题导航模式，各课主题不同，而每课音视频材料、视听活动、口语任务等均围绕同一个主题展开。另外，社会热点不断变化，通过辅助教材补充最新信息，以激发学生的学习热情。同时，为使本教材的使用保持一定的延续性，编者还适当选择了一些常见性的话题。

（4）融入翻转课堂教学理念，突出学生的主体地位，培养思辨能力与学术思维能力

结合最新的教育理念，教师布置任务让学生课前完成，并在课堂上演讲。围绕以学生为主体、以教师为主导的指导方针，提高学生的参与度，注重自主学习、合作学习和个性化教学。

（5）注重学科交叉、融合、渗透与拓展

本教材注重训练学生多学科、多层次的开放性思维。不仅传授日本文化、日语语言文学知识，在"授人以鱼"的同时"授人以渔"，注重引导学生从社会学、经济学、自然科学的角度去思考问题。因此，在教材内容的选取上实现重心转移，在教材的组织编排上侧重思辨能力的培养。

（6）重视培养学生的跨文化交际能力

本教材的编写以跨文化交际理论为指导，将文化交际与文化差异融入语言学习。通过语言学习，学生不仅能获得交际能力，还能了解中日文化在语言和思维上的差异，培养他们在跨文化交际中的思辨能力。

（7）情感态度的培养贯穿教材的始终

情感态度的培养包括培养学习日语的兴趣，激发学习动机，树立自信心，磨练意志，培养合作精神，开阔国际视野，树立正确的价值观，等等。本教材通过贴切的语言和多种形式激发学生的学习兴趣，使他们获得运用日语的乐趣。同时，本教材为学生提供充分展示自我的机会，使学生体验掌握新知识的喜悦，从而使学生树立学好日语的自

信心，并产生更大的学习动力。此外，从分组协作完成任务中学生感悟集体合作的力量，锻炼克服困难的意志，培养团队协作精神。

本教材将视、听、读、说、思 5 个方面融为一体，科学、合理进行分类编排，对于提高学生的综合日语水平有极大的帮助。本教材也可以作为中、高级阶段的听力教材或自学资料使用。

本教材中的新闻视频仅限于日语视听说课堂教学使用。同时在教材的编写及修订过程中，编者得到了国内外日语界专家诸多宝贵的意见和建议，亦参考了现有的一些同类教材。此外，安徽农业大学 2010 届日语专业毕业生、日本东朋商事株式会社社长张俊、安徽农业大学外国语学院沈家平老师为本教材提供了大量精美的照片，在此编者一并表示诚挚的谢意。同时，承蒙广大使用者的喜爱和苏州大学出版社的鼎力支持，《新编日语视听说教程》（第二版）才得以再次付诸出版，在此致以衷心的感谢。

尽管在修订时做了大量的工作，由于编者水平有限，不足之处在所难免，恳请同行与使用者批评、指正，我们将在以后进一步修正和完善。

本教材为 2022 年安徽省高等学校省级质量工程项目、"四新"研究与改革实践项目－新文科、新文科背景下农科院校日语人才培养模式的守正与创新（项目编号：2022sx037）的阶段性成果，同时亦为安徽农业大学"十四五"规划教材。

编　者

2024 年 5 月　安徽农业大学

目　次

（上）

第1課　　天気 …………………………………………… 001
第2課　　災害 …………………………………………… 006
第3課　　ゴミ問題 ……………………………………… 011
第4課　　リサイクル …………………………………… 017
第5課　　飲食文化 ……………………………………… 022
第6課　　名所・名勝1 ………………………………… 027
第7課　　名所・名勝2 ………………………………… 033
第8課　　象徴・工芸 …………………………………… 039
第9課　　通過儀礼 ……………………………………… 044
第10課　年中行事・しきたり1 ……………………… 050
第11課　年中行事・しきたり2 ……………………… 055
第12課　教育 …………………………………………… 060
第13課　僻地教育 ……………………………………… 066
第14課　医療技術 ……………………………………… 072
第15課　ハイテクノロジー …………………………… 078
第16課　心理健康 ……………………………………… 084
第17課　健康管理 ……………………………………… 089
第18課　現代健康問題 ………………………………… 094
第19課　社会福祉 ……………………………………… 099
第20課　社会問題 ……………………………………… 105
スクリプト ……………………………………………… 110

天 気

第 1 課

ガイダンス

　この課では日本の天気に関する映像を見ながら、天気に関する日本語の語彙や表現を学び、十分に聞き取ることや表現することができるようになることを目指します。

　天気や季節、暑さ寒さなどに関する語彙や表現は、あいさつや簡単な日常会話の話題としてよく登場します。日本人とおしゃべりをするときに役に立つので、日本の天気や気候の表現や特徴について、確認してみましょう。

　また、天気と日本人との関係に注目し、そこから生まれ受け継がれてきた文化や風習、現在新しく生まれつつある動きなどに注意しながら、映像を見てみましょう。たとえば、「命に関わる危険な暑さ」という表現は、昔は見られなかった新しいものです。このような新しい表現の誕生には、いったいどのような背景があるのでしょうか。深く観察・考察してみましょう。

ステップ1
ウォーミングアップ

次のキーワードで日本語の資料を調べ、関連知識、語彙を前もってインプットしてください。その後、調べた情報や知識を授業の初めにクラスメートに紹介してください。（毎回3、4人の学生に発表してもらう。）

キーワード

高気圧、台風、雨量、異常気象、気象庁

したがき　シート

予備知識（ビデオを見る前に覚える単語リスト）

猛烈（もうれつ）	⓪	凶猛，猛烈
見込み（みこみ）	⓪	估计，预料
熱中症（ねっちゅうしょう）	⓪	中暑
付近（ふきん）	②①	附近
高気圧（こうきあつ）	③	高气压
日中（にっちゅう）	⓪	白天；晌午
厳重（げんじゅう）	⓪	严格，严厉
南東（なんとう）	⓪	东南
下り坂（くだりざか）	⓪	变坏，转坏
移り変わり（うつりかわり）	⓪	变化；变迁
名月（めいげつ）	①	（中秋）明月

天　気　>>>> 第1課

極（ごく）	①	极为，极其
北西（ほくせい）	⓪	西北
予報円（よほうえん）	②	预报范围
定まる（さだまる）	③	明确，确定
秋雨（あきさめ）	⓪	秋雨
湿る（しめる）	⓪	潮湿，湿
局地的（きょくちてき）	⓪	局部的
八幡（やはた）	⓪	八幡（福冈县北九州市西部地名）
ミリ	①	毫米，千分之一米
雨量（うりょう）	①	降雨量，降水量
土砂（どしゃ）	①	砂土
浸水（しんすい）	⓪	浸水，泡在水里
接近（せっきん）	⓪	接近
明け（あけ）	⓪	结束，终了
気象庁（きしょうちょう）	②	气象厅
平均気温（へいきんきおん）	⑤	平均气温
熊谷（くまがや）	②	熊谷（埼玉县北部城市）
観測（かんそく）	⓪	观测，监测
史上（しじょう）	⓪	历史上
次ぐ（つぐ）	⓪	次于

ステップ2
視　聴

ビデオ①　命に関わる危険な暑さ続く　京都39度予想

内容確認：

ビデオを見て、正しい答えを一つ選んでください。

（　　）1. 予報によると、名古屋の日中の予想最高気温は何度ですか。

A. 36度　　　　B. 37度　　　　C. 38度　　　　D. 39度
(　　) 2. 台風13号はいつ頃本州に近づく恐れがありますか。
　　　　A. 火曜日　　　B. 水曜日　　　C. 木曜日　　　D. 金曜日

発展練習：
次の質問に自分の言葉で答えてください。
1. 天気予報によると、日本の各地で高い気温が続く原因は何でしょうか。
2. 熱中症に警戒するには、どうすればいいですか。

ビデオ②　全国的に天気が下り坂　午後は、すっきりしない天気に

内容確認：
ビデオの内容と合うように、次の文を完成させてください。
1. 夕方は_____などで、雨が降りやすくなります。
2. 夜は_____などでも雨が降りやすくなりそうです。
3. 台風24号は現在、発達しながら_____に進んでいます。
4. _____は、台風の列島への影響に注意が必要です。

発展練習：
次の質問に自分の言葉で答えてください。
1.「下り坂の天気」とはどういう意味ですか。
2. 台風の影響に対して、どんな予防措置が考えられますか。

ビデオ③　猛烈な台風、4日以降に接近・上陸の恐れも

内容確認：
ビデオの内容と合っていれば○、違っていれば×をつけてください。
(　　) 1. 予報によると、今日、西日本と東日本では雨が止むことなく降り続いています。
(　　) 2. 明日、九州北部で土砂災害や低い土地の浸水などに警戒する必要があります。

発展練習：
次の質問に自分の言葉で答えてください。
1. 西日本と東日本は大気の状態がなぜ不安定ですか。
2. 桜前線、紅葉前線、秋雨前線について自分の理解を述べてください。

天気　第1課

ビデオ④　「異常気象だ」東日本で「最も暑い7月に」

内容確認：

ビデオを見て、下線に適当な言葉を書いてください。

気象庁は今日、＿＿＿(1)＿＿＿の7月の平均気温が観測史上、最も高くなったことを明らかにしました。気象庁は「＿＿＿(2)＿＿＿」として、今後、＿＿＿(3)＿＿＿を分析することにしています。

気象庁によりますと、関東・＿＿＿(4)＿＿＿・東海の東日本では7月の平均気温が平年より2.8度高くなり、＿＿＿(5)＿＿＿に統計を取り始めてから＿＿＿(6)＿＿＿ことが分かりました。

埼玉県の熊谷では、＿＿＿(7)＿＿＿に国内の観測史上最高となる41.1度を記録、＿＿＿(8)＿＿＿では、平均気温が平年より3.3度高くなりました。また、西日本でも、平年より1.6度高くなり、1994年に次いで観測史上2番目に高い気温となりました。

気象庁は「異常気象だ」とした上で、「＿＿＿(9)＿＿＿の影響も考えられる」と説明しています。

気象庁は来週、＿＿＿(10)＿＿＿「異常気象分析検討会」を開き、記録的な暑さの要因を詳しく分析することにしています。

発展練習：

次の質問に自分の言葉で答えてください。
1. 気象庁は「異常気象」になった原因は何だと考えていますか。
2. 地球温暖化を防ぐため、我々はどうすればいいですか。

ステップ3　宿題

1. ビデオ⑤を視聴した後、グループに分かれて自分たちでテーマを設定し、それについてディスカッションしてください。
2. 4つのビデオの内容を自分の言葉で要約し、録音して担当の先生に提出してください。
3. 次の課のステップ1の準備をして次の授業で発表してください。

災害

第2課

> **ガイダンス**
>
> 　この課では災害に関する映像を見ながら、災害に関する日本語の語彙や表現を学び、十分に聞き取ることや表現することができるようになることを目指します。
> 　日本は地震や津波、火山噴火、台風などのさまざまな自然災害が避けられない国です。例えば、地震を例にとってみれば、全世界で起こるマグニチュード6以上の「大地震」のうち、日本はその20％を占めていると言われています。
> 　災害を避けることができない風土を背景として育まれてきた日本の文化や日本語を深く学び、さらにはそのような環境で生活している日本人の価値観を理解するためにも、日本や日本人はさまざまな災害をどのように捉え、いかに向き合っているか、映像を見ながら考えてみましょう。

ステップ1 ウォーミングアップ

次のキーワードで日本語の資料を調べ、関連知識、語彙を前もってインプットしてください。その後、調べた情報や知識を授業の初めにクラスメートに紹介してください。(毎回3、4人の学生に発表してもらう。)

キーワード

豪雨、地震、津波、震度、マグニチュード、噴火、火山

したがき　シート

 予備知識（ビデオを見る前に覚える単語リスト）

甚大（じんだい）	⓪	很大
豪雨（ごうう）	①	大雨，暴雨
被災地（ひさいち）	②	灾区，受灾地
復旧（ふっきゅう）	⓪	修复，重建
がれき（瓦礫）	⓪	瓦砾
道半ば（みちなかば）	⓪	走到途中（常用于表示目标尚未达成）
マグニチュード	①④	震级
揺れ（ゆれ）	⓪	摇晃，摇摆
小刻み（こきざみ）	②	零星，短促
ウェザー	①	天气，气候
アプリ	①	应用程序（APP）
弱（じゃく）	①	不足，弱

再開（さいかい）	⓪	重新开始
調理室（ちょうりしつ）	③	厨房，烹饪室
亀裂（きれつ）	⓪	裂缝，裂痕
高槻（たかつき）	②	高槻（大阪府北部城市）
献立（こんだて）	⓪	菜单
具（ぐ）	⓪	配料
コッペパン	⓪④③	纺锤形面包，橄榄形面包
上空（じょうくう）	⓪	高空，上空
火口（かこう）	⓪	火山的喷火口
噴火（ふんか）	⓪	喷发，爆发
噴石（ふんせき）	⓪	火山渣
噴煙（ふんえん）	⓪	喷烟
草千里（くさせんり）	③	草千里（熊本县东部的草原，延伸到阿苏山中央火山丘乌帽子岳的北麓）

ステップ2　視　聴

ビデオ①　西日本豪雨から1か月　捜索と復旧活動続く

内容確認：

ビデオを見て、正しい答えを一つ選んでください。

（　　）1. 西日本豪雨における広島県の犠牲者の数は合わせて何人ですか。
　　　　A. 6人　　　　　B. 108人　　　　　C. 114人　　　　　D. 102人

（　　）2. 次のうちで正しく述べているのはどれか、選んでください。
　　　　A. 広島県では今日も大雨が降っている
　　　　B. 広島県の復旧活動は後1か月かかるそうだ
　　　　C. 広島県の復旧活動に参加しているボランティアは少ない
　　　　D. 広島県の復旧復興はまだ時間がかかりそうだ

発展練習：

次の質問に自分の言葉で答えてください。

1. 豪雨でどのような被害がもたらされたか、まとめてください。
2. ボランティア活動に参加したことがありますか。あったら、クラスメートにその経験を紹介してください。

ビデオ② 千葉県東方沖で地震

内容確認：
ビデオを見て、次の質問に答えてください。
1. 震源地に近い千葉県ですと＿＿＿＿＿＿＿＿を感じたとコメントが届いています。
2. 特に＿＿＿＿＿＿＿＿＿＿＿＿。オレンジ色ですと東京都から神奈川県に多くなっています。
3. 地震に関する詳しい情報を確認するには、画面左下のメニューから＿＿＿＿＿＿＿＿＿＿＿＿地震チャンネルです。
4. 千葉県東方沖を震源とする地震については、＿＿＿＿＿＿＿＿となっています。

発展練習：
次の質問に自分の言葉で答えてください。
1. 千葉県東方沖で発生した地震の詳細な情報を紹介してください。
2. 減災・防災のため、我々はどうすればいいですか。

ビデオ③ 大阪北部地震 高槻市の小中学校で給食再開

内容確認：
ビデオの内容と合っていれば〇、違っていれば×をつけてください。
（　）1. 高槻市の富田小学校では、地震後に給食は休止されていません。
（　）2. 調理室が使えるようになりました。

発展練習：
次の質問に自分の言葉で答えてください。
1. 今日の献立は何ですか。
2. 高槻市の小中学校の給食が再開された状況をクラスメートに説明してください。

ビデオ④ 36年ぶりに爆発的噴火の阿蘇中岳、その後は噴火なし

内容確認：
ビデオを見て、下線に適当な言葉を書いてください。
「阿蘇中岳上空です。中岳の火口からは、白い煙が上がっていますが、比較的穏やかな表情を見せています。」
阿蘇中岳＿＿（1）＿＿では一昨日36年ぶりに＿＿（2）＿＿な噴火が発生し、気象庁は、

火口から4キロの場所で直径7センチの___(3)___を確認しました。

　これは、JNNが撮影した1か月前の様子で、火口内部には___(4)___ができていました。一昨日の噴火の前まではあったという湯だまりは、噴火した後の気象庁の調査では確認されていません。爆発的噴火の後は噴火も発生せずに白い___(5)___に変わり、___(6)___の昨日からは、火口から3キロ離れた草千里で噴煙を眺めるいつも通りの観光地の姿を___(7)___。ただ、気象庁は、今後も同じ___(8)___の噴火が発生する恐れがあるとしています。

発展練習：
次の質問に自分の言葉で答えてください。
1. 火山について、あなたが知っていることをクラスメートに話してください。
2. 「草千里」はどんなところですか。報道の内容にしたがって、発表してください。

ステップ3
宿　題

　1. ビデオ⑤を視聴した後、グループに分かれて自分たちでテーマを設定し、それについてディスカッションしてください。
　2. 4つのビデオの内容を自分の言葉で要約し、録音して担当の先生に提出してください。
　3. 次の課のステップ1の準備をして次の授業で発表してください。

ゴミ問題

第 3 課

ガイダンス

　この課では日本のゴミ問題に関する映像を見ながら、ゴミ問題に関する日本語の語彙や表現を学び、十分に聞き取ることや表現することができるようになることを目指します。

　プラスチック製品の氾濫によるマイクロプラスチック問題や、国境を越えた取り組みが求められる海洋ゴミ問題、限りある地球資源を有効活用するためのリサイクル活動など、ゴミには私たちの社会や時代の問題・課題が凝縮されています。

　この課のビデオは主に日本のゴミ問題について取り上げています。日本社会にはどのようなゴミ問題が存在し、日本人がゴミ問題をどのように捉えているかを見ることは、日本社会や日本人が現在抱えている問題・課題を観察することにも繋がるのではないでしょうか。そのような視点から、映像を見てみましょう。

ステップ1 ウォーミングアップ

　次のキーワードで日本語の資料を調べ、関連知識、語彙を前もってインプットしてください。その後、調べた情報や知識を授業の初めにクラスメートに紹介してください。（毎回3、4人の学生に発表してもらう。）

キーワード

　プラスチックゴミ、リチウムイオンバッテリー、ゴミ袋、災害ゴミ、ゴミ分別、海洋ゴミ

したがき　シート

予備知識（ビデオを見る前に覚える単語リスト）

浮遊（ふゆう）	⓪	漂浮；浮游
マイクロ	⓪	微型
プラスチック	④	塑料
ベンチャー	①	冒险事业
カプセル	①	胶囊
ストロー	②	吸管，麦管
リチウム	②	锂
イオン	①	离子
バッテリー	①⓪	电池
モバイル	②	移动信息终端，小型便携式信息终端，如手提电脑、手机等

タブレット	①③	平板电脑；药片，药剂
ワイヤレスイヤホン	⑥	无线耳机
災害ゴミ（さいがいゴミ）	③	灾后垃圾
続々（ぞくぞく）	⓪①	不断，陆续
積み上げる（つみあげる）	④	堆积起来
仮置き場（かりおきば）	③	临时堆积场
集積所（しゅうせきじょ）	⓪	聚集场所
すんなり	③	顺利，不费力
ポイ捨て（ポイすて）	⓪	乱扔
疑似餌（ぎじえ）	⓪	假鱼饵
破片（はへん）	⓪	碎片
ペットボトル	④	聚酯瓶，PET塑料瓶
似つかわしい（につかわしい）	⑤	合适的，相称的

ステップ2
視　聴

ビデオ① 河川などのマイクロプラスチック　「人工芝」が23％

内容確認：

ビデオを見て、正しい答えを一つ選んでください。

（　　）1.「人工芝」の説明について、次に正しく述べているのはどれか、一つ選んでください。

　　　A. 人工的に植えた芝
　　　B. 人工的に作った芝
　　　C. 人工的に河川などに捨てられた芝
　　　D. 人工的に河川などに捨てた芝のようなゴミ

（　　）2. 浮遊物のうち、「農業用肥料のカプセル」「包装用フィルム」の比率はそれぞれどのくらいですか。

　　　A. 2％、5％　　　　　　　　　　B. 5％、70％
　　　C. 5％、38％　　　　　　　　　 D. 2％、38％

発展練習：

次の質問に自分の言葉で答えてください。

1. 河川の汚染を防止する対策として、何を思いつきますか。
2. 汚染された水は我々の生活にどんな影響をもたらすか、あなたの考えを説明してください。

ビデオ②　ごみ処理施設で火災相次ぐ

内容確認：

ビデオを見て、次の質問に答えてください。

1. この映像はリチウムイオンバッテリーが＿＿＿＿＿＿＿＿＿＿＿＿＿＿様子を再現したものです。
2. niteによりますと、＿＿＿＿＿＿＿＿＿＿＿＿＿＿でのリチウムイオンバッテリーの発火などによる被害額は年々増加傾向にあるということです。
3. niteはリチウムイオンバッテリーを捨てる際は＿＿＿＿＿＿＿＿＿＿＿＿＿＿、自治体の指示に従うよう呼びかけています。
4. リチウムイオンバッテリーが＿＿＿＿＿＿＿＿＿＿＿＿＿＿の他、PCやタブレット、ワイヤレスイヤホンなど、最近見かけることがより多くなってきたものに使われています。

発展練習：

次の質問に自分の言葉で答えてください。

1. リチウムイオンバッテリーが使われる製品には、どんなものがありますか。
2. リチウムイオンバッテリーが使われる製品はどう捨てればいいですか。

ビデオ③　被災地にあふれる災害ゴミ　分別呼びかけも

内容確認：

ビデオの内容と合っていれば○、違っていれば×をつけてください。

（　　）1. 愛媛県では大雨に遭ったため、災害ゴミが山のように積み上げられています。
（　　）2. 大洲市では、現地住民だけで住宅などの片付けを進めています。

発展練習：

次の質問に自分の言葉で答えてください。

1. 大洲市では、災害ゴミをどのように処理していますか。
2. 災害ゴミにはどんなものがあるか、挙げてください。

ビデオ④　魚より多くなる？海洋ゴミ

内容確認：

ビデオを見て、下線に適当な言葉を書いてください。

今回私がやってきたのは神奈川県鎌倉市の材木座海岸。

海のゴミ問題を解決するために＿＿(1)＿＿団体の方に会ってきました。

「メインの仕事って、海をきれいにする海岸美化なんですよね。ただその範囲がすごく広くて。」（公益財団法人かながわ海岸美化財団　柱本健司さん）

こちらの団体は湯河原海岸から横須賀市の＿＿(2)＿＿までおよそ150キロにわたる神奈川県の海岸を清掃しているんです。

＿＿(3)＿＿は年間でおよそ2 000トン。さらに海ゴミの実態調査や啓発活動も行っています。

私も海岸の清掃をしながら＿＿(4)＿＿を体感しました。

「あ、タバコ。」（記者）

「タバコですよね。」（柱本健司さん）

「出ました。」（記者）

「では、これは。」（柱本健司さん）

「タバコのごみ。」（記者）

「はい、燃えるゴミです。」（柱本健司さん）

「はい。」（記者）

「タバコもここで吸って、あの吸って捨てたわけじゃなくて、」（柱本健司さん）

「はい。」（記者）

「陸域とかで捨ててポイ捨てしちゃったやつが、これ流れてきた、感じですね。」（柱本健司さん）

「そうなんですね。」（記者）

「で、やっぱタバコ、まだまだ多いんでね。うん、これも気をつけてほしいですよね。」（柱本健司さん）

「そうですね。」（記者）

「そうしたマナーによってこれ、ね、減らしていくゴミなんですよね。」（柱本健司さん）

「はい、そうですよね。気をつけられることですから。」（記者）

「そうそうそうそう。」（柱本健司さん）

「でしょう。」（記者）

タバコ以外にも釣りで使う浮きや疑似餌、ボールペンに瓶の破片や中身の入ったペットボトルなどがありました。

「この短時間でも結構もうありますよ。」（記者）

「うん、結構ありますね。」（柱本健司さん）

現在　(5)　プラスチックごみの量は1億5 000万トン以上と言われています。また新たなゴミも年間およそ800万トン海に流出し続けているんです。

2050年には魚よりもゴミの量が多くなると言われているほど　(6)　しています。

海岸清掃をしているとそこには目を引くゴミが。

「ああ、もう！」（記者）

「ほら！」（柱本健司さん）

「いっぱいありますよ。見ただけで。」（記者）

「あるんすよね。こんなのつかめないじゃないですか」（柱本健司さん）

「青のとか、緑のとか。」（記者）

海岸には　(7)　カラフルな色のマイクロプラスチックです。

マイクロプラスチックとは直径5 mm以下の小さなプラスチック片のこと。　(8)　がなく半永久的に海を漂います。さらに海中の有害物質を取り込みやすいことがわかってきていて、マイクロプラスチックを口にした魚を食べると人体に悪影響を及ぼす可能性があると言われています。

柱本さんたちは砂浜から細かいマイクロプラスチックを　(9)　なため、ざるを使って回収しています。1時間ほど清掃を続けると　(10)　ゴミが集まりました。

発展練習：

次の質問に自分の言葉で答えてください。

1. 海ゴミにはどんなものが挙げられますか。

2. 日常生活でゴミを減らすために、我々ができることにはどんなことがありますか。

ステップ3　宿　題

1. ビデオ⑤を視聴した後、グループに分かれて自分たちでテーマを設定し、それについてディスカッションしてください。

2. 4つのビデオの内容を自分の言葉で要約し、録音して担当の先生に提出してください。

3. 次の課のステップ1の準備をして次の授業で発表してください。

リサイクル

第**4**課

> **ガイダンス**

　この課ではリサイクルに関する映像を見ながら、リサイクルに関する日本語の語彙や表現を学び、十分に聞き取ることや表現することができるようになることを目指します。

　日本では「3R」という言葉をよく耳にします。それぞれのRの意味は、Reduce（できるだけ捨てる量を減らし、捨てなくてはならないものを作ったり使ったりしないようにすること）、Reuse（使えるものは使用後も再利用すること）、Recycle（使用後に資源として再生利用すること）です。最近では、廃棄予定だったものを新たな価値を持つ製品として生まれ変わらせる「アップサイクル」という言葉も耳にするようになりました。

　これらの考え方から分かること、それはなにを無価値な「ゴミ」とし、なにを価値ある「資源」とするのかという問題は、実は私たち次第だということです。私たちがよく考え、よく行動すれば、「ゴミ」を減らして「資源」を豊かにすることができるのです。映像で紹介されている日本の取り組みを見ながら、自分の身の回りに秘められている様々な価値ある「資源」を探してみましょう。

ステップ1 ウォーミングアップ

次のキーワードで日本語の資料を調べ、関連知識、語彙を前もってインプットしてください。その後、調べた情報や知識を授業の初めにクラスメートに紹介してください。（毎回3、4人の学生に発表してもらう。）

 キーワード

廃棄ガラス、リサイクル、温室効果ガス、持続可能な社会

したがき　シート

予備知識（ビデオを見る前に覚える単語リスト）

プロジェクト	②③	计划，项目
溶解（ようかい）	⓪	溶解
アップサイクル	④	升级利用
リサイクル	②	回收，再利用
確保（かくほ）	①	确保
小型（こがた）	⓪	小型
パラリンピック	⑤	残奥会
精製（せいせい）	⓪	精炼
一助（いちじょ）	②	一点儿帮助，有所帮助
見通し（みとおし）	⓪	预料，预测
温室効果ガス（おんしつこうかガス）	⑧	温室效应气体

ハイブリッド車（ハイブリッドしゃ）	⓪	混合动力汽车
想定（そうてい）	⓪	设想；假定；假想
下取り（したどり）	⓪	以旧换新
削減（さくげん）	⓪	削减
連携（れんけい）	⓪	合作，协作
インセンティブ	③	刺激；奖励；诱因
シンポジウム	④	讨论会，座谈会
動員（どういん）	⓪	动员，调动
テクノロジー	③	技术，工艺
リーダーシップ	⑤	领导地位，领导能力

ステップ2
視　聴

ビデオ①　廃棄ガラスを再利用　世界に一つのSDGsグラス

内容確認：
ビデオを見て、正しい答えを一つ選んでください。
（　　）1. これまでに何人が「マイグラス」のイベントを体験しましたか。
　　　　A. 1 000人　　　　　　　　B. 770人
　　　　C. 268人　　　　　　　　　D. 320人
（　　）2.「マイグラス」を作る体験イベントはいつから行われていますか。
　　　　A. 7月9日　　　　　　　　B. 8月9日
　　　　C. 8月31日　　　　　　　 D. 9月9日

発展練習：
次の質問に自分の言葉で答えてください。
1.「マイグラス」を作る体験イベントはなぜ人気となっているのですか。
2. 富山ガラス工房は、なぜ廃ガラスを「リメルト・ブルー」と名付けたのですか。

ビデオ② 五輪メダル用のリサイクル金属、初納入　銅は確保、金・銀は不足

内容確認:

ビデオの内容と合うように、次の文を完成させてください。

1. 組織委員会は、メダルを＿＿＿＿＿＿＿＿＿＿＿＿＿＿をリサイクルして作る「大会史上初の試み」を行っています。

2. 組織委員会によりますと、去年4月から今年6月末までに「銅」は＿＿＿＿＿＿＿＿＿＿＿＿＿を確保しました。

3. 一方、「金」は＿＿＿＿＿＿＿＿＿＿＿＿＿、「銀」は＿＿＿＿＿＿＿＿＿＿＿＿＿しか集まっていません。

発展練習:

次の質問に自分の言葉で答えてください。
1. 東京オリンピック・パラリンピックのメダルは何で作られますか。
2. あなたは使用済みの携帯電話などをどのように処理していますか。

ビデオ③ 全日本車を「電動車」へ…2050年までに

内容確認:

ビデオの内容と合っていれば○、違っていれば×をつけてください。

(　　) 1. 2050年までの目標として海外で販売する日本車をすべて「電動車」にすることを想定しています。

(　　) 2. 2050年までに日本車が排出する温室効果ガスを1台当たり平均で80％に削減することを目指すとしています。

発展練習:

次の質問に自分の言葉で答えてください。
1. 日本車をすべて「電動車」にするために、まずどんな技術を開発しなければなりませんか。
2. 日本はなぜ車をすべて「電動車」にするのですか。

ビデオ④ 事業規模は50億円！海ゴミにオールジャパンで挑む日本初の取り組み

内容確認:

ビデオを見て、下線に適当な言葉を書いてください。

「海の豊かさを守り、海ゴミを出さない。こういう強い意志で国民全体がオールジャパン、＿＿(1)＿＿一体となって日本から世界に発信できるモデルを生み出していきたいと…」（公益財団法人日本財団　海野　光行常務理事）

第4課 リサイクル

　2018年11月27日、日本財団が推進している「　(2)　」では、日本初となる新たなプロジェクトを発表した。それが、「CHANGE FOR THE BLUE」という海洋ゴミに対する取り組み。

　近年、問題となっている海洋ゴミ。中でも大部分を占める　(3)　問題は深刻さを増していて、　(4)　も懸念されている。

　ただ、この海洋ゴミ問題、多くの人に認知はされている。実際に、　(5)　意識調査を行ったところ、海洋ゴミの認知度は　(6)　、また、その削減についても、誰もが取り組むべき重要な課題だと認識している。しかし、「　(7)　活動がない」、または「活動を知らない」人が半数を超えているのだ。

　こうした背景から、CHANGE FOR THE BLUEでは、オールジャパンで海洋ゴミへ取り組む。その取り組みのひとつが、　(8)　との連携。

　「日本財団とセブン—イレブン・ジャパンさんでは首都圏を中心に　(9)　をこれから決めまして、インセンティブ付きのペットボトルの回収機を設置していこうと考えています。」（海野　光行常務理事）

　コンビニに設置してあるゴミ箱にペットボトルを入れると、ほとんどが、　(10)　として処理されるという。そのため、新しく回収機をセブン—イレブンに設置、これで確実にリサイクルでき、再利用が可能になる。また、回収機に入れると、利用者にはボトル5本で1円のnanacoポイントがつくという。この回収機は、首都圏の数百店に置くことを目標としている。

発展練習：
次の質問に自分の言葉で答えてください。
1. 「CHANGE FOR THE BLUE」とはどういうプロジェクトですか。
2. 海のゴミ問題に対してどうして産官学民の連携が必要なのですか。

ステップ3
宿　題

　1. ビデオ⑤を視聴した後、グループに分かれて自分たちでテーマを設定し、それについてディスカッションしてください。
　2. 4つのビデオの内容を自分の言葉で要約し、録音して担当の先生に提出してください。
　3. 次の課のステップ1の準備をして次の授業で発表してください。

飲食文化

第5課

ガイダンス

　この課では飲食文化に関する映像を見ながら、飲食文化に関する日本語の語彙や表現を学び、十分に聞き取ることや表現することができるようになることを目指します。

　「命は食にあり」という言葉が示すとおり、人間と飲食は切っても切り離せません。しかし、私たちは単に生きるための栄養補給として飲食文化を発展させてきたわけではありません。人類は、自分たちが生活している環境で恵まれた食材を、できるだけ健康的かつ文化的に、なにより美味しく食べるために、調理法や供し方を工夫しながら、それぞれ個性的で豊かな飲食文化を発展させてきたのです。

　したがって、異なる地域の飲食文化を観察する際には、その表面だけにとらわれたり、先入観に引きずられたりすることなく、「おいしく食べたい！」という人類共通の思いを満たすために、異なる環境や条件のもとで暮らす人々がどのように試行錯誤しながら飲食文化を形成してきたのだろうかという視点を持ちながら、映像を見てほしいと思います。

飲食文化　第5課

ステップ1　ウォーミングアップ

次のキーワードで日本語の資料を調べ、関連知識、語彙を前もってインプットしてください。その後、調べた情報や知識を授業の初めにクラスメートに紹介してください。（毎回3、4人の学生に発表してもらう。）

キーワード

天ぷら、そば文化、うどん文化、白米、寿司、外食産業、年越しそば

したがき　シート

　予備知識（ビデオを見る前に覚える単語リスト）

箕面（みのお）	⓪	箕面（大阪府北部城市）
衣（ころも）	⓪	（裹在食品外部的）面衣；糖衣；袈裟；衣服
一昼夜（いっちゅうや）	③	一昼夜，一整天
雑煮（ぞうに）	⓪	杂煮，煮年糕汤
潮江（うしおえ）	⓪	潮江（高知県地名）
土佐（とさ）	①	土佐（高知県旧称）
受け継ぐ（うけつぐ）	⓪③	继承；接替
復活（ふっかつ）	⓪	恢复；复兴；复活
具材（ぐざい）	⓪	放在汤里的食材
シャキシャキ	①	咔嚓咔嚓；咬物松脆状（或其声音）
里芋（さといも）	⓪	芋头

拮抗（きっこう）	⓪	不分上下
休耕（きゅうこう）	⓪	休耕
寒冷（かんれい）	⓪	寒冷
キリッと	②	清爽，彻底
質素（しっそ）	①	简单，朴素
屋台（やたい）	①	流动摊位
上方（かみがた）	⓪	京都及附近地区
ナレーション	②⓪	旁白，解说

ステップ2
視　聴

ビデオ①　大阪・箕面「もみじの天ぷら」ってどうやって作ってるの?

内容確認:

ビデオを見て、正しい答えを一つ選んでください。

（　　）1. もみじの天ぷらの製造工程を説明する以下の文のうち、間違ったものを選んでください。

　　　A. 湿度と温度を一定に保ち、1年以上塩漬けにする
　　　B. 流水で24時間以上かけて塩抜きする
　　　C. 葉の軸を切り落とし、衣で揚げ、一昼夜をかけて油切りをする
　　　D. 毎年冬の紅葉時期に葉を収穫する

（　　）2.「もみじの天ぷら」を作るために使用される葉はどんな葉ですか。

　　　A. 自社山で木から育てている葉　　B. 他社が育てている葉
　　　C. 専門の店で買った葉　　D. 農家から仕入れた葉

発展練習:

次の質問に自分の言葉で答えてください。

1. このビデオでは関西弁が使われていましたが、関西弁と標準語の違いをクラスメートに説明してください。

2. 資料を調べて、なぜ日本人は旅先でお土産を買って帰るのか、クラスメートに説明してください。

飲食文化　第5課

ビデオ② 高知市の小学生が伝統野菜でお雑煮作り

内容確認：
ビデオの内容と合うように、次の文を完成させてください。
1. 潮江東小学校では＿＿＿＿＿＿＿＿＿＿＿＿＿＿の一環として5年生が地元の伝統野菜「潮江菜」について学んでいます。
2. 松崎さんによると潮江菜は昭和21年の南海地震の＿＿＿＿＿＿＿＿＿＿＿＿＿で一度は姿を消しました。
3. 子どもたちは松崎さんに教わりながら具材を＿＿＿＿＿＿＿＿＿＿＿いきました。
4. 潮江菜の生産農家は1軒だけで収穫量はまだ少ないということですが、県内の量販店などで3月頃まで＿＿＿＿＿＿＿＿＿＿＿＿＿います。

発展練習：
次の質問に自分の言葉で答えてください。
1. お雑煮のほかに、正月に食べなければならないものはなにがありますか。いくつか説明してください。
2. 資料を調べて、お雑煮を作る過程を説明してください。

ビデオ③ うどん文化とそば文化

内容確認：
ビデオの内容と合っていれば〇、違っていれば×をつけてください。
（　　）1. アンケート調査の結果によりますと、全国的にはうどんとそばの食べられ方には著しい差が見えず、ほとんど変わらないそうです。
（　　）2. 小麦は古くから休耕作物として栽培され、温暖な気候で育つので、西日本や南日本で好まれているそうです。

発展練習：
次の質問に自分の言葉で答えてください。
1. 西日本南日本はうどん、東日本北日本はそばを好む理由を述べてください。
2. あなたの故郷の飲食習慣を紹介してください。

ビデオ④ 江戸時代の食文化

内容確認：
ビデオを見て、下線に適当な言葉を書いてください。
江戸時代は260年と＿＿(1)＿＿ことにより、文化も著しい発展を遂げました。道路、水路の＿＿(2)＿＿人や物が江戸の街へと集まってきたのです。人が集まれば当然人の

__(3)__も変化していきます。
　今回はそんな江戸時代の食文化を2つご紹介します。
白米
　日本人の大好きな白米ですが、庶民が白米を食べられるようになったのは江戸時代の頃でした。農具や__(4)__が主な要因だと言われています。また、この頃の献立は白米、味噌汁、漬物という質素なものが多く、__(5)__ために1日4から5合の白米を食べていたようです。
外食の始まり
　浅草の__(6)__で、今でいう定食のようなものを茶屋で出したことがきっかけとなり、外食産業が始まりました。江戸中期になると、江戸の町には地方から出てきた男性が多くなり、小腹を満たしたいという需要から__(7)__屋台の文化が芽生え始めました。
　寿司、天ぷら、うなぎなど、いずれも__(8)__の上方で生まれたものが、江戸に伝わり変化していきました。
　江戸時代は__(9)__ことで庶民にも楽しみが増えた時代となりました。今回ご紹介した食文化は__(10)__多くの影響を残しています。これ以外にも江戸時代に発展した面白い文化がたくさんありますので、調べてみてはいかがでしょうか。

発展練習：
次の質問に自分の言葉で答えてください。
1. 外食産業が始まったきっかけについて説明してください。
2. 中国の伝統的な食文化を一つ取り上げて、クラスメートに紹介してください。

ステップ3　宿題

1. ビデオ⑤を視聴した後、グループに分かれて自分たちでテーマを設定し、それについてディスカッションしてください。
2. 4つのビデオの内容を自分の言葉で要約し、録音して担当の先生に提出してください。
3. 次の課のステップ1の準備をして次の授業で発表してください。

名所・名勝1

第**6**課

> **ガイダンス**
>
> 　この課では名所・名勝に関する映像を見ながら、名所・名勝に関する日本語の語彙や表現を学び、十分に聞き取ることや表現することができるようになることを目指します。
> 　この課では、とくに日本の自然に関わる名所・名勝や、自然と人間とが関わることで形成された日本文化が登場します。皆さんが生活している地域とは異なる自然環境や、そのような自然環境で生活する人々が生み出した独自の景観や文化には、どのようなものがあるでしょうか。自然と人間との関わりを意識しながら、映像を見てみましょう。

ステップ1　ウォーミングアップ

　次のキーワードで日本語の資料を調べ、関連知識、語彙を前もってインプットしてください。その後、調べた情報や知識を授業の初めにクラスメートに紹介してください。（毎回3、4人の学生に発表してもらう。）

キーワード

野生のトキ、父母ヶ浜、舟屋、沖縄、世界自然遺産

したがき　シート

 予備知識（ビデオを見る前に覚える単語リスト）

佐渡市（さどし）	②	左渡市（新潟県西北部城市）
トキ	①	朱鹮
野生（やせい）	⓪	野生
放鳥（ほうちょう）	⓪	（将人工饲养的鸟）放飞
天然記念物（てんねんきねんぶつ）	⑥	天然纪念物
絶滅（ぜつめつ）	⓪	灭绝
譲り受ける（ゆずりうける）	⑤	继承；承受
人工繁殖（じんこうはんしょく）	⑤	人工繁殖
飛躍的（ひやくてき）	⓪	飞跃性的
生息（せいそく）	⓪	生活；栖息；繁衍

絶景（ぜっけい）	⓪	绝佳景色
ランキング	①⓪	顺序；等级
父母ヶ浜（ちちぶがはま）	④	父母滨（香川县三丰市海水浴场）
干潮（かんちょう）	⓪	退潮
夕暮れ（ゆうぐれ）	⓪	黄昏，傍晚
砂浜（すなはま）	⓪	海滨的沙滩
潮だまり（しおだまり）	③	海水洼子
幻想（げんそう）	⓪	幻想
ボリビア	⓪②	玻利维亚
ウユニ塩湖（ウユニえんこ）	④	乌尤尼盐湖
インスタ映え（インスタばえ）	⓪	在社交媒体Instagram上发布的有吸引力的照片
舟屋（ふなや）	⓪	船屋
ガレージ	②①	车库
物置（ものおき）	④③	库房
家屋（かおく）	①	房屋
防波堤（ぼうはてい）	⓪	防波堤
漁場（ぎょじょう）	⓪	渔场
漁師（りょうし）	①	渔夫
栄える（さかえる）	③②	繁荣，兴盛
押し寄せる（おしよせる）	④	涌过来，蜂拥而来
後継者（こうけいしゃ）	③	继承者，接班人
成り手（なりて）	⓪③	想当……的人，想担任……的人
Iターン（アイターン）	③	大城市出生者到地方工作定居
西表島（いりおもてじま）	⓪	西表岛（琉球列岛八重山群岛之一）
登録（とうろく）	⓪	登录
跡地（あとち）	⓪②	旧址；房基地；拆除房屋后的土地
ユネスコ	②⓪	联合国教科文组织
諮問機関（しもんきかん）	④	咨询机关

勧告（かんこく）	⓪	劝告
外来種（がいらいしゅ）	③	外来物种
侵入（しんにゅう）	⓪	入侵
モニタリング	⓪	监视，监控，检查
候補地（こうほち）	③	候选地
盛り込む（もりこむ）	③	加进；添加；盛入，装进
見張る（みはる）	⓪	瞪大眼睛看；监视，看守

ステップ2
視　聴

ビデオ①　放鳥から10年…野生トキ351羽に　佐渡

内容確認：
ビデオを見て、正しい答えを一つ選んでください。
（　　）1. トキを野生にかえし始めたのはいつですか。
　　　A. 2008年　　　B. 15年前　　　C. 2018年　　　D. 2010年
（　　）2. これまでにトキを野生にかえす放鳥は何回ありましたか。
　　　A. 10回　　　B. 15回　　　C. 18回　　　D. 351回

発展練習：
次の質問に自分の言葉で答えてください。
1. 今日本には野生のトキがいますか。
2. なぜトキを野生にかえすのですか。

ビデオ②　「香川のウユニ塩湖」が全国1位！　夕日の絶景ランキング

内容確認：
ビデオの内容と合うように、次の文を完成させてください。
1. 先月、＿＿＿＿＿＿＿＿＿＿＿＿を対象に、インターネットでアンケート調査を行いました。
2. 父母ヶ浜は＿＿＿＿＿＿＿＿＿＿＿＿の名所です。
3. ＿＿＿＿＿＿＿＿＿＿＿＿日に、砂浜の潮だまりが鏡のように周りの景色を映

し出します。

発展練習：
次の質問に自分の言葉で答えてください。
1. 父母ヶ浜の夕日はいつがベストだとされていますか。
2. あなたが知っている日本の観光名所について話してください。

ビデオ③　国が認めた伝統建築「舟屋」が残る街の悩み

内容確認：
ビデオの内容と合っていれば〇、違っていれば×をつけてください。
（　　）1. 現在の伊根町では伝統的な舟屋がなくなり、漁師もいなくなりました。
（　　）2. 伊根町は若者向けの独身寮のような住宅をつくるなど、他県からの移住を受け入れる態勢を整えています。

発展練習：
次の質問に自分の言葉で答えてください。
1. 伊根町を活性化するにはどんな対策が必要だと思いますか。
2. 「Iターン」という言葉はどういう意味か、調べてから説明してください。

ビデオ④　世界自然遺産登録へ　延期勧告後初めての委員会

内容確認：
ビデオを見て、下線に適当な言葉を書いてください。
　西表島などの＿＿＿(1)＿＿＿への登録をめぐってはことし5月、＿＿＿(2)＿＿＿の跡地が推薦地に含まれていないことから＿＿＿(3)＿＿＿の諮問機関が＿＿＿(4)＿＿＿を勧告しましたが、政府は今月、再び推薦することを決めています。
　これを受けて＿＿＿(5)＿＿＿では今日、環境省の担当者や＿＿＿(6)＿＿＿が集まり環境保全策などを話し合う委員会が開かれました。
　登録延期の勧告を受けた後、＿＿＿(7)＿＿＿委員会が開かれるのは初めてのことで、この中ではメンバーから＿＿＿(8)＿＿＿を把握するためにモニタリングを充実させることや候補地が保全されてきた＿＿＿(9)＿＿＿などを資料に盛り込むよう要望が上がりました。
　「世界遺産に登録されればそれで終わりではありません。これから様々な変化も起こるでしょう。人も来るでしょう。良い状態で維持させることができるか、ということについて見張っていく大きな責任があると思っています。」（世界自然遺産候補地科学委員会　沖縄ワーキンググループ　土屋誠座長）
　環境省は＿＿＿(10)＿＿＿にも世界自然遺産へ再び推薦する考えです。

発展練習：
次の質問に自分の言葉で答えてください。
1. 日本の世界自然遺産を調べて、発表してください。
2. 沖縄について、あなたの知っていることを話してください。

ステップ3
宿　題

1. ビデオ⑤を視聴した後、グループに分かれて自分たちでテーマを設定し、それについてディスカッションしてください。
2. 4つのビデオの内容を自分の言葉で要約し、録音して担当の先生に提出してください。
3. 次の課のステップ1の準備をして次の授業で発表してください。

名所・名勝2

第**7**課

ガイダンス

　第6課に引き続き、この課でも名所・名勝に関する映像を見ながら、名所・名勝に関する日本語の語彙や表現を学び、十分に聞き取ることや表現することができるようになることを目指します。
　この課では、とくに歴史や文化の名所・名勝を中心に扱っています。第6課で見たように、私たちはそれぞれ生活を営む自然環境や条件に左右されながらも、うまく適応することで、多種多様な文化や景観を作り出してきました。映像を見ながら、日本では自然と人間との交流がどのようなかたちでなされ、結果としてどのような文化や歴史を持つ名所・名勝が登場することになったのか、自分なりに考えてみましょう。

ステップ 1　ウォーミングアップ

次のキーワードで日本語の資料を調べ、関連知識、語彙を前もってインプットしてください。その後、調べた情報や知識を授業の初めにクラスメートに紹介してください。（毎回3、4人の学生に発表してもらう。）

キーワード

東塔、門松、神田祭り、日本三大桜

したがき　シート

　予備知識（ビデオを見る前に覚える単語リスト）

薬師寺（やくしじ）	⓪	药师寺（位于奈良市西京町）
国宝（こくほう）	⓪	国宝
東塔（とうとう）	⓪①	寺庙里东边的塔
心柱（しんばしら）	③	中心柱
骨組み（ほねぐみ）	⓪④	骨架；轮廓；骨骼
軒先（のきさき）	⓪	檐前，檐头；屋前
スネークダンス	⑤	蛇舞
突起（とっき）	⓪	突起，隆起；突然起立
介する（かいする）	③	通过；介意
土台（どだい）	⓪	木基础梁；基础

名所・名勝2　第7課

ずれる	②	移动，滑动；离题，偏离
潜伏（せんぷく）	⓪	潜伏，隐藏
キリシタン	③②	天主教；天主教徒
諮問（しもん）	⓪	咨询
大浦天主堂（おおうらてんしゅどう）	⓪	大浦天主堂（长崎市大浦最古老的天主教教堂）
崎津集落（さきつしゅうらく）	④	崎津集落（世界文化遗产，位于熊本县天草市）
奄美大島（あまみおおしま）	④	奄美大岛（鹿儿岛县奄美群岛中最大的岛屿）
錦帯橋（きんたいきょう）	⓪	锦带桥（位于山口县东端岩国市）
俵（たわら）	⓪③	稻草包，草袋子
南天（なんてん）	③	南天竺
巫女（みこ）	⓪①	在寺庙中从事祈祷、驱邪、祭礼等职务的未婚女子
三藏稲荷神社（さんぞういなりじんじゃ）	⑧	三藏稲荷神社（位于广岛县福山市）
心構え（こころがまえ）	④	精神准备，思想准备
はかま（袴）	③	和服裙裤
三春滝桜（みはるたきざくら）	⑥	三春泷樱（位于福岛县三春町）
丘陵地（きゅうりょうち）	③	丘陵地区
根尾谷淡墨桜（ねおだにうすずみざくら）	⑧	根尾谷淡墨樱（位于岐阜县淡墨公园）
山高神代桜（やまたかじんだいざくら）	⑧	山高神代樱（位于山梨县北杜地区高原实相寺）
エドヒガン	③	江户樱（樱花的一种）
紅しだれ桜（べにしだれざくら）	⑥	红垂樱
樹齢（じゅれい）	⓪	树龄
悠久（ゆうきゅう）	⓪	悠久，久远

ステップ2 視聴

ビデオ① 改修で判明　地震に強い薬師寺・東塔の秘密

内容確認：

ビデオを見て、正しい答えを一つ選んでください。

（　　）1. なぜ東塔は地震に強いのですか。
　　A. これまでに何度も全面解体作業が行われているから
　　B. 2009年に改修されたから
　　C. 塔の中心に「心柱」と呼ばれる太い1本の柱があるから
　　D. 屋根の上に重りをのせたから

（　　）2. 塔が揺れに強いのはなぜですか。
　　A. 突起を介して土台とつながっているだけで固定されていないから
　　B. 土台が木製なのでとても丈夫だから
　　C. 地震の際、塔の各層がバラバラに動くから
　　D. 各層の柱の組み立て方が特徴的だから

発展練習：

次の質問に自分の言葉で答えてください。
1. 資料を調べて、地震帯にある日本は古くから一般的にどうやって地震を防いできたか、答えてください。
2. 地震帯に位置する日本の建物にはどんな特徴がありますか。

ビデオ② 潜伏キリシタン関連遺産　世界遺産登録へ

内容確認：

ビデオの内容と合うように、次の文を完成させてください。

1. ＿＿＿＿＿＿＿＿＿＿＿＿＿＿＿にある「長崎と天草地方の潜伏キリシタン関連遺産」が、世界遺産に登録される見通しになりました。
2. ＿＿＿＿＿＿＿＿＿＿＿＿＿＿＿が禁止されるなか、密かに信仰を続けた「潜伏キリシタン」の独特の文化的伝統の証拠と評価されたものです。
3. 来月下旬からの世界遺産委員会で正式に決まる見通しで、登録されれば＿＿＿＿＿＿＿＿＿＿＿＿＿＿＿の世界遺産となります。

名所・名勝2　第7課

発展練習:
次の質問に自分の言葉で答えてください。
1. 日本でキリスト教が禁止されたのはいつか、調べて説明してください。
2. 日本の世界文化遺産についてクラスメートに説明してください。

ビデオ③　年始準備　錦帯橋で門松の飾り付け&三蔵稲荷神社で巫女研修

内容確認:
ビデオの内容と合っていれば○、違っていれば×をつけてください。
(　　) 1. 一般的に、お正月の前に恒例の門松を飾り付けます。
(　　) 2. 門松には錦帯橋に訪れる人に楽しく幸せな気持ちで渡ってもらいたいという願いが込められ作られています。

発展練習:
1. 資料を調べて、正月ごろに人々が神社などの場所へ行く理由について説明してください。
2. お正月を前に門松を飾り付けることについて自分の感想や考えを話してください。

ビデオ④　福島県三春滝桜

内容確認:
ビデオを見て、下線に適当な言葉を書いてください。
　2022年、福島県三春滝桜は、＿＿＿(1)＿＿＿に指定されてからちょうど100年を迎えます。三春町が誇る滝桜の魅力を世界の皆様へご紹介します。
　滝桜のある三春町は、福島県のほぼ中央に位置し、標高＿＿＿(2)＿＿＿です。三春滝桜は、岐阜県の根尾谷薄墨桜、山梨県の山高神代桜とともに＿＿＿(3)＿＿＿の一つに数えられている、エドヒガン系紅しだれ桜の名木です。高さ13.5m、幹周り8.1m＿＿＿(4)＿＿＿と推定されています。
　薄紅色の小さな花を＿＿＿(5)＿＿＿がまさに＿＿＿(6)＿＿＿のようにみえることから滝桜と呼ばれるようになったと言われています。1000年もの間、＿＿＿(7)＿＿＿を見守ってきた滝桜。大正11年10月12日桜の木としては初めて国の天然記念物に指定されました。悠久の時を＿＿＿(8)＿＿＿その姿は多くの人を魅了し、また多くの方々に愛され守られてきました。
　東日本大震災をはじめ、＿＿＿(9)＿＿＿を乗り越えてきた滝桜は、私たちにいつも生きる力を与えてくれます。次の100年へ、想いは＿＿＿(10)＿＿＿へと受け継がれています。福島県三春町。

発展練習：

次の質問に自分の言葉で答えてください。

1．三春町が誇る滝桜の魅力はどこにあると思いますか。
2．人々に一番お勧めしたいあなたの故郷のものについて、一つ紹介してください。

ステップ3
宿　題

1．ビデオ⑤を視聴した後、グループに分かれて自分たちでテーマを設定し、それについてディスカッションしてください。
2．4つのビデオの内容を自分の言葉で要約し、録音して担当の先生に提出してください。
3．次の課のステップ1の準備をして次の授業で発表してください。

象徴・工芸

第**8**課

> **ガイダンス**
>
> 　この課では象徴・工芸に関する映像を見ながら、象徴・工芸に関する日本語の語彙や表現を学び、十分に聞き取ることや表現することができるようになることを目指します。
> 　この課で勉強する映像には日本各地の工芸品や民芸が登場します。一口に日本と言っても、当然ながら日本各地それぞれの地域には異なる自然環境や時代背景、文化的要素が存在します。したがって、その地域の象徴となる工芸品や民芸にも、それぞれの地域の独自性が反映されているはずです。
> 　日本文化をより多角的かつ仔細に理解するためにも、紹介されているそれぞれの地方の特徴や個性に注目しながら、映像を注意深く見てみましょう。

新编日语视听说教程

ステップ1 ウォーミングアップ

　次のキーワードで日本語の資料を調べ、関連知識、語彙を前もってインプットしてください。その後、調べた情報や知識を授業の初めにクラスメートに紹介してください。(毎回3、4人の学生に発表してもらう。)

キーワード

芸道、工芸、職人、保存会

したがき　シート

予備知識(ビデオを見る前に覚える単語リスト)

薩摩焼（さつまやき）	⓪	萨摩产的陶瓷器的总称
フェスタ	①	节日
窯元（かまもと）	⓪	窑；窑户
出展（しゅってん）	⓪	参展
ひ孫（ひまご）	⓪①	曽孙；曽孙女
釉薬（ゆうやく）	①	釉
ブース	①	展位；包间；语言教室的个人座位
ロボ	①	机器人（「ロボット」的省略语）
点てる（たてる）	②	点茶
茶せん（ちゃせん）	⓪②	小圆竹刷
かき混ぜる（かきまぜる）	⓪④	搅拌

第8課 象徴・工芸

風情（ふぜい）	①⓪	风趣，趣味，情趣
ふんわり	③	轻飘飘；松软
正す（ただす）	②	端正，摆正
プログラミング	④	编程，设计程序
満を持す（まんをじす）		充分准备，等待机会
祭典（さいてん）	⓪	盛典，典礼
山鹿（やまが）	⓪	山鹿（熊本县北部城市）
お披露目（おひろめ）	⓪	公布，宣布；披露；初次亮相
茜色（あかねいろ）	⓪	茜红色，暗红色
撫子（なでしこ）	②	瞿麦
グラデーション	③	层次，过渡
あしらう	③	配合，点缀，搭配
古墳（こふん）	⓪	古墓，古坟
文様（もんよう）	⓪	纹样，花纹图案
帯締め（おびじめ）	⓪④	和服绦带，细绦带
鬼瓦（おにがわら）	③	兽头瓦，猫头瓦
岩槻（いわつき）	②	岩槻（埼玉县东部城市）
行田（ぎょうだ）	⓪	行田（埼玉县北部城市）
手掛ける（てがける）	③	亲自动手
一桁（ひとけた）	②	个位数

ステップ2　視　聴

ビデオ①　南九州最大の焼き物祭り　薩摩焼が演出　西郷どんの食卓

内容確認：
ビデオを見て、正しい答えを一つ選んでください。
（　　）1. 西郷隆文さんは＿＿＿＿＿をイメージした黒薩摩を制作しました。
　　A. 薩摩芋　　　　　　　　　　B. 一汁一菜
　　C. 湯飲み　　　　　　　　　　D. 釉薬

（　　）2. ビデオの内容と合っていないものは次のどれですか。
　　A. 伝統の薩摩焼とは黒薩摩・白薩摩をさす
　　B. 現代の薩摩焼は形も色も個性的なものが多い
　　C. 西郷隆盛の作った器や皿などが展示されている
　　D. この焼き物祭りでは、展示品が販売可能だ

発展練習：
次の質問に自分の言葉で答えてください。
1. ビデオの中の展示会の薩摩焼で一番好きなものはどれか、その理由とともに述べてください。
2. 中国の代表的な伝統工芸品を薩摩焼と比較しながらまとめてください。

ビデオ②　「茶道ロボ」真面目に開発したら笑われた

内容確認：
ビデオの内容と合うように、次の文を完成させてください。
1. ＿＿＿＿＿＿＿＿＿＿＿＿＿素早くかき混ぜます。
2. きめの細かいふんわりとした泡立ち。＿＿＿＿＿＿＿＿＿＿＿＿＿茶道の作法も取り入れています。
3. ＿＿＿＿＿＿＿＿＿＿＿＿＿とたんに笑いが起きてしまったといいます。
4. いつまでに、＿＿＿＿＿＿＿＿＿＿改良していくそうです。

発展練習：
次の質問に自分の言葉で答えてください。
1. 真面目に茶道ロボを作ったのに、なぜ笑われたのですか。
2. あなたは茶道ロボについてどう思いますか、理由とともに述べてください。

ビデオ③　山鹿灯籠踊りの新作浴衣お披露目

内容確認：
ビデオの内容と合っていれば○、違っていれば×をつけてください。
（　　）1. 発表された浴衣は山鹿灯籠保存会が発足50周年を迎えたことを記念するために、制作されたものです。
（　　）2. 新作浴衣は山本寛斎さんが3種類の染めの技法を活かして作ったものです。

発展練習：
次の質問に自分の言葉で答えてください。

1. 浴衣の特徴や着方について、インターネットで調べて、まとめてください。
2. 灯籠踊りの新作浴衣のデザインについてどう思うか、自分の意見を述べてください。

ビデオ④ 埼玉県伝統工芸士8人を新たに認定

内容確認：
ビデオを見て、下線に適当な言葉を書いてください。

___(1)___ 工芸品についての ___(2)___ 職人に与えられる「伝統工芸士」に今年度、新たに8人が認定されました。

県は毎年、県内 ___(3)___ 30種類の伝統的な工芸品で高度な技術を持つ職人を「伝統工芸士」として認定しています。

今年度は、県内で3人しかいない ___(4)___ で、深谷市在住の塚越久義さんを初め、___(5)___ や ___(6)___ など6種類の工芸品に携わる8人が選ばれ、上田知事から ___(7)___ が手渡されました。このあと、職人たちは上田知事に ___(8)___ 工芸品について製法や特徴などを説明していました。今回の認定により県の伝統工芸士は228人になります。

「まだ若いって言われるんですが、まあ、一応15年経ってやっと、あのう、ずっと楽しみにしたので、取れて大変嬉しいと思っています。関東にもう ___(9)___ なので、___(10)___ というのもやらないと、もうなくなってしまうので、えー、頑張りたいと思います。」(鬼瓦職人　塚越久義さん)

発展練習：
次の質問に自分の言葉で答えてください。
1. 伝統工芸士認定の意義について考えを述べてください。
2. 資料を調べて、日本の代表的な工芸品とその特徴をいくつかまとめてください。

ステップ3 宿題

1. ビデオ⑤を視聴した後、グループに分かれて自分たちでテーマを設定し、それについてディスカッションしてください。
2. 4つのビデオの内容を自分の言葉で要約し、録音して担当の先生に提出してください。
3. 次の課のステップ1の準備をして次の授業で発表してください。

通過儀礼

第9課

> **ガイダンス**

　この課では通過儀礼に関する映像を見ながら、通過儀礼に関する日本語の語彙や表現を学び、十分に聞き取ることや表現することができるようになることを目指します。

　私たちの人生には、その誕生から死に至るまで、さまざまな節目が存在します。この課で扱っている映像に登場するのは、そのような人生の節目を祝い、記念するための活動です。そこには日本人のさまざまな思いや願いが込められているはずです。

　国や文化は違えど、人生の節目に対する思いや願いは、きっとみなさんにも共感できるものだと思います。目に見える儀礼や形式に注目するだけではなく、そこに込められた心情を察し、汲み取りながら、日本の通過儀礼の独特さを観察してみましょう。

ステップ1 ウォーミングアップ

次のキーワードで日本語の資料を調べ、関連知識、語彙を前もってインプットしてください。その後、調べた情報や知識を授業の初めにクラスメートに紹介してください。（毎回3、4人の学生に発表してもらう。）

キーワード

成人式、七五三、千歳飴、お食い初め、人形祭り

したがき　シート

予備知識（ビデオを見る前に覚える単語リスト）

キャラクター	①②	角色（漫画、小说、电影等的人物）
門出（かどで）	⓪③	新起点
アリーナ	②	原指罗马大角斗场，一般指竞技场、表演场
接客（せっきゃく）	⓪	接待客人，应酬客人
厳戒（げんかい）	⓪	戒严
壇上（だんじょう）	⓪	台上（讲台等之上）
数え歳（かぞえどし）	③	虚岁
晴れ着（はれぎ）	③⓪	盛装
千歳飴（ちとせあめ）	③	千岁糖

ネーミング	⓪	命名，起名
縁起物（えんぎもの）	⓪	吉祥物
引っ張る（ひっぱる）	③	拉，拽
エリア	①	区域，地区
西尾（にしお）	⓪	西尾（爱知县南部城市）
お食い初め（おくいぞめ）	⓪	第一餐（百日庆典时的仪式）
タペストリー	②①	织锦（壁挂）
台紙（だいし）	⓪	底纸，衬纸
あやかる	③	效仿
八朔（はっさく）	⓪	八朔节（阴历八月一日，日本农民以此日为"田实节"，庆祝当年的丰收）
おとぎ話（おとぎばなし）	④	童话
ジオラマ	⓪	洋片，透景画
姫路城（ひめじじょう）	③	姫路城（兵库县姫路市内的城堡）
暴れん坊（あばれんぼう）	⓪	爱胡闹者，性子暴躁的人
詫間（たくま）	①	詫間（香川县三丰市内的地名）
さるかに合戦（さるかにがっせん）	⑤	猴蟹大战（日本民间传说）
ロケーション	②	位置；外景拍摄

ステップ2
視　聴

ビデオ①　**TDLで成人式　ミッキーたちが門出を祝福**

内容確認：

ビデオを見て、正しい答えを一つ選んでください。

（　　）1. 全国の市町村で最も多い、3万6 995人の新成人を迎えた成人式はどこ

で行われましたか。
　　　　A．横浜アリーナ
　　　　B．千葉アリーナ
　　　　C．東京ディズニーランド
　　　　D．浦安市ディズニーランド
（　　）2．横浜市の成人式が一時中断したのはなぜですか。
　　　　A．新成人の一部がお酒を飲んだから
　　　　B．式が厳戒態勢の中で行われたから
　　　　C．式典でミッキーマウスなどの人気キャラクターが登場したから
　　　　D．新成人の一部が壇上に向かい警備員が取り押さえる騒ぎが起こったから

発展練習：
次の質問に自分の言葉で答えてください。
1．「二十歳の門出」とありますが、「門出」とは何の喩えですか。
2．あなたはもう成人を迎えましたか。もしそうなら、それを機に親に伝えたいこと、大人としての決意を述べてください。

ビデオ②　七五三

内容確認：
ビデオを見て、次の質問に答えてください。
1．七五三といえば、＿＿＿＿＿＿＿＿＿＿＿＿＿＿も欠かせません。
2．＿＿＿＿＿＿＿＿＿＿＿＿＿＿には諸説あります。
3．千歳飴は＿＿＿＿＿＿＿＿＿＿＿＿＿デザインが施された袋に入っています。
4．飴は引っ張ると伸びることから＿＿＿＿＿＿＿＿＿＿＿＿＿＿を連想し喜ばれたといいます。

発展練習：
次の質問に自分の言葉で答えてください。
1．千歳飴には、どんな願いが込められていますか。
2．なぜ飴は七五三に欠かせないものとなったのですか。
3．七五三の起源と習わしを紹介してください。

ビデオ③　西尾半田甲羅本店儀式のご紹介

内容確認：
ビデオの内容と合っていれば〇、違っていれば×をつけてください。
（　　）1．赤ちゃんが生まれてから100日目に行われる「お食い初め」には、一生

食べ物に困らないようにとの願いが込められています。
（　　）2.「お食い初め」で「養い親」の役を勤める人は同席する年長の参加者であれば誰でもいいです。

発展練習：
次の質問に自分の言葉で答えてください。
1.「お食い初め」という儀礼について説明してください。
2. 子どもの健やかな成長を願う我が国の儀礼を一つ取り上げ、資料を調べてから紹介してください。

ビデオ④　子どもの成長を願って　毎年恒例「仁尾八朔人形まつり」　香川県三豊市

内容確認：
ビデオを見て、下線に適当な言葉を書いてください。

昔ながらの町並みが今もなお残る三豊市仁尾町。「仁尾八朔人形まつり」は、その町並みを舞台に子どもの＿＿（1）＿＿と毎年行われているイベントで今年で21回目です。歴史上の人物や＿＿（2）＿＿を人形やジオラマを使って店先や住宅に再現しています。29の会場、およそ1.8キロを歩きながら楽しめるようになっています。

「こちら白い壁が特徴の姫路城なんですが。屋根をよく見てみると全てダンボールで作られているんです。」（リポーター　糸瀬彩実）

屋根瓦をダンボールの＿＿（3）＿＿表した姫路城の前には、＿＿（4）＿＿が描かれています。

訪れた人は、＿＿（5）＿＿お城や人形を写真に収めていました。こちらは、香川高専詫間キャンパスの学生が作った「さるかに合戦」です。

＿＿（6）＿＿とスクリーンの＿＿（7）＿＿物語を表現しています。

初めて見る子どもにも分かりやすい作りになっていました。

「サルの上から丸いものが落ちてくるのが面白かったです。」（訪れた子ども）

この他にも町全体にたくさんの人形が飾られていて、風情ある昔ながらの町並みが多くの＿＿（8）＿＿。

「癒されるしね、ロケーションがいいですね。」（訪れた人）

「想像よりも＿＿（9）＿＿非常に良かったと思います。まぁ、歴史の物語とかそういうのも見られて非常に良かったです。」（訪れた人）

「すごいかっこよかった。斉彬と隆盛が一緒に映っていたところ…」（訪れた子ども）

「子どもも飽きずに歩きながらだと＿＿（10）＿＿ので、はい、良かったです。」（訪れた人）

「歴史上の人物も飾っておりますので歴史をですね…勉強していただいたら、なおいいんかなということでございますね。はい…」（仁尾八朔人形まつり実行委員会西山弘茂会長）

発展練習：
次の質問に自分の言葉で答えてください。
1. 仁尾八朔人形まつりは、どんな方法で、おとぎ話と歴史名場面を再現しましたか。
2. あなたの知っている昔話や歴史上の人物・事件をクラスメートに紹介してください。

ステップ3
宿　題

1. ビデオ⑤を視聴した後、グループに分かれて自分たちでテーマを設定し、それについてディスカッションしてください。
2. 4つのビデオの内容を自分の言葉で要約し、録音して担当の先生に提出してください。
3. 次の課のステップ1の準備をして次の授業で発表してください。

年中行事・しきたり1 第10課

> **ガイダンス**
>
> 　この課では年中行事・しきたりに関する映像を見ながら、年中行事・しきたりに関する日本語の語彙や表現を学び、十分に聞き取ることや表現することができるようになることを目指します。
> 　この課では特に日本の四季の風物詩や、毎年行われる恒例行事に関する映像が集められています。季節に関係するということは、その背景に人々と自然との関わりが存在します。つまり、自然と人間との交流によって、行事やしきたりという社会的な慣習やルールが生まれてきたということです。映像を見ながら、紹介されている行事やしきたりが持っている意味や背景を、自分なりの視点から考えてみましょう。

第10課 年中行事・しきたり1

ステップ1 ウォーミングアップ

次のキーワードで日本語の資料を調べ、関連知識、語彙を前もってインプットしてください。その後、調べた情報や知識を授業の初めにクラスメートに紹介してください。（毎回3、4人の学生に発表してもらう。）

キーワード

七夕祭り、福男選び、年中行事、切り絵

したがき　シート

 予備知識（ビデオを見る前に覚える単語リスト）

春日部（かすかべ）	⓪	春日部（埼玉県东部城市）
押絵（おしえ）	⓪	贴花，贴画
羽子板（はごいた）	②	毽子板，毽球板
ジャンボ	①	巨大的；大型喷气式客机
工房（こうぼう）	⓪	工作室
構える（かまえる）	③	修建，修筑；虚构，捏造；摆出某种姿势
間近（まぢか）	①⓪	临近，接近；跟前，眼前
タレント	①⓪	才能；明星
アドバイス	①③	忠告，劝告；咨询
合図（あいず）	①	信号；暗号
乗り（のり）	⓪	吸附的情况；上劲，来劲，起劲

射止める（いとめる）	③	射死，射杀；弄到手
駆け抜ける（かけぬける）	⓪④	跑过去，赶超过去
鏡開き（かがみびらき）	④	吃供神的年糕
切り絵（きりえ）	⓪	剪贴画
神璽（しんじ）	①	（天皇的）御玺；八尺琼勾玉（日本的三种神器之一）
五箇山（ごかやま）	⓪	五个山（富山县西南部庄川上游的山村地区）
取り寄せる（とりよせる）	⓪④	拿来，拿近；使拿来；让寄来
干支（えと）	⓪	天干地支，干支
織り交ぜる（おりまぜる）	④	交织，混织在一起；穿插，混杂
お神酒（おみき）	⓪	敬神的酒，神酒

ステップ2
視　聴

ビデオ①　春日部市の恒例行事　「押絵羽子板と特産品まつり」

内容確認：

ビデオを見て、正しい答えを一つ選んでください。

（　　）1. 春日部市の伝統工芸品「押絵羽子板」は、戦時中に浅草の職人たちが桐の産地だった春日部に移り住んだことをきっかけに、＿＿＿＿として現在も受け継がれています。

　　　A. 女の子の出世や幸福を祝う縁起物
　　　B. 男の子の出世や幸福を祝う縁起物
　　　C. 女の子の出産や成長を祝う縁起物
　　　D. 男の子の出産や成長を祝う縁起物

（　　）2. 春日部駅東口には、およそ3メートルの「ジャンボ羽子板」が何本ありますか。

　　　A. 1本もありません　　　　　　B. 1本あります
　　　C. 2本あります　　　　　　　　D. 3本あります

発展練習：
次の質問に自分の言葉で答えてください。
1. 資料を調べて、日本の伝統工芸品をいくつか簡単に説明してください。
2. 伝統工芸品を一つ選んで、その特色を紹介してください。

ビデオ② 2018「福男選び」 一番福は誰の手に？

内容確認：
ビデオの内容と合うように、次の文を完成させてください。
1. ＿＿＿＿＿＿＿＿＿＿＿＿＿＿＿十日えびすの恒例行事で、本殿に参拝するのが早かった3番目までの人がその年の福男として認められます。
2. 午前6時、太鼓の音を＿＿＿＿＿＿＿＿＿＿＿＿＿＿＿表大門が開かれ、勢いよくスタートしました。
3. 参加者は＿＿＿＿＿＿＿＿＿＿＿＿＿＿＿本殿へ一番乗りを目指して参道を駆け抜けます。
4. 福男に選ばれた3人はこの後、鏡開きを行い、1年の＿＿＿＿＿＿＿＿＿＿＿＿＿＿＿。

発展練習：
次の質問に自分の言葉で答えてください。
1. 自分が知っている日本の年中行事を一つ紹介してください。
2. 日本の年中行事について資料を調べて、簡単に説明してください。

ビデオ③ 新春の縁起物 「蓬莱」づくり盛ん

内容確認：
ビデオの内容と合っていれば○、違っていれば×をつけてください。
（　　）1. 林さんは小学生の頃から切り絵作家の父、高柳常栄さんの影響で切り絵を始め、8年前に常栄さんが亡くなってからは、能登の伝統を守ろうと本格的に蓬莱づくりを始めました。
（　　）2. 使用する和紙も富山県・五箇山から取り寄せたもので、来年の干支であるイノシシの絵と福寿や家内安全などの文字を織り交ぜた林さんオリジナルのデザインとなります。

発展練習：
1. 資料を調べて、切り絵について簡単に説明してください。
2. 伝統を守り続ける林さんについて自分の感想や考えを話してください。

ビデオ④　松本市で正月の縁起物「お神酒の口」作り

内容確認：

ビデオを見て、下線に適当な言葉を書いてください。

正月を飾る伝統の「お神酒の口」作りが松本市で行われています。

江戸時代から伝わる＿＿（1）＿＿は神棚などに飾る竹製の＿＿（2）＿＿で、以前は松本地域で＿＿（3）＿＿作られていましたが、今では千野恵利子さんと母親の矢澤松子さんの2人だけが＿＿（4）＿＿を引き継いでいます。

細く裂いた竹ひごを＿＿（5）＿＿を表す形に編み上げるのは娘の恵利子さんが、編み上がった飾りを＿＿（6）＿＿を付けるのは松子さんが＿＿（7）＿＿ています。

「願いを込めてやっぱり飾ってくださっていると思うので、その願いがかなってくれたらいいなっていう気持ちで作っています。」（千野恵利子さん）

国の＿＿（8）＿＿にも指定されているお神酒の口は25日から松本市の縄手通りで行われる「歳の市」で＿＿（9）＿＿、一組5000円前後のものが＿＿（10）＿＿ということです。

発展練習：

次の質問に自分の言葉で答えてください。

1. 以前松本地域で盛んに作られていた「お神酒の口」に関する伝統の技は、なぜ今では千野恵利子さんと矢澤松子さんの二人だけにしか受け継がれていないのでしょうか。あなたの感想や考えを話してください。

2. 資料を調べて、無形民俗文化財に関することについて簡単に説明してください。

ステップ3
宿　題

1. ビデオ⑤を視聴した後、グループに分かれて自分たちでテーマを設定し、それについてディスカッションしてください。

2. 4つのビデオの内容を自分の言葉で要約し、録音して担当の先生に提出してください。

3. 次の課のステップ1の準備をして次の授業で発表してください。

年中行事・しきたり2
第11課

ガイダンス

　前課に引き続き、この課でも年中行事・しきたりに関する映像を見ながら、年中行事・しきたりに関する日本語の語彙や表現を学び、十分に聞き取ることや表現することができるようになることを目指します。

　昔ながらの行事やしきたりの中には、現代に生きる私たちからすると一目見ただけでは意味や意義が理解できないものもあります。それが外国の行事やしきたりとなれば、理解する難易度が高くなることは当然です。

　もちろん、時代にそぐわないしきたりや行事があることも事実でしょう。異文化との交流を通じて、そのようなしきたりや行事を時代に合わせたものに変化させていくことは、現代に生きる私たちの重要な務めです。

　しかし一方で、ある行事やしきたりを、時代を異にする人々が代々受け継いできたということは、ひょっとしたらそこには簡単には理解できない奥深い知恵や意味が存在しているかもしれない、そう考えることもできます。

　したがって、一見「変だな」「不思議だな」と思ってしまうようなものであればあるほど、簡単に結論をくださずに、じっくりと観察しながら考えてみると良いのではないでしょうか。

ステップ1 ウォーミングアップ

　次のキーワードで日本語の資料を調べ、関連知識、語彙を前もってインプットしてください。その後、調べた情報や知識を授業の初めにクラスメートに紹介してください。(毎回3、4人の学生に発表してもらう。)

キーワード

正月、キリスト教、仏教、伝統行事

したがき　シート

 予備知識（ビデオを見る前に覚える単語リスト）

会津（あいづ）	①⓪	会津（福島県西部地区名）
奉納（ほうのう）	⓪	（対神佛）供献；奉献
もち米（もちごめ）	⓪	糯米
喜多方（きたかた）	⓪	喜多方（福島県西北部城市）
姥堂（うばどう）	⓪	姥堂（福島県喜多方市内的地名）
組合（くみあい）	⓪	公会，行会；工会
金堂（こんどう）	⓪①	正殿，金殿
コシヒカリ	③	越光水稲
赴く（おもむく）	③	奔赴，前往；趨向
風評（ふうひょう）	⓪	传说，谣传，传闻
出荷（しゅっか）	⓪	发货；上市

056

破魔矢（はまや）	②	驱魔箭，破魔箭，辟邪箭
境内（けいだい）	①	（神社、庙宇的）院内
魔除け（まよけ）	⓪	驱邪，辟邪
絵馬（えま）	①	彩马匾额（为了祈愿或还愿而向神社献纳的带有绘画的木制匾额）
ふんどし（褌）	⓪	兜裆布
みそぎ（禊）	⓪③	祓禊（神道的一种仪式。在人有罪和身上不洁时，或参加神道仪式之前，用水清洗身体）
神職（しんしょく）	①	（神社的）主祭；神官
鳥舟（とりふね）	⓪	鸟舟
櫓を漕ぐ（ろをこぐ）		摇橹
和らぐ（やわらぐ）	③	平静下来，缓和下来
祝詞（のりと）	⓪	祈祷文，祭文
六甲山（ろっこうさん）	③	六甲山
風物詩（ふうぶつし）	④	风景诗；季节诗；季节的象征
展望台（てんぼうだい）	⓪	瞭望台，观景台
書き初め（かきぞめ）	⓪	新春试笔
席書大会（せきしょたいかい）	④	书法大赛
一次審査（いちじしんさ）	④	初次审查
半紙（はんし）	①	习字用的日本纸
点（てん）	⓪	（物品、作品的数量）件

ステップ2
視　聴

ビデオ①　震災復興支援　薬師寺で会津米奉納式/奈良

内容確認：

ビデオを見て、もっとも正しい答えを一つ選んでください。

（　　）1. 今回、コメを奉納したJA会津いいでの旧姥堂農事組合長会があるのは、何県何市ですか。

　　　　　A. 福島県喜多方市　　　　　　B. 富山県喜多方市
　　　　　C. 青森県喜多方市　　　　　　D. 山形県喜多方市
（　　）2. 会津米の関西への出荷が一時ストップした原因は何ですか。
　　　　　A. 収穫が多くないから　　　　B. 風評がよくないから
　　　　　C. 運送が不便だから　　　　　D. 交流がないから

発展練習：
次の質問に自分の言葉で答えてください。
1. 「奉納」とはどういう意味ですか。
2. 今回の奉納と福島復興支援とはどんな関係がありますか。

ビデオ②　新年を迎える準備　中尊寺で破魔矢づくり始まる/岩手・平泉町

内容確認：
ビデオの内容と合うように、次の文を完成させてください。
　1. 平泉町の中尊寺では今日、正月の＿＿＿＿＿＿＿＿＿＿＿＿＿、破魔矢を作る作業が始まりました。
　2. 世界文化遺産の中尊寺は、昨夜からの雪で＿＿＿＿＿＿＿＿＿＿＿＿＿が白く覆われ、本格的な冬の訪れを感じる風景となりました。
　3. 作業は1週間から＿＿＿＿＿＿＿＿＿＿＿＿＿ほど続き、1500本の破魔矢が用意されます。

発展練習：
次の質問に自分の言葉で答えてください。
1. 日本で新年を迎える準備について自分が知っていることを話してください。
2. 資料を調べて、日本と中国の正月の違いについて簡単に説明してください。

ビデオ③　一年で最も寒い日「大寒」　各地で恒例行事

内容確認：
ビデオの内容と合っていれば○、違っていれば×をつけてください。
（　　）1. 毎年大寒の日に徳島県鳴門市の海岸では地元の神職たちがみそぎを行います。
（　　）2. 神戸市の六甲山で切り出された氷は夏に自然のクーラーとして利用されています。

発展練習：
次の質問に自分の言葉で答えてください。

1. 徳島県と神戸市では「大寒」にどんな行事が行われますか。
2. あなたのふるさとでは毎年どんな恒例の行事が行われますか。

ビデオ④　1 000人参加の書き初め　墨鮮やか　新春の書　静岡市

内容確認：

ビデオを見て、下線に適当な言葉を書いてください。

静岡市で約1 000人の子どもたちが____(1)____書き初めの大会が行なわれました。今年で____(2)____「静岡地区書き初め展」の席書大会には毎年、____(3)____の子どもたちが参加していて、静岡市の体育館が書き初めをする子どもたちでいっぱいになります。今日は____(4)____一次審査を通過した1 062人が参加し、小学2年生は「____(5)____」、中学2年生は「____(6)____」など学年ごとに決められた課題に取り組みました。子どもたちは、みな____(7)____で筆を握り、練習の成果を発揮して____(8)____文字を書きあげようと半紙に向かっていました。この1 000点を超える子どもたちの作品は来月、静岡市民文化会館に展示される予定です。

発展練習：

次の質問に自分の言葉で答えてください。
1.「書き初め」とはどんなイベントですか。
2. 筆で字を書いた体験を紹介してください。

ステップ3　宿　題

1. ビデオ⑤を視聴した後、グループに分かれて自分たちでテーマを設定し、それについてディスカッションしてください。
2. 4つのビデオの内容を自分の言葉で要約し、録音して担当の先生に提出してください。
3. 次の課のステップ1の準備をして次の授業で発表してください。

教育

第12課

ガイダンス

　この課では教育に関する映像を見ながら、教育に関する日本語の語彙や表現を学び、十分に聞き取ることや表現することができるようになることを目指します。

　洋の東西を問わず、私たちは子どもたちにより良く育ってほしいと望み、そのための素養や能力を身につけさせるために教育を行います。一方で、その社会の地域性や時代性によって、なにをどうやって教育するかという考えや取り組みは多種多様です。

　この課の映像は現在の日本の教育における取り組みや課題を扱っています。現代日本の教育に関するニュース映像を見ることを通して、現在の日本人や日本社会が子どもになにを期待し、どのような社会を目指し、その結果どのような価値観で教育を捉えているか、深く考えましょう。

教育　第12課

ステップ1　ウォーミングアップ

　次のキーワードで日本語の資料を調べ、関連知識、語彙を前もってインプットしてください。その後、調べた情報や知識を授業の初めにクラスメートに紹介してください。（毎回3、4人の学生に発表してもらう。）

キーワード

大学入試、文部科学省、不正入試、ノーベル賞、デジタル教育

したがき　シート

 予備知識（ビデオを見る前に覚える単語リスト）

英検（えいけん）	⓪	英語能力測試
スピーキング	⓪②	口語
ライティング	①⓪	写作
AI（エーアイ）	③	人工智能
効率的（こうりつてき）	⓪	高効的
文部科学省（もんぶかがくしょう）	⑥⑤	（「文科省」是其省略語）文部科学省
医科大（いかだい）	⓪	（「医科大学」的省略語）医科大学
不正（ふせい）	⓪	違規，不正当
追加（ついか）	⓪	追加，補加

浪人（ろうにん）	⓪	入学考试或就业考试不合格而准备下一次考试的人
差をつける（さをつける）		加以区别
判明（はんめい）	⓪	弄清楚，明确
免疫細胞（めんえきさいぼう）	⑤	免疫细胞
抑制（よくせい）	⓪	抑制
PD-1（ピーディーワン）	⑤	细胞程序性死亡（Programmed Cell Death）
蛋白質（たんぱくしつ）	④③	蛋白质
ブレーキ	②⓪	制止，阻碍
突き止める（つきとめる）	④	找到，查明
オプジーボ	③	奥普迪科（抗癌药物名）
投与（とうよ）	①	给
登竜門（とうりゅうもん）	③	登龙门，飞黄腾达的门路
トムソン・ロイター	⑤	汤森路透（公司名）
ストックホルム	⑤	斯德哥尔摩（瑞典首都）
遠隔（えんかく）	⓪	远程
計上（けいじょう）	⓪	列入，编入
帰納法（きのうほう）	⓪②	归纳法
整数（せいすう）	③	整数
離島（りとう）	⓪	孤岛
中山間地域（ちゅうさんかんちいき）	⑦	中山间地地域（日本农林统计的地域区分之一，城市或平地以外的中间农业地域和山间农业地域的总称）
配信（はいしん）	⓪	发布信息
魚沼（うおぬま）	⓪	鱼沼（新潟县东南部城市）

ステップ 2
視　聴

ビデオ①　英検　来年度から一部にAI自動採点導入へ

内容確認：

ビデオを見て、正しい答えを一つ選んでください。

(　　) 1. 英検は次のどの機関によって運営・実施されていますか。
　　A. 日本英語レベル検査協会
　　B. 日本外国語検定協会
　　C. 日本実用英語検定協会
　　D. 日本英語検定協会

(　　) 2. 英検にAI自動採点を導入する最も大切な理由は何ですか。
　　A. 公平に採点するため　　　　　B. 客観的に採点するため
　　C. コストダウンするため　　　　D. 効率的に採点するため

発展練習：

次の質問に自分の言葉で答えてください。
1. 英検にAI自動採点を導入することについて、あなたの意見を述べてください。
2. CET-4あるいはCET-6に参加したことがありますか。その体験をクラスメートに発表してください。

ビデオ②　複数の大学で女子受験生を不利に扱いか　文科省調査

内容確認：

ビデオの内容と合うように、次の文を完成させてください。
1. 文部科学省の調査によって、＿＿＿＿＿＿＿＿＿＿＿＿＿＿が分かりました。
2. この事件について、柴山文科相は＿＿＿＿＿＿＿＿＿＿＿＿＿だと考えています。
3. 文部科学省が全国の医学部医学科がある＿＿＿＿＿＿＿＿＿＿＿＿程度に追加で訪問調査を実施しました。
4. 文部科学省はこれから＿＿＿＿＿＿＿＿＿＿＿＿＿方針です。

発展練習：

次の質問に自分の言葉で答えてください。
1. 不正入試について、あなたの意見を聞かせてください。

2. 不正入試を防ぐために、国はどんな対策を立てればいいと思いますか。

ビデオ③　京大・本庶特別教授「ノーベル賞」受賞決定

内容確認：

ビデオの内容と合っていれば○、違っていれば×をつけてください。

（　　）1. 京都大学の本庶佑特別教授が今年のノーベル生理学・医学賞に選ばれたのはPD-1と呼ばれる癌治療薬を発見したからです。

（　　）2. 今年までに、生理学・医学賞を受賞した日本人は6人となりました。

発展練習：

次の質問に自分の言葉で答えてください。

1. 今までに中国にノーベル賞受賞者は何人いますか。受賞者の名前を言ってください。

2. 日本と比べて、中国はなぜノーベル賞受賞者の人数が少ないと思いますか。自分の意見をクラスメートに述べてください。

ビデオ④　デジタル教育現場変わる

内容確認：

ビデオを見て、下線に適当な言葉を書いてください。

少子化が進む中、＿＿（1）＿＿によって教育現場の姿も変わろうとしています。予算案ではデジタル採点システム整備事業に4 200万円。遠隔教育の推進におよそ1 200万円が＿＿（2）＿＿。

その遠隔教育の＿＿（3）＿＿と…

「教室の中では授業が行われていますが、先生が＿＿（4）＿＿は黒板ではなくタブレットです。このタブレットを＿＿（5）＿＿を受けているのは佐渡の＿＿（6）＿＿たちです。」（記者　桶屋美圭）

「数学的帰納法を使って、整数の性質の証明をしましょうっていうことで。」（新潟翠江高校　佐藤新弥先生）

新潟市の新潟翠江高校で行われていたのは佐渡中等教育学校5年生の数学の授業です。県は離島や中山間地の高校でも＿＿（7）＿＿ができるよう、2021年度から遠隔教育を導入。新潟翠江高校を拠点に佐渡市と阿賀町の6校に＿＿（8）＿＿による授業を配信しています。

受講する生徒たちは…

「楽しく授業は受けられているので、この授業の形態で続けていければと思います。」（受講する生徒）

一方、教師側も遠隔教育の___(9)___を感じています。
「数学だと、ま、ほとんどの学校に数学の先生っていらっしゃると思うんですけど、理科や社会になれば、当然、ええ、専門の科目の先生が、ま、いらっしゃらないってなると、こういった取り組みで、えー、生徒の授業の選択の幅が広がるっていうのは、すごくいいことだなあと思っています。」（新潟翠江高校　佐藤新弥先生）
　県は来年度、魚沼地域などの___(10)___で遠隔授業システムを導入する予定です。

発展練習：
次の質問に自分の言葉で答えてください。
1. 遠隔教育のメリットは何か、教師側と生徒側のそれぞれの立場に立って話してください。
2. 遠隔教育と伝統的な対面教育を比較しながら、それぞれのデメリットを述べてください。

ステップ3
宿　題

1. ビデオ⑤を視聴した後、グループに分かれて自分たちでテーマを設定し、それについてディスカッションしてください。
2. 4つのビデオの内容を自分の言葉で要約し、録音して担当の先生に提出してください。
3. 次の課のステップ1の準備をして次の授業で発表してください。

僻地教育

第 13 課

ガイダンス

　この課では日本の僻地教育に関する映像を見ながら、僻地教育に関する日本語の語彙や表現を学び、十分に聞き取ることや表現することができるようになることを目指します。

　山が多く平地が少ない島国である日本では、離島や山間部などの僻地を多く抱えています。僻地では少人数学級や複式学級など、一般的な学校教育とは違った教育が行われています。また、少子化や都市への人口流出が進む現在、地方を中心に過疎化が進んで子どもの数が減り、これまでは学校を維持できていた地方でも学校の統廃合が問題となっています。

　僻地での教育には課題や問題もありますが、たとえば子どもと教師との関係が近いなど、大都市の教育にはない良さもあるはずです。ビデオを見ながら、僻地教育を多角的に考えてみましょう。

僻地教育　　第13課

ステップ1 ウォーミングアップ

次のキーワードで日本語の資料を調べ、関連知識、語彙を前もってインプットしてください。その後、調べた情報や知識を授業の初めにクラスメートに紹介してください。（毎回3、4人の学生に発表してもらう。）

キーワード

僻地、学校再編、学校統合、島留学、保育園留学、小規模校化

したがき　シート

　予備知識（ビデオを見る前に覚える単語リスト）

僻地（へきち）	①⓪	偏远地区，偏僻乡村
オクシズ（奥静岡を親しみやすくカタカナで示した略称）	⓪	坐落在南阿尔卑斯山脉中的静冈市中山间地区
藁科（わらしな）	⓪	藁科（静冈县静冈市内的地名）
半減（はんげん）	⓪③	减半
清沢（きよさわ）	⓪	清泽（静冈县静冈市内的地名）
歯止め（はどめ）	⓪③	制止，阻止
廃校（はいこう）	⓪	停办学校，废校
寄り添う（よりそう）	③	靠近，靠拢
統廃合（とうはいごう）	③	统一、停办与合并
伊達市（だてし）	②	伊达市（北海道西南部城市）

067

閉校（へいこう）	⓪	关闭学校，停办学校
二人三脚（ににんさんきゃく）	④	两人三足；齐心协力
縄跳び（なわとび）	③④	跳绳
隠岐諸島（おきしょとう）	③	隠岐诸岛（岛根县东北部日本海中的群岛）
親代わり（おやがわり）	③	扶养人，义父母
ロールキャベツ	④	卷心菜卷
空き家（あきや）	⓪	空房，无人居住的房子
リピーター	⓪	回头客

ステップ2 視聴

ビデオ① オクシズ4 小中学校の統合

内容確認：

ビデオを見て、正しい答えを一つ選んでください。

（　）1. 統合される見込みの小中学校ではないのはどれですか。
　　A. 水見色小学校　　　　　　　B. 藁科中学校
　　C. 藁科小学校　　　　　　　　D. 清沢小学校

（　）2. ビデオの内容と合わないのはどれですか。
　　A. 学校が再編統合されるのは少子化と過疎化のためです。
　　B. 統合される見込みの3つの小学校は明治時代から続く歴史のある学校です。
　　C. 新たな小中一貫校は藁科中の敷地内に整備される見込みです。
　　D. 9割近くの住民が賛成したので、静岡市教育委員会は直ちに学校再編を進めていきます。

発展練習：

次の質問に自分の言葉で答えてください。
1. 学校の再編について、あなたはどう思いますか。
2. 中国の農村にある小中学校の現状はどうなっていますか。知っていることをクラ

スメートに話してください。

ビデオ② 伊達市の石田小学校

内容確認：
ビデオを見て、次の質問に答えてください。
　1．150年＿＿＿＿＿＿＿＿＿＿＿＿石田小学校が今年3月に閉校となります。
　2．冬休みの思い出を＿＿＿＿＿＿＿＿＿＿＿＿の遠藤栞さんは石田小学校の最後のたった一人の1年生です。
　3．武藤尚子先生は去年4月から栞さんの＿＿＿＿＿＿＿＿＿＿＿＿担任です。
　4．二人きりで寂しく見える教室は栞さんが描いた＿＿＿＿＿＿＿＿＿＿＿＿ていました。

発展練習：
次の質問に自分の言葉で答えてください。
　1．これからの学校生活に対して、遠藤栞さんはどういう気持ちですか。
　2．武藤先生にはどんな心配がありますか。

ビデオ③ 島留学してみよう

内容確認：
ビデオの内容と合っていれば○、違っていれば×をつけてください。
　（　　）1．恵利華さんは島へ行ったことのない人々に隠岐の魅力を伝えたいと言っています。
　（　　）2．島の人々は島での暮らしを応援しようと、それぞれの島留学に来る生徒たちの親代わりを務めています。

発展練習：
次の質問に自分の言葉で答えてください。
　1．島留学というのはどういうものですか。
　2．あなたは島留学についてどう思いますか。

ビデオ④ 保育園留学

内容確認：
ビデオを見て、下線に適当な言葉を書いてください。
　人口減少を解決していきましょうというところから始まったものなんですが、＿＿（1）＿＿としても大変魅力的なものであります。まず保育園留学はどういうものな

のか、改めてみていきますと、1週間から3週間、ええ、選べるんですが、大体ひと家族、滞在は平均2週間になるということなんですね。で、保育園留学にいらした家族は、去年だけで150組いるということなんです。厚沢部町としては、6家族分の住宅を用意していますので、みなさんホテルなどではなくこういったおうちを、まあ、使って、そこから＿＿(2)＿＿をされる方もいるということなんですね。で、この保育園留学にいらっしゃるこの6家族が、＿＿(3)＿＿、こう交換っこに滞在していくことで、移住と同じ効果をもたらすということなんです。

え、さきほどこの保育園留学、＿＿(4)＿＿ということだったんですが、それとは別に生活費や飲食費などで、およそ3 000万円の消費が厚沢部町に生まれるということなんですね。そして、私も実際にいただいたんですが、厚沢部のお野菜、あの、食べ物たいへんおいしいんです。＿＿(5)＿＿を味わってほしいということで、え、農家の方々がですね、「＿＿(6)＿＿」というものをオープンされて、こちらでは郷土料理を味わうことができる。さらに道の駅などももちろんですけれどもありますので、そこでお買い物をするということも可能なわけです。

他にも、さきほどの＿＿(7)＿＿のようにですね、子どもたちが収穫体験をしますと「ああ、厚沢部の食べ物美味しかったな」、「お取り寄せして、また食べたいな」ですとか、「ふるさと納税で応援したいな」ということで、都市に戻ってからも、こういった交流、それから、ま、＿＿(8)＿＿というものが生まれるそうなんですね。

で、元々はやはり"移住を増やしたい"ということでしたので、保育園留学自体はリピーターが大変多いんですが、実際に移住予定なのがひと家族。1年半で初めていらっしゃると。で、移住したいかどうかのアンケートを取ったところ、「移住したい」と答えた方は4％にとどまったということなんですね。保育園留学は、大変魅力的なんですけれども、移住するとなると"仕事もある"、"おうちもある"、いったいどうしよう。それから厚沢部町ならではの課題もありそうなんです。隣町、およそ＿＿(9)＿＿ほど行かないと小児科がなかったり、中学校までしかなかったりということで、たいへんこういったところが課題になってくるそうなんですね。

「移住まではやはり課題があるとはいえ、留学というその手があったかと驚きましたけれども。」

「本当ですよね。すごく素晴らしい試みだと思いますよ。特にテーマごとを決めればね。ま、今回は北海道ですけれども、こう、いろんな地域地域でテーマを決めたら、沖縄は海を体験するとか、新潟だったらお米だとかね。あの、素晴らしいと思うけどね。行ってみたくなりました。」（ハロルド・ジョージ・メイ）

「ねー、子供たちもほんとうにホランさん＿＿(10)＿＿ね。」

「そうなんです。きらきらと輝いておりました。」

発展練習：

次の質問に自分の言葉で答えてください。

1. 保育園留学とはどういうものですか。
2. 保育園留学を通して移住者を増やすことにはどんな課題がありますか。

ステップ3
宿　題

1. ビデオ⑤を視聴した後、グループに分かれて自分たちでテーマを設定し、それについてディスカッションしてください。
2. 4つのビデオの内容を自分の言葉で要約し、録音して担当の先生に提出してください。
3. 次の課のステップ1の準備をして次の授業で発表してください。

医療技術

第14課

ガイダンス

　この課では医療技術に関する映像を見ながら、医療技術に関する日本語の語彙や表現を学び、十分に聞き取ることや表現することができるようになることを目指します。

　日本は世界の中でも長寿の国です。しかし、たとえば高齢者医療の問題など、長寿国ゆえに生じる医療問題もあります。また、医療技術が進歩し、平均寿命が延びたことで、日本の医療には、単に長く生きることを可能とするだけではなく、個人がより良く豊かに生きるためのサポートをいかにして実現するかという「クオリティオブライフ」（quality of life）の視点が求められています。

　医療のあり方にも、その国や社会の現状や課題が反映されるものです。映像を見ることを通して、日本社会の現在について医療の観点から切り込んで考えてみましょう。

医療技術　第14課

ステップ1 ウォーミングアップ

次のキーワードで日本語の資料を調べ、関連知識、語彙を前もってインプットしてください。その後、調べた情報や知識を授業の初めにクラスメートに紹介してください。（毎回3、4人の学生に発表してもらう。）

キーワード

バイオ3Dプリンター、脊髄損傷、センサー、臓器移植、高アンモニア血症、風疹

したがき　シート

 予備知識（ビデオを見る前に覚える単語リスト）

ベンチャー企業（ベンチャーきぎょう）	⑤	风投企业
バイオ	①	生物
スフェロイド	③	楔状骨，蝶骨
剣山（けんざん）	①	剣山（插花用的针盘）
くっつきあう	⑤	互相贴在一起
チューブ	①	软管
拒絶反応（きょぜつはんのう）	④	排异反应
メリット	①	优点，长处
欠損（けっそん）	⓪①	缺损
幹細胞（かんさいぼう）	③	干细胞

073

脊髄（せきずい）	②⓪	脊髓
大筋（おおすじ）	⓪	梗概，概况
了承（りょうしょう）	⓪	知道，明白
負傷（ふしょう）	⓪	负伤
移植（いしょく）	⓪	移植
加速度（かそくど）	③②	加速度
センサー	①	传感器
転倒（てんとう）	⓪	倒下
検知（けんち）	①	通过机器检查得知
高専（こうせん）	⓪	（「高等専門学校」的省略）高专
デイサービス	③	日间护理服务
スマートフォン	④	智能手机
心拍（しんぱく）	⓪	心脏搏动
補完（ほかん）	⓪	填补，补充
受精卵（じゅせいらん）	②	受精卵
臓器（ぞうき）	①	脏器
アンモニア	⓪	氨
食い止める（くいとめる）	④⓪	防止，阻止

ステップ2
視　聴

ビデオ① 3Dプリンターで「血管」「神経」を作製!?

内容確認：

ビデオを見て、正しい答えを一つ選んでください。

（　　）1. 3Dプリンターで作られた血管や神経にはどんなメリットがありますか。
　　　　A. 思ったより柔らかいこと　　　　B. 拒絶反応が起きにくいこと
　　　　C. 長く使えること　　　　　　　　D. 手作業が要らないこと

（　　）2. ビデオの内容と合わないのは次のどれですか。

医療技術　　第14課

A. スフェロイドを作る過程で、「バイオ3Dプリンター」がインクの役割を果たしています。
B. 細胞同士が自然にくっつきあう性質を活用して、血管や神経などのチューブを作っています。
C. 京都大学医学部附属病院では、3Dプリンターで作ったチューブ状の「神経導管」を脳の神経を損傷した患者に移植する臨床試験を行いました。
D. 再生医療の研究はこれから福岡のオフィス街から世界に向けて進められていきます。

発展練習：
次の質問に自分の言葉で答えてください。
1. 3Dプリンターを使用する分野にはほかに何があるか、資料を調べて話してください。
2. 細胞版の3Dプリンターに対して、何が展望されていますか。

ビデオ②　iPS細胞で脊髄損傷治療へ　慶大チーム　来年にも開始

内容確認：
ビデオの内容と合うように、次の文を完成させてください。
1. 世界初の_____が日本で計画されています。
2. 慶応大学の臨床研究計画はiPS細胞から作製した神経幹細胞を移植して、_____の患者の治療を目指します。
3. 負傷してから4週間以内にiPS細胞を注射して、_____を促すということです。
4. _____で身体の一部を動かすことができなくなっている患者は、国内に20万人以上おり、_____います。

発展練習：
次の質問に自分の言葉で答えてください。
1. 「再生医療」とは具体的にどんなものですか、クラスメートに説明してください。
2. 「再生医療」ではどんな場合に治療効果が期待されますか。

ビデオ③　センサー付きの服で健康状態や転倒を把握　高齢者見守りシステム実証実験　高松市

内容確認：
ビデオの内容と合っていれば○、違っていれば×をつけてください。
（　　）1. 香川高専と医療ソフトウェア開発会社のミトラが連携して、IOTを活用

した介護予防推進事業に取り組んでいます。
（　　）2. 高齢者見守りシステムも実用化されました。

発展練習：
次の質問に自分の言葉で答えてください。
1. 高齢者を見守るこのシステムはどんなものかを自分の言葉で要約してクラスメートに説明してください。
2. このシステムの実用化にはどんな意義があるのか、クラスメートと議論してください。

ビデオ④　国内初　ES細胞使ったヒトへの治験を許可

内容確認：
ビデオを見て、下線に適当な言葉を書いてください。

ES細胞は受精卵から作られるもので、iPS細胞と同じように、様々な細胞に変化するため、＿＿(1)＿＿などの＿＿(2)＿＿に使えると期待されています。国立成育医療研究センターの研究チームは、生まれつき、肝臓で＿＿(3)＿＿が分解されずに血液の中にたまる「＿＿(4)＿＿」の赤ちゃんの肝臓に、ES細胞から作った肝臓の細胞を＿＿(5)＿＿研究を進めていて、国は今日付で、「治験」としての実施を許可したということです。

この治療は、＿＿(6)＿＿を待つ間に赤ちゃんの状態が悪化するのを食い止めるのが目的で、センターは、早ければ秋に1例目を行い、2年間で5例の＿＿(7)＿＿を予定しています。

「臓器移植をする前にですね、高アンモニア血症で＿＿(8)＿＿しまって、我々の所にまで＿＿(9)＿＿お子さんたちをたくさん見てきてますので、そういったお子さんたちを大きく育ってってほしい。」（国立成育医療研究センター　笠原群生医師）

海外では、ES細胞を使ったヒトへの＿＿(10)＿＿が行われていますが、国内では初めてとなります。

発展練習：
次の質問に自分の言葉で答えてください。
1.「ES細胞」というのは何か、あなたが知っていることをクラスメートに話してください。
2.「ES細胞」を使ったヒトへの治療の目的は何ですか。

ステップ3
宿　題

　1．ビデオ⑤を視聴した後、グループに分かれて自分たちでテーマを設定し、それについてディスカッションしてください。

　2．4つのビデオの内容を自分の言葉で要約し、録音して担当の先生に提出してください。

　3．次の課のステップ1の準備をして次の授業で発表してください。

ハイテクノロジー

第 15 課

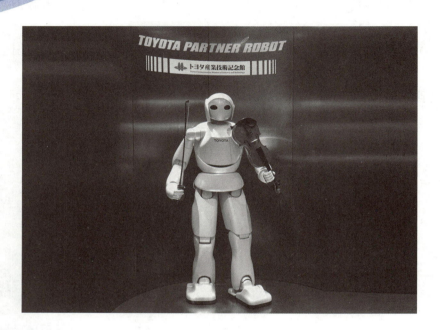

ガイダンス

　この課ではハイテクノロジーに関する映像を見ながら、ハイテクノロジーに関する日本語の語彙や表現を学び、十分に聞き取ることや表現することができるようになることを目指します。

　必要は発明の母と言いますが、発明によって新たな必要が生じることも、また事実です。つまり、私たちは単に「あったらいいな」と思ったから新しいものを作り出すだけではなく、新しいものが作り出されたことによって、「あっ、あれいいな。必要だな」と思うような存在だということです。こうして需要と供給が互いに刺激し合い、時代性や社会状況と複雑に絡み合いながら、新たなテクノロジーが日進月歩で生まれ、必要とされていくのです。

　このような動きについて観察することは、ひいては私たちの社会や人間そのもののあり方について考える良いチャンスです。この課では映像を見ることを通して、単に新しい技術の便利さや発達の速度に注目するだけではなく、そのような技術の裏側にある人間や社会のあり方についても、深く考えてみましょう。

ハイテクノロジー 第15課

ステップ1
ウォーミングアップ

　次のキーワードで日本語の資料を調べ、関連知識、語彙を前もってインプットしてください。その後、調べた情報や知識を授業の初めにクラスメートに紹介してください。（毎回3、4人の学生に発表してもらう。）

キーワード

ハイテク、AI（人工知能）、自動運転、無人決済

したがき　シート

 予備知識（ビデオを見る前に覚える単語リスト）

冒険（ぼうけん）	⓪	冒险
水星（すいせい）	⓪	水星
探査機（たんさき）	③	探測器
ギアナ	①	圭亚那（南美洲国名）
磁気圏（じきけん）	②	磁力圏
ロケット	②①	火箭
磁場（じば）	①②	磁场
惑星（わくせい）	⓪	行星
追跡（ついせき）	⓪	追踪，跟踪，追缉
ゾーン	①	地域，区域，范围
ディスプレー	④①③	展示，展览；显示装置

079

電子マネー（でんしマネー）	④	电子货币
会計（かいけい）	⓪	结账，付款
ハンドル	⓪	方向盘；把手
入力（にゅうりょく）	⓪	输入（数据）
照合（しょうごう）	⓪	对照，核对
遠隔（えんかく）	⓪	远隔，远离
制御（せいぎょ）	①	驾驭，支配，控制，操纵
走行（そうこう）	⓪	行驶
ドライバー	②	司机，驾驶员
監視（かんし）	⓪	监视
公道（こうどう）	⓪	公道，正义；公路
コンサルティング	③	咨询
資質（ししつ）	⓪	资质，素质，秉性
見極める（みきわめる）	⓪④	看清，看透；弄清楚，辨别出
特化（とっか）	⓪①	特殊化，专门化
鋭い（するどい）	③	尖锐的；敏锐的
たじたじ	⓪①	畏缩，招架不住，理屈词穷
瞬時（しゅんじ）	①	瞬时，瞬间
エントリーシート	⑥	应聘申请表
スタッフ	②	职员；成员；（演员、播音员以外的）制作人员
見抜く（みぬく）	⓪②	看透，看穿

ステップ2
視　聴

ビデオ①　日本初の水星探査機打ち上げ

内容確認：

ビデオを見て、正しい答えを一つ選んでください。

（　　）1. これからの7年間探査機「みお」は何をする予定ですか。

| A. 地球の磁場を観測する   B. 水星の磁気圏を観測する
| C. 水星に向かう   D. 太陽の惑星を観測する
(　　) 2. なぜ水星の探査は難しいとされているのですか。
| A. 到達するまで7年間もかかるから   B. 水星まで88億キロもあるから
| C. 磁場があるから   D. 太陽に一番近いから

発展練習：
次の質問に自分の言葉で答えてください。
1. 水星探査機「みお」の目的は何ですか。
2. 人間が宇宙を探査する意義は何だと思いますか。

ビデオ② 駅の売店「無人決済」JR東が実証実験へ

内容確認：
ビデオの内容と合うように、次の文を完成させてください。
1. JR東日本は、AIを活用して、＿＿＿＿＿＿＿＿＿＿＿＿＿実証実験を明日から始めます。
2. 天井に取り付けられたカメラで利用者を追跡し、＿＿＿＿＿＿＿＿＿＿＿＿＿で手に取った商品を認識します。
3. JR東日本は、＿＿＿＿＿＿＿＿＿＿＿＿＿での導入も見越して実用化を検討しています。

発展練習：
次の質問に自分の言葉で答えてください。
1. 「無人決済」のメリットは何ですか。
2. 「無人決済」の売店ではどのように決済するのですか。

ビデオ③ 全国初　複数の車を同時に遠隔監視運転　愛知　豊橋

内容確認：
ビデオの内容と合っていれば〇、違っていれば×をつけてください。
(　　) 1. 実験に使われた車は1.5キロのコースを同時に同じ方向に走りました。
(　　) 2. 2台の車は不測の事態があった時自ら自動的に制御します。

発展練習：
次の質問に自分の言葉で答えてください。
1. 車の自動運転の仕組みはどうなっていますか。
2. 自動運転は私たちの生活にどんな影響をもたらすと思いますか。

ビデオ④　「AI面接官」爆誕！　就活女子もたじたじ

内容確認：

ビデオを見て、下線に適当な言葉を書いてください。

こちらは人材採用コンサルティングなどを行う企業が開発したAI面接サービス。　　(1)　　見極めることに特化しています。

「困難な状況を乗り越えたという経験はありますか。」（スマートフォンからの質問）

「はい、あります。」（大学生）

「その苦労や困難はどのような状況だったのですか。」（スマートフォンからの質問）

初めは順調にAI面接官の質問に答えていきます。しかし。「その提案をしようと思った理由を、もう少し詳しくお話しください。」（スマートフォンからの質問）

「えー。詳しく…」（大学生）

AIの鋭い質問にたじたじ。

このAI面接、　　(2)　　でできています。まずは「会話するAI。」次に「答えを文字にするAI」、3つ目が「適切な質問を選ぶAI」です。これらを瞬時に処理しています。

　　(3)　　を受けず、優秀な人材に出会いたいと願う企業の声から開発。応募時の　　(4)　　や　　(5)　　など、初期段階での　　(6)　　を減らすことができます。すでに60社ほどから問い合わせがあり、来年度、　　(7)　　がこのAI面接を受けることになりそうです。

面接時間は短い人で60分ほど。この学生の場合、126問、85分にも及びました。受けてみた感想は？

「紙1枚よりは、こっち側の情報を向こうが検討してくれているっていいと思います。」（大学生）

AI面接後には　　(8)　　が作成され、採用する側の判断材料となります。しかし。「AIは　　(9)　　ものではないということですね。この人と一緒に働きたいか思うかどうか、人が　　(10)　　見抜くべきものだと思っております。」（タレントアンドアセスメント　山﨑俊明代表取締役）

発展練習：

次の質問に自分の言葉で答えてください。

1. 会社側がAIで面接をする理由は何ですか。
2. AIの面接官と人間の面接官、どちらのほうがいいと思いますか。

ステップ3
宿　題

1. ビデオ⑤を視聴した後、グループに分かれて自分たちでテーマを設定し、それについてディスカッションしてください。
2. 4つのビデオの内容を自分の言葉で要約し、録音して担当の先生に提出してください。
3. 次の課のステップ1の準備をして次の授業で発表してください。

心理健康

第16課

ガイダンス

　この課では心の健康に関する映像を見ながら、心の健康に関する日本語の語彙や表現を学び、十分に聞き取ることや表現することができるようになることを目指します。

　私たちの心と身体は密接に関連しながら、相互に影響を及ぼしあっています。心の健康状態が身体の健康状態に影響を及ぼすこともありますし、その逆もまたしかりです。さらに、私たちが社会で生きる存在である以上、私たちの心は社会状況や社会環境の影響を受けずにはいられません。つまり、日本の心の健康問題を観察するためには、日本人の身体の健康問題（第16課と第17課で学びます）について押さえておくだけではなく、日本社会の状況や背景についても把握しておく必要があるということです。

　したがって、この課で扱われている心の健康に関する映像を見る際には、医療や福祉、身体の健康問題に関する知識だけではなく、日本社会の状況や問題点についても自分なりに把握しておくようにしましょう。

ステップ1 ウォーミングアップ

次のキーワードで日本語の資料を調べ、関連知識、語彙を前もってインプットしてください。その後、調べた情報や知識を授業の初めにクラスメートに紹介してください。(毎回3、4人の学生に発表してもらう。)

キーワード

覚醒剤、精神疾患、アルコール依存症、ひきこもり

したがき　シート

 予備知識(ビデオを見る前に覚える単語リスト)

覚醒剤（かくせいざい）	③	興奮剤
起訴（きそ）	①②	起诉
公判（こうはん）	⓪	公审
依存症（いぞんしょう）	⓪	依赖症
希薄（きはく）	⓪	缺乏，不足
論告（ろんこく）	⓪	（检察员的）总结发言
顕著（けんちょ）	①	显著
再犯（さいはん）	⓪	再犯
懲役（ちょうえき）	⓪	徒刑
求刑（きゅうけい）	⓪	求刑，请求处刑
執行（しっこう）	⓪	执行

猶予（ゆうよ）	①	缓期
言い渡す（いいわたす）	④	宣告
労災（ろうさい）	⓪	工伤
発症（はっしょう）	⓪	出现病症
適応障害（てきおうしょうがい）	⑤	适应障碍
病棟（びょうとう）	⓪	病房楼，住院楼
冒頭陳述（ぼうとうちんじゅつ）	⑤	起始陈述
患う（わずらう）	⓪③	患病
喪失（そうしつ）	⓪	失去，丧失
復帰（ふっき）	⓪	回归，重回
ハードル	⓪	障碍，困难；跳栏，栏架
コンビ	①	搭档
男爵（だんしゃく）	①⓪	男爵

ステップ2
視　聴

ビデオ① 高橋祐也被告　"覚醒剤使用"認める

内容確認：

ビデオを見て、正しい答えを一つ選んでください。

（　　）1. 高橋祐也被告はどんな罪を犯しましたか。
　　A．殺人罪　　　　　　　　　　B．窃盗罪
　　C．詐欺罪　　　　　　　　　　D．覚醒剤をつかった罪

（　　）2. 検察側はどのぐらいの期間の懲役を求刑しましたか。
　　A．2年6か月　　B．執行猶予　　C．13日　　D．9か月

発展練習：

次の質問に自分の言葉で答えてください。
1. ビデオの内容から、高橋祐也被告についてわかったことを話してください。
2. 検察側と弁護側それぞれの主張は何ですか。

心理健康 >>> 第16課

ビデオ② 塾大手「ステップ」で労災認定、48日連続勤務で精神疾患

内容確認：
ビデオの内容と合うように、次の文を完成させてください。
1. 教室長をしていた男性が_____を発症しました。
2. 男性が_____と認められました。
3. 男性は_____日間休日なしで勤務が続きました。
4. 会見に同席した弁護士は「_____が蔓延していることが示された」としています。

発展練習：
次の質問に自分の言葉で答えてください。
1. 「労災」について、あなたの考えを話してください。
2. 「適応障害」とはどんな病気なのかをクラスメートに説明してください。

ビデオ③ 精神科病院で入院患者が別の患者を殺害…争点は「責任能力」 高松地裁で裁判員裁判

内容確認：
ビデオの内容と合っていれば○、違っていれば×をつけてください。
（　　）1. 田中信行被告はアルコール依存症の治療が終わりました。
（　　）2. 判決は今月24日に言い渡されます。

発展練習：
次の質問に自分の言葉で答えてください。
1. 田中被告はどんな疾患を患いましたか。
2. 田中被告が罪に問われているのは何をしたからですか。

ビデオ④ ひきこもりの人に社会復帰してもらうには

内容確認：
ビデオを見て、下線に適当な言葉を書いてください。

　およそ80から90万人にのぼるとみられる中高年のひきこもり。昨夜の深層ニュースでは、長期化・高齢化したひきこもりの人に社会復帰してもらうには、何が必要かを議論しました。

　「（社会復帰への）___(1)___としては、とりあえずお金を___(2)___という経験をしてもらう。ちょっと稼いでもらって、自信をつけたら、次は実際に___(3)___に行って試してみる。___(4)___にやっていくこともあっていいと思いますね。」（精神科医 斎藤環氏）

「ひきこもりが長引くと自然と___(5)___をめちゃめちゃ上げるんですよ。やっぱり。あのすごい者になりたいというか、まあ、あるいは、普通になりたいと思っても普通ってだいぶ___(6)___が高い状態ですから、ひきこもりの人からすると。あんまり遠くに高くに___(7)___を置かずに、もう本当にもうちょっとだけ、この紙をこうするぐらい、きょうはこれだけぐらいの___(8)___で積み上げていった方が、たぶんゴールは近くなる。」(山田ルイ53世氏)

10代の頃、6年間自宅にひきこもっていた___(9)___を持つお笑いコンビ「髭男爵」の山田ルイ53世さんは、家族や社会の支援も大事だが、自らが動く気持ちがないと___(10)___は変わらないと指摘しました。

発展練習：
次の質問に自分の言葉で答えてください。
1.「ひきこもり」について、あなたが知っていることをクラスメートに話してください。
2. ひきこもりの人に社会復帰してもらうには何が必要ですか、クラスメートと議論してください。

ステップ3
宿　題

1. ビデオ⑤を視聴した後、グループに分かれて自分たちでテーマを設定し、それについてディスカッションしてください。
2. 4つのビデオの内容を自分の言葉で要約し、録音して担当の先生に提出してください。
3. 次の課のステップ1の準備をして次の授業で発表してください。

健康管理

第 17 課

ガイダンス

　この課では健康管理に関する映像を見ながら、健康管理に関する日本語の語彙や表現を学び、十分に聞き取ることや表現することができるようになることを目指します。

　私たちの健康に問題が生じた時のため、幅広くきめ細かな医療福祉制度を保障するのが国や自治体の役割だとするならば、日頃から自分の心身を健康に保つことは、ほかならぬ私たちの役割です。しかし、個人にできる健康維持や対策には限りがあります。健康問題は就労環境や居住問題などの社会構造と切っても切れない関係にあるからです。

　この課で扱っている映像では、私たちが個人として自身の健康管理を効率よく行うためのサポートとして、官公庁や企業によって行われている社会的取り組みが紹介されています。映像を見ながら、健康管理に対して私たち個人ができることにはどんなものがあり、社会全体で取り組むべきものとして何が求められるか、個人と社会という二つの視点から考えてみましょう。

ステップ1 ウォーミングアップ

次のキーワードで日本語の資料を調べ、関連知識、語彙を前もってインプットしてください。その後、調べた情報や知識を授業の初めにクラスメートに紹介してください。（毎回3、4人の学生に発表してもらう。）

キーワード

保険、ヨガ、厚生労働省、ストレッチ、有酸素運動、予防接種

したがき　シート

予備知識（ビデオを見る前に覚える単語リスト）

住友生命（すみともせいめい）	⑤	住友生命（日本保険公司）
増進（ぞうしん）	⓪	増進，増強
ウォーキング	⓪	健走，快走
ウエアラブル	①	可佩戴的
端末（たんまつ）	⓪	终端；终端装置
スターバックス	④	星巴克
ローソン	①	罗森便利店
特典（とくてん）	⓪	优惠条件
囲い込み（かこいこみ）	⓪	包围进去
ナイトヨガ	④	夜间瑜伽
不祥事（ふしょうじ）	②	不体面的事；不幸的事；不吉利的事

筋トレ（きんトレ）	⓪	肌肉锻炼
ストレッチ	③	伸展体操
三日坊主（みっかぼうず）	④	三天打鱼，两天晒网
有酸素運動（ゆうさんそうんどう）	⑥	有氧运动
兆し（きざし）	⓪	先兆，预兆
はしか	③	麻疹
麻しん（ましん）	⓪	麻疹
ウイルス	②①	病毒
斑点（はんてん）	③⓪	斑点
発疹（はっしん/ほっしん）	⓪	出疹子
合併症（がっぺいしょう）	⓪③	并发症
接種（せっしゅ）	①⓪	接种
抗体（こうたい）	⓪	抗体

ステップ2
視　聴

ビデオ①　運動や健康診断で保険料がお得に…競争激化

内容確認：

ビデオを見て、正しい答えを一つ選んでください。

（　　　）1. 住友生命の新しい保険はどんな保険ですか。
　　A. ジョギングすると保険料が安くなる保険
　　B. 塾に通うと保険料が安くなる保険
　　C. 運動をすると保険料が安くなる保険
　　D. 健康診断の結果を提出すると保険料が安くなる保険

（　　　）2. 住友生命が発表した保険は最大どのぐらい安くなりますか。
　　A. 30%　　　　　　　　　　　　　　B. 50%
　　C. 安くならないが、特典がある　　D. 獲得したポイント次第

発展練習：

次の質問に自分の言葉で答えてください。

1. 「健康増進型の保険」はどういうものですか。
2. 住友生命が発表した保険の仕組みをクラスメートに説明してください。

ビデオ②　神宮球場で1300人が「ナイトヨガ」

内容確認：
ビデオの内容と合うように、次の文を完成させてください。
1. ＿＿＿＿＿＿＿＿＿＿＿＿＿＿しようと、1300人が神宮球場で「ナイトヨガ」を行いました。
2. この「ナイトヨガ」は、＿＿＿＿＿＿＿＿＿＿＿＿＿＿がスポーツ庁と連携して行っているイベントの一つです。
3. 調査によりますと、20代30代の女性で「＿＿＿＿＿＿＿＿＿＿＿＿＿＿」と答えたのは一割未満です。
4. 普段は入ることができない神宮球場の＿＿＿＿＿＿＿＿＿＿＿＿＿＿におよそ1300人が集まり、ヨガを行いました。

発展練習：
次の質問に自分の言葉で答えてください。
1.「ナイトヨガ」は何を目指しますか。
2.「ヨガ」について知っていることをクラスメートに紹介してください。

ビデオ③　要介護を防げ！　筋トレを習慣化するには

内容確認：
ビデオの内容と合っていれば○、違っていれば×をつけてください。
（　　）1. 筋トレを習慣化するには毎日しなければなりません。
（　　）2. 痩せるためには、ストレッチと筋力トレーニングをすればいいです。

発展練習：
次の質問に自分の言葉で答えてください。
1. ビデオ中の「三日坊主」とはどんな意味で使われているでしょうか。
2. 運動を習慣にするにはどんないい方法がありますか、クラスメートと議論してみてください。

ビデオ④　働き盛りに流行の兆し？「はしか」対策とは

内容確認：
ビデオを見て、下線に適当な言葉を書いてください。
その後、口の中に白い斑点ができ、＿＿＿(1)＿＿＿から赤い発疹が全身に広がるのが

___(2)___です。はしかは感染力が強く、重症化すると40度以上の高熱や、肺炎などの___(3)___で死に至ることも。

子どもがかかると思いがちなはしか。しかし現在、___(4)___している人たちは…

「いまは75％〜80％程度の人が、大人が発症している、そんな状況です。」（多屋馨子室長）

特に、___(5)___の20〜49歳がかかる場合が多いといいます。今回、大人の感染が増えている理由、それは「予防接種」の___(6)___にありました。現在、厚生労働省では、はしかの予防接種を2回受けると、ほぼ確実に予防できるとしています。しかし、年代ごとに見ると、現在28歳以下の人たちは予防接種を2回受けていますが、28〜45歳までの人たちは1回しか受けていないことが多く、___(7)___が十分ではないことも。一方、45歳以上の人たちは定期___(8)___のない時代なのですが、知らないうちに感染し、___(9)___をもつ場合も多いのだそうです。予防接種の回数は、___(10)___確認できます。

発展練習：

次の質問に自分の言葉で答えてください。

1.「はしか」はどんな病気なのか、あなたが知っていることをクラスメートに話してください。

2.「はしか」予防の対策は何か、自分の言葉でまとめて発表してください。

ステップ3
宿　題

1. ビデオ⑤を視聴した後、グループに分かれて自分たちでテーマを設定し、それについてディスカッションしてください。

2. 4つのビデオの内容を自分の言葉で要約し、録音して担当の先生に提出してください。

3. 次の課のステップ1の準備をして次の授業で発表してください。

現代健康問題

第18課

ガイダンス

　この課では現代健康管理に関する映像を見ながら、現代健康管理に関する日本語の語彙や表現を学び、十分に聞き取ることや表現することができるようになることを目指します。

　スマートフォンなどの電子機械の使用過多による視力低下や、運動不足や食習慣の変化による生活習慣病など、社会環境、生活背景の変化によって、以前には存在しなかった新しい問題が生まれてきています。一方で、日本における結核のように、以前には重大な問題とされていたものが医療の発達で問題とみなされなくなり、人々の注意や対策が疎かになったことで却って問題として再登場することもありえます。つまり、健康問題とは固定化され変わらないものではなく、時代状況や社会環境、問題への私たちの対策に応じて、常に姿かたちを変え続けるものなのです。

　この課では現在の日本における健康問題や、その対策に関する映像を扱っています。現在の健康問題をおさえるだけではなく、将来的にどのような問題が新たに生じるだろうかということも考えながら、映像を見てみましょう。

現代健康問題 ▶▶▶ 第18課

ステップ1
ウォーミングアップ

次のキーワードで日本語の資料を調べ、関連知識、語彙を前もってインプットしてください。その後、調べた情報や知識を授業の初めにクラスメートに紹介してください。（毎回3、4人の学生に発表してもらう。）

キーワード

認知症、データベース、インナーマッスル、結核、秋バテ

したがき　シート

 予備知識（ビデオを見る前に覚える単語リスト）

データベース	④	数据库
大腸（だいちょう）	①	大肠
前立腺（ぜんりつせん）	⓪	前列腺
インナーマッスル	⑤	深层肌肉
認知症（にんちしょう）	⓪	认知障碍；痴呆症
活性化（かっせいか）	⓪	活性化；激活
芯（しん）	①	正中间，位于中心之物
腰痛（ようつう）	⓪	腰疼
結核（けっかく）	⓪	结核
感染（かんせん）	⓪	感染
発端（ほったん）	⓪	开始，开端

衰弱（すいじゃく）	⓪	衰弱
重症（じゅうしょう）	⓪	重病
秋バテ（あきバテ）	⓪	苦秋（身体不适应秋天的气候而虚弱）
猛暑（もうしょ）	①	酷暑
寒暖（かんだん）	⓪	寒暑，冷暖
けん怠（けんたい）	⓪	倦怠
症候群（しょうこうぐん）	③	综合病症
ぜんそく（喘息）	⓪	哮喘
うつ病（うつびょう）	⓪	抑郁症，忧郁症
代謝（たいしゃ）	①⓪	代谢
生姜焼き（しょうがやき）	⓪	生姜烧，姜汁浇肉（用加入姜汁的酱汁淋在腌制的肉上烤制而成，食材多采用猪肉，是日本特有的料理）
ポリフェノール	④	多酚

ステップ2 視 聴

ビデオ① 「全国がん登録」がん患者は約99万5千人

内容確認：

ビデオを見て、正しい答えを一つ選んでください。

（　）1. 2016年にがんと診断された人は何人でしたか。

　　A. 99万5 000人　　　　　　　　B. 99万5 132人

　　C. 89万1 445人　　　　　　　　D. 2万4 000人

（　）2. がんと診断されたケースを部位別に多かった順に並べたものとして、正しい選択肢はどれですか。

　　A. 大腸、胃、肺、乳房、前立腺　　B. 大腸、胃、前立腺

　　C. 乳房、大腸、胃　　　　　　　　D. 胃、肺、乳房、前立腺

発展練習：

次の質問に自分の言葉で答えてください。

1.「全国がん登録」制度について、わかったことをクラスメートに説明してください。

2. 2014年、2015年、2016年にがんと診断された人はそれぞれどのぐらいでしたか。

ビデオ② 認知症予防に効果も！インナーマッスル運動

内容確認：
ビデオの内容と合うように、次の文を完成させてください。

1. インナーマッスルを動かすことで_____にも効果があると指摘されました。

2. 普通に体を小さく動かすよりは_____、深いところの筋肉を動かした方が、脳により血液がいって、脳が活性化します。

3. 認知症の予防として運動を行うなら、_____を使う運動が一番いいといわれています。

4. 体の芯に当たるインナーマッスルを鍛えることで_____の予防にもつながると小林寛道氏は説明しました。

発展練習：
次の質問に自分の言葉で答えてください。

1. インナーマッスルと呼ばれる筋肉はどんな筋肉ですか、クラスメートに説明してください。

2. インナーマッスルを使う運動にはどんなメリットがありますか。

ビデオ③ 結核、都内病院で集団感染2人死亡 感染拡大防ぐには？

内容確認：
ビデオの内容と合っていれば〇、違っていれば×をつけてください。

(　　) 1. 結核の集団感染の原因は、60代の男性が全身衰弱で緊急入院し、肺結核と診断されたことです。

(　　) 2. せき、たん、熱がでるような全身的な症状、すごくだるさがあったり、食欲がなくなるなどといったものが結核の症状です。

発展練習：
次の質問に自分の言葉で答えてください。

1. 結核の集団感染の発端と原因はそれぞれ何ですか。

2. 結核とはどんな病気か、知っていることをクラスメートに説明してください。

ビデオ④　風邪？体調が悪い？それ「秋バテ」かも…

内容確認：

ビデオを見て、下線に適当な言葉を書いてください。

この7個のうち3個以上＿＿(1)＿＿人は、注意が必要なんだそうです。

秋バテの症状が＿＿(2)＿＿すると、過敏性腸症候群やぜんそく、季節性＿＿(3)＿＿を発症する場合も。では、どのように対策すればよいのでしょうか。

大谷先生によると「服装」「食事」「＿＿(4)＿＿」の3つのポイントがあるといいます。

「いまは＿＿(5)＿＿が激しい季節ですので、1枚ストールなど羽織る物を持って出かけていただくこと…」（大谷義夫院長）

そして、つづいては食事面です。血管を＿＿(6)＿＿し、血流をよくするとされるタマネギをとってください。そして、豚肉はエネルギーの代謝を促します。「生姜焼きとかよさそう」うん、まさにその通り、「冷え」対策には、ショウガや＿＿(7)＿＿をとることで体があたたまります。「ぴったりだ、生姜焼き」さらに、この時期＿＿(8)＿＿にできるのが、牛乳で溶かした温かいミルクココア。血管拡張作用のあるポリフェノールや、牛乳の＿＿(9)＿＿が一緒にとれるので、オススメなのだそうですよ。

そして、「お風呂の入り方、おすすめは＿＿(10)＿＿の1時間前に39℃程度のお風呂に10〜15分つかるということ。」（大谷義夫院長）

発展練習：

次の質問に自分の言葉で答えてください。

1.「秋バテ」とはどんな症状かについてクラスメートに説明してください。
2.「秋バテ」の対策について、述べてください。

ステップ3　宿題

1. ビデオ⑤を視聴した後、グループに分かれて自分たちでテーマを設定し、それについてディスカッションしてください。
2. 4つのビデオの内容を自分の言葉で要約し、録音して担当の先生に提出してください。
3. 次の課のステップ1の準備をして次の授業で発表してください。

社会福祉

第 **19** 課

ガイダンス

　この課では社会福祉に関する映像を見ながら、社会福祉に関する日本語の語彙や表現を学び、十分に聞き取ることや表現することができるようになることを目指します。

　現在の日本は65歳以上の人口が総人口の29％を超える、「超高齢社会」に突入しています。同時に少子化も進み、総人口そのものが減少している国です。また、社会福祉の領域では、高齢者福祉以外にも、子育て環境をいかに整備し充実させるかという児童福祉の問題や、障害者に対する支援を巡る課題など、対策が求められている問題が数多く存在しています。

　このような状況にある日本の社会福祉を巡る動きについて観察することは、日本への理解につながるだけではなく、みなさんが「私たちの社会福祉はどうあるべきか」という根本問題を考える際の参考にもなります。

　この課では映像を見ながら、社会福祉について自分なりの考えを探ってみましょう。

ステップ1
ウォーミングアップ

次のキーワードで日本語の資料を調べ、関連知識、語彙を前もってインプットしてください。その後、調べた情報や知識を授業の初めにクラスメートに紹介してください。（毎回3、4人の学生に発表してもらう。）

キーワード

吃音、障害者、水増し、無償化、育児休暇、虐待防止法

したがき　シート

 予備知識（ビデオを見る前に覚える単語リスト）

吃音（きつおん）	⓪	口吃，结巴
ポジティブ	①	积极的
さつまいも（薩摩芋）	⓪	甘薯，番薯
ペースト	①⓪	泥，酱
トッピング	⓪	（菜肴和点心的）装饰配品
歯ごたえ（はごたえ）	②	嚼劲
発起人（ほっきにん）	⓪	发起人
増改築（ぞうかいちく）	③	增建和改建
障害者（しょうがいしゃ）	③	残疾人
水増し（みずまし）	⓪	弄虚作假
検証（けんしょう）	⓪	查验；核实
算入（さんにゅう）	⓪	计入，算入

浮き彫り（うきぼり）	⓪	刻画；突出；浮雕（作品）
矯正（きょうせい）	⓪	矫正
裸眼（らがん）	⓪	裸眼
恣意的（しいてき）	⓪	恣意的，放纵的
慣行（かんこう）	⓪	惯例；例行
無償（むしょう）	⓪	免费，不收费
待機（たいき）	①⓪	等待，伺机
ツイッター	⓪	推特
ベビーシッター	④	保姆（父母外出时，临时雇用的照顾小孩的保姆）
他人事（ひとごと）	⓪	闲事，他人之事
ほど遠い（ほどとおい）	⓪③	相距甚远的
テレワーク	③	远程办公
バックアップ	④	支持，扶植
風潮（ふうちょう）	⓪	潮流，风潮；时势

ステップ 2
視　聴

ビデオ①　店員は吃音の若者

内容確認：

ビデオを見て、正しい答えを一つ選んでください。

（　　　）1. 北海道で初めて 1 日限定で開かれたカフェの名は次のどれですか。
　　A. 注文で時間がかかるコーヒー
　　B. 注文で時間がかかるカフェ
　　C. 注文に時間がかかるコーヒー
　　D. 注文に時間がかかるカフェ

（　　　）2. 吃音の症状は何を使って表現されていますか。
　　A. アイスコーヒー
　　B. 歯ごたえのあるさつまいものお菓子
　　C. コーヒーのメニュー

D.「夢は叶う」と書いてあるポスター

発展練習：
次の質問に自分の言葉で答えてください。
1. 奥村亜莉沙さんはなぜ吃音のカフェを開いたのですか。
2. 吃音のお客さんはこのカフェからどんな激励をもらいましたか。

ビデオ②　障害者雇用水増し28機関で3 700人分に

内容確認：
ビデオの内容と合うように、次の文を完成させてください。
1. 検証の結果、＿＿＿＿＿＿＿＿＿＿＿＿＿でした。
2. 報告書では2番目に水増しが多いのは＿＿＿＿＿＿＿＿＿＿＿＿＿です。
3. そのほか、＿＿＿＿＿＿＿＿＿＿＿＿＿での水増しも多いです。
4. 本来は矯正視力で0.1以下の人が対象となるにもかかわらず、＿＿＿＿＿＿＿＿＿＿＿＿で算入するなどしていました。

発展練習：
次の質問に自分の言葉で答えてください。
1. 障害者雇用の水増し問題は、主にどんな機関に存在していますか。
2. 視覚障害者については、どのような水増しが行われましたか。

ビデオ③　「無償化」より「待機児童解消」優先が8割

内容確認：
ビデオの内容と合っていれば○、違っていれば×をつけてください。
（　　）1. 今年の衆院選で政府が「幼児教育の無償化」を打ち出しました。
（　　）2.「待機児童」についての意見交換会が行われ、参加者からは、「社会全体の問題という意識が必要だ」「保育士の負担軽減のためにもベビーシッターなどの活用も考えるべき」といった声があがりました。

発展練習：
次の質問に自分の言葉で答えてください。
1. 何に関するアンケートが行われましたか。その結果はどのようなものでしたか。
2. ニュースによれば、何についての意見交換会が行われましたか。その中でどんな声が上がりましたか。

社会福祉　　第19課

ビデオ④　男性の育児休暇　理想と現実　10月19日は「イクメンの日」

内容確認：

ビデオを見て、下線に適当な言葉を書いてください。

1日も取っていない人が65％。厳しい現実が、明らかになりました。10月19日は、「トウサン（父さん）」「イクジ（育児）」で、「___(1)___」。イクメンといえば、フリマアプリ「メルカリ」の小泉社長が、去年、およそ2か月の___(2)___を取り話題となりましたが、多くの男性にとって、長期の育休はまだ難しいのが現状のようです。

明治安田生命が、0歳から6歳までの子どもがいる___(3)___1 100人に行った調査で、「イクメン」の理想と現実が明らかに。男性に理想の育児休暇日数を聞いたところ、最も多かったのが「1か月以上3か月___(4)___」。それに対し、実際に育児休暇を取れた日数は、およそ65％が___(5)___と回答。次いで1日以上1週間未満が13.6％と、理想からは___(6)___結果となりました。

では、なぜ育児休暇を取らないのか、___(7)___を街で聞きました。

「仕事に穴を開けてしまうって抵抗ありますか。」（現場の記者）

「それはありますね。やっぱり、まあ、仕事も楽しいので、どうしても僕はそこは譲れないなというのがあります。やっぱり自分の仕事がどうしてもあるので、周囲の協力というよりは、まあ自分個人の問題なのかな…」（商社勤務　20代）

「ぜひ、活用したかったですね。今は、テレワークとかっていう新しい働き方も出てますので、必ずしも育休で完全に仕事を___(8)___っていう必要はないのかな…」（既婚　子ども2人　IT系　50代）

「（旦那に）取ってほしいですね。仕事で外せないときとかに、代わりになんか面倒見てもらえるとありがたいかなと…」（既婚　アパレル　40代）

「何人か取った人がその___(9)___でこう記事が出ているとか、見たことあります。1年間くらいたとえば取って、その男性ならではの苦労とか、いろいろあったけど、結論悪くないから、ほかの社員のかたもぜひ、取ってみてくださいみたいな。会社としてバックアップしてくれているなとは感じました。」（通信系　30代）

「実情、こう働いている人たちはそんな休んでる暇なんてないみたいな状況なので、上がいい意味でこう___(10)___みたいな風潮ができたら、いろんな会社で育休がもっと浸透というか、はやっていくんじゃないかな…」（メーカー勤務　20代）

発展練習：

次の質問に自分の言葉で答えてください。
1. 「イクメンの日」とはどういうものかをクラスメートに説明してください。
2. ニュースで紹介された調査の結果はどのようなものか、発表してください。

ステップ3
宿　題

1. ビデオ⑤を視聴した後、グループに分かれて自分たちでテーマを設定し、それについてディスカッションしてください。

2. 4つのビデオの内容を自分の言葉で要約し、録音して担当の先生に提出してください。

3. 次の課のステップ1の準備をして次の授業で発表してください。

社会問題

第20課

ガイダンス

　この課では社会問題に関する映像を見ながら、社会問題に関する日本語の語彙や表現を学び、十分に聞き取ることや表現することができるようになることを目指します。

　ある社会が何を以て「問題」としているかを観察することは、結局のところその社会そのものの意識や認識を深く考察することにつながります。

　この課で紹介されているのは、現在の日本における社会問題です。さまざまな「問題」を確認しながら、現在の日本社会の意識や認識についても深く考察してみましょう。

ステップ1 ウォーミングアップ

次のキーワードで日本語の資料を調べ、関連知識、語彙を前もってインプットしてください。その後、調べた情報や知識を授業の初めにクラスメートに紹介してください。（毎回3、4人の学生に発表してもらう。）

キーワード

生涯未婚、人手不足、サービス業、契約トラブル、高齢者介護、技能実習生

したがき　シート

 予備知識（ビデオを見る前に覚える単語リスト）

機運（きうん）	①⓪	时机，机会
醸成（じょうせい）	⓪	酿成；形成；造成
婚活（こんかつ）	⓪	（「婚姻活動」的省略）为了建立更加理想的婚姻而从事的活动
押しあげる（おしあげる）	④	提升，推举；往上推
人手（ひとで）	⓪	人手
シンクタンク	④	智囊班子，智囊团
試算（しさん）	⓪	估算；试算，概算
推計（すいけい）	⓪	推测，计算
卸売り（おろしうり）	⓪③	批发
就労（しゅうろう）	⓪	就业

106

寄せる（よせる）	⓪	集中，集合，召集；整理
ペース	①	进度，节奏
強引（ごういん）	⓪	硬干，蛮干
クーリングオフ	⑥	冷却期制度
プログラム	③	计划；节目
覚書（おぼえがき）	⓪	备忘录
署名（しょめい）	⓪	签名，署名
寄与（きよ）	①	赠送；贡献
創設（そうせつ）	⓪	创设，创办

ステップ2
視　聴

ビデオ① 東京都が「結婚について知事と語ろう！」

内容確認：

ビデオを見て、正しい答えを一つ選んでください。

（　　）1. 国の機関の調査では、未婚者のうち「いずれ結婚するつもり」と答えた人はどのぐらいを占めていますか。

　　　　A. 3割　　　　B. 6割　　　　C. 9割　　　　D. 半分

（　　）2.「婚活」という言葉は誰によって作られたものですか。

　　　　A. 小池知事　　B. 人気タレントら　C. 企業の社長　　D. 大学教授

発展練習：

次の質問に自分の言葉で答えてください。

1. 小池知事や人気タレントらはそれぞれなんといったのか、自分の言葉で要約してクラスメートに紹介してください。

2. ニュースによれば、結婚支援に積極的に取り組む方策として具体的に何がありますか。

ビデオ② 2030年の人手不足は644万人　サービス業が深刻

内容確認：

ビデオの内容と合うように、次の文を完成させてください。

1. ＿＿＿＿＿＿＿＿＿＿＿＿＿＿をもとに試算したところ、全国で644万人の人手不足が生じると言われています。
2. 都道府県別で最も不足が生じるのは＿＿＿＿＿＿＿＿＿＿＿＿＿＿です。
3. 産業別で人手不足が最も生じるのは＿＿＿＿＿＿＿＿＿＿＿＿＿＿となっています。

発展練習：
次の質問に自分の言葉で答えてください。
1. 2030年には、人手不足が去年と比べてどうなりますか。
2. 人手不足解消の対策としては何がありますか。

ビデオ③　「解約できない」スポーツジム契約トラブル増加

内容確認：
ビデオの内容と合っていれば○、違っていれば×をつけてください。
（　　）1. 全国の消費生活センターなどに寄せられたスポーツジムに関する相談は今年度より昨年度の方が多いです。
（　　）2. 被害額が100万円を超えるケースは5年間で270件以上もありました。

発展練習：
次の質問に自分の言葉で答えてください。
1. 全国の消費生活センターなどに寄せられたスポーツジムに関する相談は具体的にどんなものですか。
2. 国民生活センターは何と注意を呼びかけましたか。

ビデオ④　日中が協力へ…高齢者介護に関わる人材育成

内容確認：
ビデオを見て、下線に適当な言葉を書いてください。
　民間の＿＿（1）＿＿の団体などがつくる＿＿（2）＿＿プログラム委員会によりますと、去年11月、＿＿（3）＿＿が外国人技能実習制度の対象に追加されたことに対応するため、中国人＿＿（4）＿＿の受け入れ体制などについて検討を重ねてきました。そして今日、中国民政省の監督下にある＿＿（5）＿＿との間で覚書に署名し、今後、＿＿（6）＿＿の育成を巡って＿＿（7）＿＿していくことで合意しました。
　「中国より優秀な実習生を日本に受け入れさせていただいて、そして日本の＿＿（8）＿＿を学んでいただいてですね、中国にもどり中国の、中国介護の＿＿（9）＿＿にですね、＿＿（10）＿＿していただきたいなあというふうに強く考えております。」（日中介護プログラム実習委員会　伊藤重来委員長）
　高齢化は日本のみならず中国でも大きな問題になっています。日本側は、実習生が

学んだ介護技術を中国に戻ってもいかせるよう、中国側と協力して民間の資格を創設したい考えなどを伝えました。

発展練習：
次の質問に自分の言葉で答えてください。
1. なぜ中国人実習生の受け入れ体制などについて検討を重ねてきたのですか。
2. 日本と中国の団体はどんなことで合意しましたか。

ステップ3
宿　題

1. ビデオ⑤を視聴した後、グループに分かれて自分たちでテーマを設定し、それについてディスカッションしてください。
2. 4つのビデオの内容を自分の言葉で要約し、録音して担当の先生に提出してください。
3. 次の課のステップ1の準備をして次の授業で発表してください。

スクリプト

第1課　天気

ビデオ①　命に関わる危険な暑さ続く　京都39度予想

　昨日は各地で猛烈な暑さとなりましたが、今日も東日本と西日本は命に関わる危険な暑さが続く見込みです。熱中症に厳重に警戒してください。

　今日も日本付近は広く夏の高気圧に覆われて、朝から各地で気温が高く、午前11時までの最高気温は名古屋で36度、広島で35度など、既に35度を超えている所があります。

　このあとも気温はさらに上がり、日中の予想最高気温は京都で39度、甲府と岐阜で38度、名古屋、大阪などで37度となっています。明日以降も西日本を中心に35度以上の危険な暑さが続く所が多くなりそうです。

　また夜間の気温も高いため、一日を通して冷房を使うなど熱中症には厳重な警戒を続けてください。

　一方、昨日、日本の南東海上で台風13号が発生しました。台風はこの後発達しながら北よりに進み、木曜日頃に本州に近づく可能性があります。進路の予想に幅があるため、今後の台風情報には十分ご注意ください。

ビデオ②　全国的に天気が下り坂　午後は、すっきりしない天気に

　9月24日、月曜日。今日は天気、下り坂に向かいそうです。

　天気の移り変わりを見ていきますと、今日午前中は晴れる所が多くなりそうですね。ただ、午後になると、雲が多くなって、夕方は北海道や四国、九州、関東北部などで、雨が降りやすくなります。さらに、夜は東北の日本海側や北陸などでも雨が降りやすくなりそうです。

　今日は中秋の名月の日ですが、夜晴れて、お月様が見られるのは極一部となりそうです。今日の予想最高気温は、札幌から那覇にかけては24度から31℃、大体昨日と同じぐらいの気温となるところが多くなりそうです。

　そして、台風24号は現在発達しながら、北西方向に進んで、あさって水曜日には沖縄の南の海上で猛烈な勢力へと変わる見込みです。予報円とても大きくて、進路ま

だ定まっていません。今週後半から来週にかけては、台風の列島への影響に注意をしてください。

ビデオ③　猛烈な台風、4日以降に接近・上陸の恐れも

　秋雨前線や湿った空気の影響で、西日本と東日本は断続的に雨が降っていて、午後も局地的な大雨に警戒が必要です。

　西日本と東日本は今日も大気の状態が不安定で、北九州市・八幡で33ミリなど、西日本を中心に激しい雨が降りました。このあと午後も九州北部や中国地方を中心に雷を伴い非常に激しい雨の降るおそれがあります。

　明日朝までの予想雨量は九州北部で180ミリなどとなっていて、土砂災害や低い土地の浸水などに厳重に警戒してください。

　一方、猛烈な台風21号が北上中です。現在、フィリピンの東海上にある猛烈な台風21号は、このあと進路を次第に北西から北よりに変えて、4日火曜日以降、日本列島にかなり接近、または上陸するおそれがあります。

　週明けから広い範囲で大きな影響が予想され、今後の台風情報には十分ご注意ください。

ビデオ④　「異常気象だ」東日本で「最も暑い7月に」

　気象庁は今日、東日本の7月の平均気温が観測史上、最も高くなったことを明らかにしました。気象庁は「異常気象だ」として、今後、詳しい要因を分析することにしています。

　気象庁によりますと、関東・北陸・東海の東日本では7月の平均気温が平年より2.8度高くなり、1946年に統計を取り始めてから最も暑かったことが分かりました。

　埼玉県の熊谷では、先月23日に国内の観測史上最高となる41.1度を記録、東京都心では、平均気温が平年より3.3度高くなりました。また、西日本でも、平年より1.6度高くなり、1994年に次いで観測史上2番目に高い気温となりました。

　気象庁は「異常気象だ」とした上で、「地球温暖化の影響も考えられる」と説明しています。

　気象庁は来週、専門家を集めて「異常気象分析検討会」を開き、記録的な暑さの要因を詳しく分析することにしています。

ビデオ⑤　大気不安定　台風26号は？

女：気象情報、南さんとお伝えします。
男：はい。
女：今朝は雨となっているところ、多くなっていますね。
男：そうですね。特に北日本から東日本にかけて、今日は雷や突風の発生するところもありますので、ご注意ください。「はい」（女）。午前3時の天気図ですが、ええ、

現在寒冷前線通過中でして、この寒冷前線の手前が暖かい南寄りの風、そして、寒冷前線の後ろでは冷たい北寄りの風が吹いていまして、大気の状態がかなり不安定になっています。「はい」（女）。ええ、現在ところどころで現在雷が発生しているという状態です。で、このあと、夜になりますと、寒冷前線自体は東の海上に移っていきますので、天気は徐々に快復に向かっていきますが、ただ、日本海側では、西寄りの風の強い状態続きまして、日本海側では夜にかけても雨の残るところがある見込みです。

　で、現在の雨雲の様子です。現在雨雲がこの北海道から近畿にかけて広がっています。小さいながらね、発達した雲もありまして、「そうですね」（女）雷も発生してところどころで現在強い雨が降っています。

　で、今日の雨の移り替わりです。えー、今日の午前中はこの北日本から東日本にかけて広い範囲で雨が降る見込みです。で、風は太平洋側では南の風、そして、日本海側では西寄りの風の強い状態が続く見込みです。そして、午後になると、東日本の太平洋側などは天気は回復に向かっていきますが、「はい」（女）。夕方頃はこの北海道の東部などで強く降るところも出てきそうです。で、夜になってもこの日本海側はまだ雨が残り、夜も日本海側では風は強い状態で続きますのでご注意ください。

　そして、南の海上に台風26号があります。「はい」（女）。ええ、中心部の最大風速50メートルで非常に強い台風なんですね。「そうですね」（女）。で、このあと、台風は西寄りの方向へ進む見込みです。「はい」（女）。まあ日本付近に大きな影響はないんですが、「ええ」（女）。太平洋側では台風からのうねりを伴った波が到達しますので、「はい」（女）。波の高い状態、まだしばらく続きますから十分注意をしてください。

第2課　災害

ビデオ①　西日本豪雨から1か月　捜索と復旧活動続く

　西、甚大な被害をもたらした豪雨から、今日で1か月です。被災地では現在、懸命な復旧活動が続いています。最も多くの犠牲者が出た広島から中継です。小野さん。

　「はい、厳しい暑さとなっています広島市安芸区矢野東地区です。甚大な被害が出たこの梅河ハイツという住宅団地では、6人の方がなくなりました。

　現場にはまだ大量の土砂やがれきが残っているんですが、復旧へ向け少しずつ動き出しています。広島県ではこれまでに108人が死亡し、1か月たった今も、6人の行方がわかっていません。今朝も、早くから懸命の捜索が続いています。復旧活動が行われている被災地にも多くの土砂が残り、生活再建はまだ道半ばです。」（リポーター）

　「（1か月は）僕の中では長かったですね。長かったですけど、苦しい、大変なもんではあるなかでも、この天応という町が元に戻れるようにして、力を貸せていけたら

いいなあと思います。」（天応めぐみ幼稚園　熊谷浄信園長）

　広島県内でも各自治体でボランティアセンターを開設していますが、人手が足りないと言う声が大きく聞かれます。復旧復興へ向けては長い道のりとなりそうです。

ビデオ②　千葉県東方沖で地震

　関東地方で地震が発生しましたのでお伝えします。

　11時13分頃千葉県東方沖を震源とする最大震度3の地震が発生しました。地震の規模を示すマグニチュードは4.7、震源の深さは約30 kmです。なお、この地震による津波の心配はありません。関東南部を中心に揺れを観測しました。

　では、地震の体感を見ていきましょう。

　番組をご覧の皆さんから地震の体感報告が届いています。関東南部は広く緑色弱い揺れ。震源地に近い千葉県ですと黄色の強い揺れや一部激しい揺れを感じたとコメントが届いています。揺れに関するご報告です。特に目立つのが黄色やオレンジ色。オレンジ色ですと東京都から神奈川県に多くなっています。ゆらゆら、酔いそうという揺れ。また震源地に近い千葉県ですと、ガタガタ、小刻みな揺れや、より震源に近いところでは、どんと突き上げるような揺れを感じたとコメントが届いています。

　詳しい地震に関する情報はウェザーニュースのアプリからもご確認いただけます。画面左下のメニューから減災・防災の項目の左上地震チャンネルです。ここでまず直近の地震情報が出てまいります。震度の詳細というところをタップすると、どこのエリアでどの程度の揺れだったのか一覧でご覧いただけます。

　また他の地震というところをタップしますと、これまでの地震情報をご覧いただけます。

　千葉県東方沖を震源とする地震については、今回の地震を含めまして今日で5度目となっています。え、この後も関東地方で揺れが発生する可能性もあります。この後もどうぞ気をつけてお過ごしください。また、お天気や地震に関する最新情報はアプリウエザーニュースでご確認いただけます。

ビデオ③　大阪北部地震　高槻市の小中学校で給食再開

　大阪北部地震で震度6弱を観測した高槻市では、今日から市内の小中学校で給食が再開されました。

　高槻市の富田小学校では、今回の地震の影響で、調理室などの床や壁に亀裂が入っています。これまで給食は休止されていましたが、11日ぶりに今日から再開されました。

　「いただきます。」（小学生たち）

　今日の献立は、具のないおにぎり1個とコッペパン1個、それに牛乳でした。学校によりますと、調理室が使えるようになるめどは立っていないため、しばらくの間は

簡易の給食が続くということです。

「幸せです。」（小学生）

「どんなとこがおいしかった?」（記者）

「塩味のきいているところが…」（小学生）

高槻市では、59の小中学校全てで今日から給食を再開しましたが、このうち4つの小学校では給食の調理ができないため、簡易の給食を提供したということです。

ビデオ④　36年ぶりに爆発的噴火の阿蘇中岳、その後は噴火なし

「阿蘇中岳上空です。中岳の火口からは、白い煙が上がっていますが、比較的穏やかな表情を見せています。」（白水正浩）

阿蘇中岳第一火口では一昨日36年ぶりに爆発的な噴火が発生し、気象庁は、火口から4キロの場所で直径7センチの噴石を確認しました。

これは、JNNが撮影した1か月前の様子で、火口内部には湯だまりができていました。一昨日の噴火の前まではあったという湯だまりは、噴火した後の気象庁の調査では確認されていません。爆発的噴火の後は噴火も発生せずに白い噴煙に変わり、連休中日の昨日からは、火口から3キロ離れた草千里で噴煙を眺めるいつも通りの観光地の姿を取り戻しています。ただ、気象庁は、今後も同じ程度の噴火が発生する恐れがあるとしています。

ビデオ⑤　南海トラフ地震で「臨時の情報」　住民が取るべき防災対応は

最大でマグニチュード9クラス、死者は32万人以上にも達すると想定されている南海トラフの巨大地震。震源域で一回り小さい地震が起きるなど、異常な現象が観測され、巨大地震が発生する可能性が高まった場合、気象庁は「臨時の情報」を発表するとしています。この「臨時の情報」が出されたら、自治体や住民はどう対応すればいいのか、検討が進められています。震源域の半分ほどが時間差でずれ動いた事例の一つが昭和東南海地震と昭和南海地震です。

「この被害は西南部日本全地域にわたり、さらに地震直後襲来した津波は沿海各地を襲い被害を一層大きくしました。」

昭和19年には東海の震源域の付近で、昭和東南海地震が発生、その二年後には西側の震源域で昭和南海地震が発生し、津波などで甚大な被害が出ました。江戸時代の1854年にも安政東海地震の32時間後に西側の震源域で安政南海地震が起きたとされています。こうした地震で「臨時の情報」をどう発表し、住民の命を守ることに繋げていくのか。今日示された国の検討会の素案では、まだ地震が起きていないほうの震源域に近い地域に「臨時の情報」を出すこととし、地震が起きてからでは、津波からの避難が間に合わない住民は一週間程度避難する必要があるなどとしています。検討会の結論は今年12月をめどにまとまる見通しです。

「当事者意識をもって、行動するっていうふうに変わらないとですね、えー、特に南海トラフ地震の場合は、えー行政だけではとても対応できないと。命を守り、生活を守るような対策を進めていく、そこに繋げるっていうことがえっと最も大切なことだと思います。」（名古屋大学　福和伸夫教授）

ただ、避難を求められる住民側は課題を突き付けられています。静岡市駿河区の広野地区、巨大地震から最短4分で津波が押し寄せ、住宅地で最大で3メートルほど浸水すると想定されています。

町内会の会長を務める杉山貴勇さんです。気象庁が「臨時の情報」を出した場合の住民の避難先として、地域の病院に協力を求めました。病院は六階建てで、食堂や廊下などを使えば、900人余りの住民が避難できます。

「ここの場所が海抜20メートルのような状態で、住民のかたが大勢逃げてこられても十分耐えられる。」（病院の院長）

問題は避難で必要になる物資です。病院にある水や食料などの備蓄は入院患者や医師などのために用意しているもので、国が基本とする住民一週間の避難にはとても足りません。

「行政の方と話しをしながら、こちらのほうにもですね、備蓄ができるような、そういう制度ができるかどうかっていうような話をしていきたい、やはりいつ出るか来るかわからない津波についての危機感を持ちながらやっていきたい。」（広野地区の町内会長　杉山貴勇さん）

第3課　ゴミ問題

ビデオ①　河川などのマイクロプラスチック　「人工芝」が23％

河川や港湾に浮遊するマイクロプラスチックのうち、「人工芝」が23％を占めたという調査結果が発表されました。

直径5ミリメートル以下の小さなプラスチックゴミは「マイクロプラスチック」と呼ばれ、誤って食べる動物がいることなどから環境への影響が懸念されています。環境ベンチャーの「ピリカ」は、東京都や大阪府などの河川や港湾38カ所で採取した浮遊物1070個のうち、23％が人工芝、およそ2％が「農業用肥料のカプセル」だったと発表しました。そのほか、およそ5％が「包装用フィルム」と推定されるということです。ピリカは、ストローなどの一般的に広く利用されるもの以外にもプラスチックゴミが出ている可能性があるとして、その流出を止める対策も必要としています。

ビデオ②　ごみ処理施設で火災相次ぐ

この映像はリチウムイオンバッテリーがゴミ処理施設で破砕される様子を再現したものです。

機械に入れられた直後、大きな火柱が立ち上ります。

niteによりますと、ゴミ収集車やゴミ処理施設でのリチウムイオンバッテリーの発火などによる被害額は2018年度からの4年間でおよそ111億円に達していて、年々増加傾向にあるということです。特にモバイルバッテリーや加熱式タバコが原因の火災が多くなっています。

niteはリチウムイオンバッテリーを捨てる際は一般のゴミと一緒に捨てずに、自治体の指示に従うよう呼びかけています。

そして、こちらにリチウムイオンバッテリーが使われている製品をいろいろまとめたんですけど、モバイルバッテリー、加熱式タバコの他にも、PCやタブレット、ワイヤレスイヤホンなど、まあ、最近見かけることがより多くなってきたものに使われています。そして、被害額としてはおよそ111億円、これ、2018年の1年間と2021年の最新のこの1年間比べると30倍以上に被害が、この1年間での比較が増えているわけなんです。

捨て方いろいろあります。例えば家電量販店やホームセンターなど、持ち込んでから回収ボックスに入れるパターンや、メーカーや販売店による回収サービスもあります。そしてニュースの中でもお伝えしましたように自治体も回収をしています。例えば武蔵野市ですと無料配布されている市指定のゴミ袋がありますし、一般的なゴミ袋に危険有害ごみと書いてゴミを出す。で、2週間に1回一般ごみとは別に回収をしているということです。

担当者の方も「家庭での小さな気遣いでごみ処理時の大きな危険を回避することができる分別をお願いしたい」と言ってますし、このように広報誌やYouTubeでも正しい捨て方を市民に周知しています。

ビデオ③　被災地にあふれる災害ゴミ　分別呼びかけも

愛媛県では被災地の片付けが進むにつれ災害ゴミが次第に問題になっているということです。愛媛県の大洲市から中継です。小喜多さん。

はい。こちらは元々、スクールバスの停留所や地区のイベントなどが開催される広場なのですが、豪雨災害の後は市内から続々と災害ゴミが集まり、家電製品や家具などが山のようになって積み上げられています。

この3連休は大洲市にも全国から多くのボランティアが集まり、住宅などの片付けも少しずつではありますが進んでいます。それにつれ、集められる災害ゴミの量も増え続けていて、こちらの場所も受け入れ量が限界を迎えつつあります。一部は歩道にもあふれています。

大洲市では今日、新たに市内のグラウンドに災害ゴミの仮置き場を設け、一時集積所の災害ゴミを分別しながら移送を始めています。また、一般の災害ゴミも受け入れていますが、市民へは分別の協力を呼びかけています。

「（市民に）すごく気持ちよく聞いていただいて、割と思ったよりもすごくすんなりと進んでいます。はい。もう非常に我々あの市にとってはありがたいなぁと思って、感謝しております。」（大洲市環境センター　冨永広次所長）

大洲市では今後、どのくらいの量の災害ゴミが集まるのか見通しは全く立っていないのが現状です。

以上、愛媛県大洲市からお送りしました。

ビデオ④　魚より多くなる？ 海洋ごみ

今回私がやってきたのは神奈川県鎌倉市の材木座海岸。

海のゴミ問題を解決するために活動している団体の方に会ってきました。

「メインの仕事って、海をきれいにする海岸美化なんですよね。ただその範囲がすごく広くて。」（公益財団法人かながわ海岸美化財団　柱本健司さん）

こちらの団体は湯河原海岸から横須賀市の走り水海岸までおよそ150キロにわたる神奈川県の海岸を清掃しているんです。

回収しているゴミの量は年間でおよそ2 000トン。さらに海ゴミの実態調査や啓発活動も行っています。

私も海岸の清掃をしながら海ゴミの実態を体感しました。

「あ、タバコ。」（記者）

「タバコですよね。」（柱本健司さん）

「出ました。」（記者）

「では、これは。」（柱本健司さん）

「タバコのごみ。」（記者）

「はい、燃えるゴミです。」（柱本健司さん）

「はい。」（記者）

「タバコもここで吸って、あの吸って捨てたわけじゃなくて、」（柱本健司さん）

「はい。」（記者）

「陸域とかで捨ててポイ捨てしちゃったやつが、これ流れてきた、感じですね。」（柱本健司さん）

「そうなんですね。」（記者）

「で、やっぱタバコ、まだまだ多いんでね。うん、これも気をつけてほしいですよね。」（柱本健司さん）

「そうですね。」（記者）

「そうしたマナーによってこれ、ね、減らしていくゴミなんですよね。」（柱本健司さん）

「はい、そうですよね。気をつけられることですから。」（記者）

「そうそうそうそう。」（柱本健司さん）

「でしょう。」（記者）

タバコ以外にも釣りで使う浮きや疑似餌、ボールペンに瓶の破片や中身の入ったペットボトルなどがありました。

「この短時間でも結構もうありますよ。」（記者）

「うん、結構ありますね。」（柱本健司さん）

現在海に漂うプラスチックごみの量は1億5 000万トン以上と言われています。また新たなゴミも年間およそ800万トン海に流出し続けているんです。

2050年には魚よりもゴミの量が多くなると言われているほど問題が深刻化しています。

海岸清掃をしているとそこには目を引くゴミが。

「ああ、もう」（記者）

「ほら！」（柱本健司さん）

「いっぱいありますよ。見ただけで。」（記者）

「あるんすよね。こんなのつかめないじゃないですか。」（柱本健司さん）

「青のとか、緑のとか。」（記者）

海岸には似つかわしくないカラフルな色のマイクロプラスチックです。

マイクロプラスチックとは直径5 mm以下の小さなプラスチック片のこと。分解されることがなく半永久的に海を漂います。さらに海中の有害物質を取り込みやすいことがわかってきていて、マイクロプラスチックを口にした魚を食べると人体に悪影響を及ぼす可能性があると言われています。

柱本さんたちは砂浜から細かいマイクロプラスチックを拾うのは困難なため、ざるを使って回収しています。1時間ほど清掃を続けるとこれだけの量のゴミが集まりました。

「マイクロプラスチックって問題だっていうなんか頭でわかってても、実際じゃあ拾ってる人って少なかったりするんですね。」（柱本健司さん）

実際に海岸でプラスチックごみを見て感じることが大切だと言います。

「この海ゴミを減らすために、私たちができることってどんなことありますか。」（記者）

「はい、で、これねえ、2つの方法から取り組む必要があると思うんですね。で、これってゴミの入り口とこれ出口です。で、そう、出口ってここ海岸ですね。ここで回収しないと、海の外洋に流れちゃって、もう二度と回収できない。もっと大切なのはやっぱゴミの入り口ですよ。で、入り口っていうのはもう日々の私達の暮らし。ね。家での暮らしもあるし職場での暮らしもあるしやっぱそことかでこれからのゴミを出さない減らしていく、やっぱごみの総量を減らしていくことがすごく大切だと思います。」（柱本健司さん）

スクリプト

ビデオ⑤　タイヤに家電に布団まで…大量の不法投棄
　　　　　ゴミを住民が回収　山形・村山市

　不法投棄が見つかったのは村山市土生田の県道・尾花沢関山線、通称「背あぶり峠」です。この沿線では、10年以上前から被害が相次いでいて、今日は、近隣の住民と県や市の担当者が回収に乗り出しました。現場には家庭ゴミのほかに布団やタイヤ、それに家電製品などが大量に捨てられていました。

　「斜面には大量のビニール袋が捨てられています。農業用と見られます。その量は作業10分ほどなんですが、軽トラックの荷台が10分でいっぱいになりました。」(現場の記者)

　長い期間、土に埋もれたものもあり、引っ張り出すだけでも相当な労力です。

　「道路から山に入り10分ほど下りました。下に行くにつれてビンや小物入れなど小さいゴミが無数に落ちています。これはとても拾い切れません。」(現場の記者)

　自然破壊にもつながる大量のゴミ。住民からは怒りと落胆の声が聞かれました。

　「いやあ…こんなこと、人がやったことを、いうことを、また人が片付けてやってることは、とても悲しいです。」(住民)

　1時間の作業で回収したゴミは1.25トン。今日の作業では、全てを取り除くことはできませんでした。村山総合支庁管内では、定期的にパトロールを行っていますが、今年は新たに4カ所で不法投棄が見つかっています。

　「(不法投棄は)あまり減っていかなくなったのは現状かなぁと思います。そういった中で、まあ地域の方々がゴミを片付けたりという声に関しましては、行政の方でも積極的に協力して、不法投棄の数の方を減らしていきたいと考えております。」(県村山総合支庁環境課 松林茂廃棄物対策主幹)

　県は今後、看板やのぼり、防犯カメラなど、あらゆる手を講じて監視の目を光らせる方針です。

第4課　リサイクル

ビデオ①　廃棄ガラスを再利用　世界に一つのSDGsグラス

　富山市で廃棄されるはずだったガラスを再利用して世界に1つだけの「マイグラス」を作る体験イベントが人気となっています。

　富山市の「富山ガラス工房」では「1000人のマイグラス・プロジェクト」と題して再生ガラスを使ってグラスの制作を体験できます。ガラスを通じたSDGsを体験できる試みで、ガラス作品の制作過程で割れたり、欠けたりした廃ガラスを再利用して"世界に1つだけのマイグラス"の制作をするということです。

　富山ガラス工房は、廃ガラスを一定時間、溶解することで淡い青色の再生ガラスを

開発し、新しい付加価値を付けたアップサイクル素材として、「再び溶かした青」という意味の「リメルト・ブルー」と名付けました。

「割れたガラスがまた新しく作れるって思うと、すごいなと思いました」（体験した人）

「生まれ変わって、かつ、作った人に喜びを与えてくれるってのはいいですよね」（体験した人）

先月9日から始まったこのプロジェクトは8月31日まで行われる予定で、これまでに268人が体験していて、すでに770人が予約しているということです。9月には制作されたすべての作品を展示する計画です。

ビデオ②　五輪メダル用のリサイクル金属、初納入　銅は確保、金・銀は不足

オリンピック・パラリンピック組織委員会は、携帯電話などをリサイクルしてメダルを作るプロジェクトで、銅は目標の量を確保したものの、金と銀が不足していることを明らかにしました。

組織委員会は、メダルを使用済みの携帯電話や小型家電をリサイクルして作る「大会史上初の試み」を行っています。今日は、精製を終えた再生金属が初めて組織委員会に納められました。

「東京大会を契機といたしまして、世界にリサイクルが一層広まり、持続可能な社会を実現する一助になればと願っておりますが、そのためにもあと半年で残りの金銀銅を集めることができればというふうに思っております。」（大会組織委会　武藤敏郎事務総長）

組織委員会によりますと、去年4月から今年6月末までに「銅」は目標の2700キロを確保したということです。一方、「金」は必要な30.3キロの54.5％、「銀」は4100キロの43.9％しか集まっておらず、現時点で大幅に不足していることが明らかになりました。

リサイクル金属の回収は来年春までの予定で、メダルの製造は年明けから始まる見通しです。

ビデオ③　全日本車を「電動車」へ…2050年までに

将来の自動車産業について検討している政府の会議は、2050年までに日本を含む世界で販売する日本車をすべて「電動車」にするとの報告をまとめました。

これは、自動車メーカーのトップらが参加する会議がまとめたものです。報告では、世界で販売する日本車について、排出する温室効果ガスを1台当たり平均で8割程度削減することを目指すとしていて、2050年までの目標として電気自動車やハイブリッド車などすべて「電動車」にすることを想定しています。

そのための取り組みとして、今後、急速充電に優れた電池のコストを3分の1にし

て電動車の価格の引き下げを狙います。また、電池の再利用の仕組みを確立し、電動中古車が高く下取りされることを目指しています。今年度中には、こうした技術開発の工程表を作成する予定です。

ビデオ④　事業規模は50億円！　海ゴミにオール
ジャパンで挑む日本初の取り組み

「海の豊かさを守り、海ゴミを出さない。こういう強い意志で国民全体がオールジャパン、産官学民一体となって日本から世界に発信できるモデルを生み出していきたいと…」（公益財団法人日本財団　海野　光行常務理事）

2018年11月27日、日本財団が推進している「海と日本プロジェクト」では、日本初となる新たなプロジェクトを発表した。それが、「CHANGE FOR THE BLUE」という海洋ゴミに対する取り組み。

近年、問題となっている海洋ゴミ。中でも大部分を占めるプラスチックゴミ問題は深刻さを増していて、人体への影響も懸念されている。

ただ、この海洋ゴミ問題、多くの人に認知はされている。実際に、海洋ゴミに関する意識調査を行ったところ、海洋ゴミの認知度は8割以上、また、その削減についても、誰もが取り組むべき重要な課題だと認識している。しかし、「地域にゴミを減らす活動がない」、または「活動を知らない」人が半数を超えているのだ。

こうした背景から、CHANGE FOR THE BLUEでは、オールジャパンで海洋ゴミへ取り組む。その取り組みのひとつが、コンビニとの連携。

「日本財団とセブン-イレブン・ジャパンさんでは首都圏を中心にモデルエリアをこれから決めまして、インセンティブ付きのペットボトルの回収機を設置していこうと考えています。」（海野光行常務理事）

コンビニに設置してあるゴミ箱にペットボトルを入れると、ほとんどが、一般廃棄物として処理されるという。そのため、新しく回収機をセブン-イレブンに設置、これで確実にリサイクルでき、再利用が可能になる。また、回収機に入れると、利用者にはボトル5本で1円のnanacoポイントがつくという。この回収機は、首都圏の数百店に置くことを目標としている。

さらに、環境省とも連携。

「この海洋ゴミに関する国際シンポジウムを環境省さんと共同で開催しようというふうに考えております。」（海野光行常務理事）

2019年のG20での活動など、環境省と共同し国内外で取り組みを行うことも予定している。

その他にも、地方自治体との共同事業や学術研究者と連携した海洋ゴミの調査・研究など、様々な方向から活動を行っていくという。

そんな「CHANGE FOR THE BLUE」は、日本初の民間主導の包括的「海ゴミ対策」

となり、その事業規模は3年で、なんと50億円。動員は1 000万人ほどを予定している。

「これ以上、もう海ゴミを、プラスチックゴミを海に出さない、そういう一人ひとりのマインドは向上できると思いますし、テクノロジーのさらに進化を促してリサイクルの社会をつくりあげていく努力は出来るはずだというふうに考えています。」（海野光行常務理事）

「海洋ゴミの対策から始めて、美しいこの海洋を守るための、日本がリーダーシップを世界の中でとっていきたいと…」（公益財団法人日本財団　笹川陽平会長）

ビデオ⑤　イケア「プラ製品を一掃」2020年までに

家具販売店「イケア」は、プラスチック製ストローなど使い捨てプラスチック製品の販売を2020年までにやめることを正式に発表しました。

イケアは、ストローや食品を入れる保存袋など使い捨てのプラスチック製品7種類について、2020年までに販売をやめるということです。紙製に切り替えることなどを検討しています。

ほかのプラスチック製品については、2030年までに原料をすべて自然由来かリサイクル素材に切り替えるとしています。

プラスチックをめぐっては海洋汚染が深刻化していてヘレン社長は、「企業や消費者が一丸となって責任を取る必要がある」と強調しました。

第5課　飲食文化

ビデオ①　大阪・箕面「もみじの天ぷら」ってどうやって作ってるの?

「もみじの天ぷら」と言えば、大阪・箕面で有名なお土産ですね。箕面の滝や紅葉見物の折に、歩きながらパリポリと食べた経験のある人多いんちゃいます。このもみじの天ぷら、実は木から育てているんですって、しかも、もみじ葉は1年以上塩漬けにしているとか。そこで現地に足を運んで、老舗の代表者の方にお話を伺ってみました。

「1日にどれぐらい?」（記者）

「4回から5回ぐらい、これ入れて、この色になるまで20分ぐらいかかるんです。だから、あの（省略）。普通の天ぷらやったら、これぐらいでできてんのよね。」（久國節子さん）

「はい、そうですね。」（記者）

使っているもみじ葉は自社の山で木から育ててるんですって。まさか木から栽培しているとはみんな思ってへんそうです。説明するとほとんどの方がビックリされるんですって。

スクリプト

　製造工程を簡単に紹介すると、毎年秋の紅葉時期に黄色く色づいた綺麗な葉を収穫するそうです。収穫後、その日のうちに水洗い。それから湿度と温度を一定に保って、1年以上塩漬けにするそうです。そのあと流水で24時間以上かけて塩抜き。葉の軸を切り落とし、衣で揚げて、一昼夜をかけて油切りをして出来上がるそうですよ。商品になるまでこんだけの手間がかかってるんですね。知らんかった。

ビデオ②　高知市の小学生が伝統野菜でお雑煮作り

　潮江東小学校では総合的な学習の一環として5年生が地元の伝統野菜「潮江菜」について学んでいます。きょうは初めに土佐の食文化の研究や継承活動を行っている高知県立大学の名誉教授松崎淳子さんが子どもたちに潮江菜の歴史について説明しました。松崎さんによると潮江菜は昭和21年の南海地震の浸水被害で一度は姿を消しましたが、牧野富太郎博士の弟子の子孫が保管していた種が4年前に潮江地区の農家に受け継がれ、栽培が復活したといいます。子どもたちはこのあと実際に潮江菜を使ってお雑煮を作りました。お雑煮は地域によって食材が違いますが、潮江地区はお餅と里芋、そして潮江菜を使います。子どもたちは松崎さんに教わりながら具材を丁寧に盛り付けていきました。

　「潮江菜が思ったよりシャキシャキしてて、あのー里芋が、あのーきらいだけど、なんかおだしとかのあれですごいおいしく食べれました。」（小学生）

　「ちょっと苦味があったけどおいしくて、また家でも作ってみようかなと思いました。」（もう一人の小学生）

　「この人たちが伝えてくれると思ったらうれしい。みんな食べてくれる菜っぱになりたい。」（高知県立大学の名誉教授松崎淳子さん）

　潮江菜の生産農家は1軒だけで収穫量はまだ少ないということですが、県内の量販店などで3月頃まで販売されています。

ビデオ③　うどん文化とそば文化

　暦の上では立秋を過ぎたもののまだまだ厳しい暑さの日々が続いています。うどんやそばを食べて、この暑さを乗り切りましょう。

　ところで一般に好まれるのは、東はそば、西はうどんとされますが、実際のところはどうなのか？ウェザーニュースではうどんとそば、よく食べるのはどっち？というアンケートを実施しました。全国的にはうどんが51％、そばが49％とほぼ拮抗していました。しかし、地域別にみるとうどんは四国が82％と圧倒的に多く、中国が71％、九州が69％、近畿が63％と続きました。そばは甲信が64％、北海道が61％、東北が57％、関東が56％となりました。やはり西日本、南日本はうどん、東日本、北日本はそばが好まれるという結果になりました。

　そして、そば文化とうどん文化に分かれた理由は、その土地や気候にあったそうで

す。うどんの原料である小麦は、温暖な気候で育つので、西日本でうどんを好む文化ができたようです。一方、そばは古くから休耕作物として栽培され、寒冷な気候や瘦せた土地に強いので、東日本でそばを好む文化ができたようです。

　うどんやそばは、その土地に根ざしたものが多いんですね。ぜひお取り寄せをして、色々な地域のうどんやそばを味わってみてください。まだまだ厳しい暑さが続きますので、キリッと冷えたうどんやそば、美味しく感じられそうですね。この厳しい暑さがいつまで続くのかは、ぜひウェザーニュースのスマートフォン、アプリで最新情報をご確認ください。

ビデオ④　江戸時代の食文化

　江戸時代は260年と長く安定していたことにより、文化も著しい発展を遂げました。道路、水路の整備が進み人や物が江戸の街へと集まってきたのです。人が集まれば当然人の命を支える食事も変化していきます。

　今回はそんな江戸時代の食文化を2つご紹介します。

白米

　日本人の大好きな白米ですが、庶民が白米を食べられるようになったのは江戸時代の頃でした。農具や精米技術の進化が主な要因だと言われています。また、この頃の献立は白米、味噌汁、漬物という質素なものが多く、腹を満たすために1日4から5合の白米を食べていたようです。

外食の始まり

　浅草の浅草寺境内で、今でいう定食のようなものを茶屋で出したことがきっかけとなり、外食産業が始まりました。江戸中期になると、江戸の町には地方から出てきた男性が多くなり、小腹を満たしたいという需要から手軽に食べられる屋台の文化が芽生え始めました。

　寿司、天ぷら、うなぎなど、いずれも京都、大阪などの上方で生まれたものが、江戸に伝わり変化していきました。

　江戸時代は戦がなくなったことで庶民にも楽しみが増えた時代となりました。今回ご紹介した食文化は現代日本にも多くの影響を残しています。これ以外にも江戸時代に発展した面白い文化がたくさんありますので、調べてみてはいかがでしょうか。

　この動画はナレーション、もん、ナレーター侍と編集、陽子でお届けいたしました。

ビデオ⑤　老舗そば店「年越しそば」でにぎわう

　大みそかの今日、都内の老舗のそば店では、「年越しそば」を食べて一年を締めくくろうと、多くの人たちでにぎわっています。

　東京・神田にある創業133年の老舗のそば店には、「年越しそば」を食べようと午

前10時の開店を前に、150人を超える人が並びました。開店後、満席となった店内では、そばをおいしそうに食べながら、2017年最後の1日を家族連れなどで楽しむ様子が見られました。

「寒かったので、とても温まりました。」(女性の客)

「来年はもっと2人で元気に、楽しい一年に、今年も元気でしたよ(話しているうちに隣の女性が)、楽しい一年にしていきたいと思います。」(男性の客)

大みそかにそばを食べる習慣は、「そばのように長く生きる」という願いが込められているとも言われています。この店では、大みそかの今日、普段のおよそ8倍にあたる8 000食を用意したということです。

第6課　名所・名勝1

ビデオ①　放鳥から10年…野生トキ351羽に　佐渡

新潟県佐渡市で、トキを野生にかえす放鳥が始まって、今日で10年を迎えました。国の天然記念物トキ、佐渡市ではその姿を身近に見ることができるようになりました。

日本生まれの野生のトキは15年前に絶滅しましたが、中国からトキのペアを譲り受け人工繁殖に成功。2008年9月25日にトキを野生にかえす放鳥が始まりました。放鳥はこれまでに18回行われました。

今では自然の中で生まれたヒナも確認され、現在佐渡市の野生下では351羽が生息しています。

「佐渡の皆様のおかげでこの10年でトキが飛躍的に増えてきまして、生息環境の部分でも本当に十分なものを用意してくださって感謝の気持ちでいっぱいです。」(環境省　若松徹首席自然保護官)

来月には佐渡市で放鳥10年を記念する式典が開かれます。

ビデオ②　「香川のウユニ塩湖」が全国1位！　夕日の絶景ランキング

国内外の旅行情報を提供する「じゃらん」が発表した「行ってみたい夕日絶景ランキング」です。

先月、全国の10代から50代の男女を対象に、インターネットでアンケート調査を行った結果、三豊市の父母ヶ浜が、全国1位に輝きました。

父母ヶ浜は「日本の夕陽百選」にも選ばれている、美しい夕日の名所です。干潮と夕暮れが重なる日に、砂浜の潮だまりが鏡のように周りの景色を映し出します。この幻想的な光景は、南米・ボリビアのウユニ塩湖にも例えられ、「インスタ映え」のスポットとしても、国内外から注目されています。

父母ヶ浜の夕日の絶景は秋にベストシーズンを迎えるため、三豊市観光交流局では

「さらに多くの人に知ってほしい」とコメントしています。

ビデオ③　国が認めた伝統建築　「舟屋」が残る街の悩み

「海の祇園祭」と呼ばれている伊根祭り。

毎年7月に京都・伊根町で開催されている。そんな伊根町では、日常生活から伝統行事まで全て海と繋がっている。

「初めて見たら奇跡の村いうんですかね、そういうイメージを持つんだそうです。」（伊根浦舟屋群等保存会　永浜貢会長）

その象徴が、江戸中期には存在したと言われる舟屋。舟屋は、海に面した1階部分が漁船のガレージ、そして、2階部分が物置や居住空間となっている伝統家屋。伊根湾は、外海との出入り口に浮かぶ青島が、天然の防波堤の役割を果たしている。そのため、絶好の漁場として、古くから漁師街として栄えてきた。そんな伊根湾には、今もおよそ230軒もの舟屋が建ち並んでいるのだ。その景観は、「伊根浦舟屋群」として、国の重要伝統的建造物群保存地区に指定されている。

しかし、そんな伝統的な漁師街に、ある悩みが。「あの舟屋の中に入ってる船があまり無くなった。」（伊根浦舟屋群等保存会の副会長　八木鈴子副会長）

少子高齢化の波が押し寄せ、伝統的な漁業の後継者不足に悩まされている。そこで、伊根町では、様々な取り組みを行っている。例えば、若者向けの独身寮のような住宅をつくるなど、他県からの移住を受け入れる態勢を整えているという。

今も残る舟屋のように、常に海と共に暮らしてきた伊根町。その伝統を後世に残していくためには、「舟屋の魅力って家の前にこう漁船があったりとか、漁師さんの生活が見えてやっぱりそれが本物の景色になるんで。漁師さんが減ってるので、その辺が一番すごい危機感がありますね。地元の人に漁師さんの成り手がないのであれば、どんどんIターンでも受け入れてやりたい方は全国たくさんいらっしゃると思うので、その受け入れ態勢を整えていくことがこの伊根の魅力を維持できる、あの、手段じゃないかなとは思っていますけど。」（株式会社橋本水産の代表取締役　橋本弘さん）

ビデオ④　世界自然遺産登録へ　延期勧告後初めての委員会

西表島などの世界自然遺産への登録をめぐってはことし5月、北部訓練場の跡地が推薦地に含まれていないことからユネスコの諮問機関が登録延期を勧告しましたが、政府は今月、再び推薦することを決めています。

これを受けて那覇市では今日、環境省の担当者や有識者が集まり環境保全策などを話し合う委員会が開かれました。

登録延期の勧告を受けた後、沖縄で委員会が開かれるのは初めてのことで、この中ではメンバーから外来種の侵入を把握するためにモニタリングを充実させることや候補地が保全されてきた歴史的背景などを資料に盛り込むよう要望が上がりました。

「世界遺産に登録されればそれで終わりではありません。これから様々な変化も起こるでしょう。人も来るでしょう。良い状態で維持させることができるか、ということについて見張っていく大きな責任があると思っています。」(世界自然遺産候補地科学委員会　沖縄ワーキンググループ　土屋誠座長)

環境省は来年2月にも世界自然遺産へ再び推薦する考えです。

ビデオ⑤　平成最後…皇居・乾通り「秋の一般公開」

今日、多くの人が普段見ることができない皇居の紅葉を楽しんでいます。

皇居・乾通りの一般公開は今日から始まり、午前9時の開門までにおよそ250人が集まりました。

乾通りの一般公開は、天皇陛下の傘寿・80歳を記念して2014年に始められ、秋の公開は4回目となります。今日一日で2万1880人が皇居を訪れ、色づいたモミジを楽しんでいました。

「平成の最後だから記念に。」「やっぱり皇居っていいですよね。」「とってもきれいで良かったですよ、はい。」「心が洗われるっていうか。」(訪れた人)

一般公開は今月9日までの予定で、午前9時から午後3時まで入場できます。

第7課　名所・名勝2

ビデオ①　改修で判明　地震に強い薬師寺・東塔の秘密

奈良の世界遺産・薬師寺の国宝"東塔"。大改修工事で判明した地震で倒壊しない秘密。

2009年から始まった、およそ110年ぶりの大改修。姿を現したのは、塔の中心にある太い1本の柱。「心柱」と呼ばれ、他の骨組みとは一切接しておらず、心柱の重みだけで自立しているのです。にもかかわらず、過去8回ほどの大地震に遭っていますが、1度も倒壊したことはありません。

なぜ地震に強いのでしょうか？今回、その構造を分析するため、古代の塔では例がないほど詳しい科学的調査が行われました。塔を人の手で揺らして揺れ方のデータを取ったり、屋根の上に重りをのせ、軒先がどのように下がるか調査。

これらの情報をもとに、マグニチュード9の地震に遭った想定をコンピューター上で再現。すると、塔の各層がバラバラに動いています。「スネークダンス」と呼ばれる動きです。これによってどちらか一方に倒れることがないのです。

その揺れの秘密が、各層の柱の組み立て方にありました。突起を介して土台とつながっているだけで固定されていないので、浮き上がることはあるが、横にずれない仕組みになっていたのです。固定していなかったことで、地震に強い塔になっていたのです。

さらに、この左右に大きく動く心柱には、全体の揺れを早く収める効果が認められました。1300年間、1度も倒壊しなかった塔の構造が解明されたのです。

ビデオ②　潜伏キリシタン関連遺産　世界遺産登録へ

　長崎県と熊本県にある「長崎と天草地方の潜伏キリシタン関連遺産」が、世界遺産に登録される見通しになりました。

　ユネスコ（＝国連教育科学文化機関）の諮問機関 ICOMOS は、「長崎と天草地方の潜伏キリシタン関連遺産」について、世界文化遺産への登録がふさわしいと勧告しました。

　日本に現存するキリスト教最古の教会「大浦天主堂」や「天草の崎津集落」など12の資産からなり、キリスト教が禁止されるなか、密かに信仰を続けた「潜伏キリシタン」の独特の文化的伝統の証拠と評価されたものです。

　来月下旬からの世界遺産委員会で正式に決まる見通しで、登録されれば国内22件目の世界遺産となります。

　一方、世界自然遺産への登録を目指していた「奄美大島、徳之島、沖縄島北部と西表島」については、登録が延期されることになりました。

ビデオ③　年始準備　錦帯橋で門松の飾り付け＆三蔵稲荷神社で巫女研修

　門松の飾り付けをしたのは地元の町おこしグループ『岩国巌流会』のメンバー8人です。門松づくりは高さ1.8メートルほどある斜めに切った3本の竹を軸に直径およそ60センチの竹の俵に土を詰めて固定します。そして、地元で取れた松と梅に色鮮やかな南天をバランスよく植えていくと立派な門松の完成です。

　「錦帯橋に訪れる人がね楽しく幸せな気持ちで渡ってもらったらいいなと願いを込めて門松を作っております。」（岩国巌流会　坂本一成会長）

　岩国市では今月、世界遺産登録を目指して3度目の提案書を国に提出するなど錦帯橋への期待が一段と高まっています。錦帯橋では年末年始におよそ1万6千人の人出が予想されています。

　一方、福山市内の神社では巫女の研修会が開かれました。およそ400年の歴史を持つ福山市の三蔵稲荷神社には、「ミス三蔵稲荷」に選ばれた大学生など8人が参加しました。

　参加者は巫女としての心構えや所作、言葉遣いなどを学んだあと、赤いはかまを身にまといました。

　「巫女さんの経験は初めてで新しく学ぶことが多かったので当日ちゃんとできるように頑張りたいと思います。」（研修を受けた巫女）

　「来た人がこの1年楽しく過ごせるように頑張りたいと思います。」（研修を受けた巫女）

三蔵稲荷神社では、正月三が日で10万人の人出を見込んでいます。

ビデオ④　福島県三春滝桜

　2022年、福島県三春滝桜は、国の天然記念物に指定されてからちょうど100年を迎えます。三春町が誇る滝桜の魅力を世界の皆様へご紹介します。

　滝桜のある三春町は、福島県のほぼ中央に位置し、標高300mから500mの丘陵地です。三春滝桜は、岐阜県の根尾谷薄墨桜、山梨県の山高神代桜とともに日本三大桜の一つに数えられている、エドヒガン系紅しだれ桜の名木です。高さ13.5m、幹周り8.1m樹齢1000年以上と推定されています。

　薄紅色の小さな花を無数に咲かせた姿がまさに流れ落ちる滝のようにみえることから滝桜と呼ばれるようになったと言われています。1000年もの間、人々の暮らしを見守ってきた滝桜。大正11年10月12日、桜の木としては初めて国の天然記念物に指定されました。悠久の時を風雪に耐えてきたその姿は多くの人を魅了し、また多くの方々に愛され守られてきました。

　東日本大震災をはじめ、幾多の苦難を乗り越えてきた滝桜は、私たちにいつも生きる力を与えてくれます。次の100年へ、想いは更なる未来へと受け継がれています。福島県三春町。

ビデオ⑤　カワイイ連発　ロリータガイドとめぐる

　ロリータファッションに身を包んだガイドが外国人観光客を案内するツアーが人気急上昇中です。世界に誇れるカワイイ文化が堪能できるユニークなツアーに密着しました。「これから私たち2人が皆様を原宿のカワイイスポットへご案内いたします。」

　ある日の昼下がり、ロリータファッションの2人が誘うその先はカワイイ文化の聖地原宿です。

　ロリータファッションに身を包む参加者もいるこのツアー、主に外国人観光客を対象とした、その名もHarajuku Kawaii Tour。

　「SO THAT IS CANDY・A・GO・GO. THEY SELL MANY CANDIES. THERE ARE CANDIES FROM ALL OVER THE WORLD.」（外国人観光客）

　6月に入ってから本格的にスタートしたこのツアー。原宿を知り尽くし、身も心もカワイイ文化に包まれたカワイイの世界を生きるガイドが、雑貨店やカフェを案内します。

　「カワイイっていう言葉は知っているけど、カワイイ場所ってどこに行ったらわかるの？っていう方もいれば、実際にロリータを着ていて、海外から日本に来て日本のロリータに会いたいっていう、そういうコアなファンの方もいらっしゃいます。」（ガイド兼運営　桜井晴香さん）

　この日はもともと原宿をよく訪れるという中国人2人に加え、初めて日本を訪れた

というオランダ人も参加。観光客でごった返す竹下通りを抜け、静かな裏通りにも足を運びます。

「こちらプリンセスをテーマにしたお店だということですが、ここで皆さんお買い物タイムです。コーヒー味のパンが。」(リポーター楳望)

「え？こっちがプレーン味。カワイイ、カワイイ、カワイイね。」(購入客)

カワイイ連発で早くも盛り上がるカワイイツアーご一行様。原宿に点在する人気スポットを次々に訪問。時には腹ごしらえもしつつのんびりと、と思いきや。

「もっともっとAre you ready?」

"Yeah, yeah!"

「ありがとうございます。ミュージックスタート。」

参加者を退屈させない仕掛けは随所に。訪日外国人客の従来のニーズであった体験と消費に、新発見という要素を加えた新たな形のツアーと言えそうです。

現在は日本語と英語で行っているツアーですが、今後はさらに多くの言語に対応することも視野に入れているといい、訪日外国人旅行客の新たな観光の選択肢となりそうです。

第8課　象徴・工芸

ビデオ①　南九州最大の焼き物祭り　薩摩焼が演出　西郷どんの食卓

県を代表する伝統工芸品「薩摩焼の窯元」が一堂に集う薩摩焼フェスタが今日から鹿児島市で始まりました。

会場には県内31の窯元から1万点を超える作品が出展されています。今年のテーマは「薩摩焼が彩る西郷(せご)どんの食卓」。

西郷が好んだ郷土料理を盛り付ける器や皿などが展示されています。西郷隆盛のひ孫で陶芸家の西郷隆文さんは一汁一菜をイメージした黒薩摩を制作しました。

「野菜がたくさん入った、からいもが入ってたりする、もうお汁だけでも、お腹がいっぱいになるじゃないかなぐらいのもんで、お米はほんのちょっとだったんじゃないかなと思いますけどね。」(西郷隆文)

一口に薩摩焼といっても本当にいろんな作品があるんですね。

「この色の釉薬ってすごいですね。火山灰を使った色の出し方とか、いいですね。」(観光客)

伝統の黒薩摩・白薩摩に限らず、形も色も個性的な作品が並んだ、まさに焼き物の祭典。各窯元のブースでは器や湯飲みなどが販売されていて、多くの人が買い求めていました。

薩摩焼フェスタは来月2日まで、鹿児島県民交流センターで開かれています。

ビデオ②　「茶道ロボ」真面目に開発したら笑われた

　こちらは話題の茶道ロボ。お茶を点てて、お茶菓子を出す。茶道のおもてなしをするために開発された茶道ロボ151A。抹茶を入れて、お湯を注ぎ、茶せんで素早くかき混ぜます。ガシャガシャとかき混ぜるこの動作、風情はあまりありません。

　しかし、きめの細かいふんわりとした泡立ち。最後はお茶わんを回し、茶わんの正面を正してお出しする茶道の作法も取り入れています。

　このロボットをつくったのは「aNo研」のみなさん。モノづくりが好きだったという3人による同好会です。プログラミング担当のネモさんに、機械担当の工場長。そして、プロジェクトを管理するリーダー。おもしろいものをつくろうと去年8月から活動をスタートし、発明品の第1号が茶道ロボだったそうです。

　日本のおもてなしを伝えるロボットとして、満を持してイベントでお披露目したところ、お茶をたて始めたとたんに笑いが起きてしまったといいます。

　「笑われるというのも『おもしろい』ではなく、えー、興味を持っていただけるという意味の『おもしろい』だったんですけど、結果的にはえーと、良かったかなと…」（aNo研　リーダーの橋本尚人さん）

　真面目に開発したら、笑いを誘うロボットができてしまったという3人。茶道ロボは今年8月に開催される、モノづくりアーティストの祭典「Maker Faire Tokyo」への出展を目指しています。それまでに、笑われずにお茶がたてられるよう改良していくそうです。

ビデオ③　山鹿灯籠踊りの新作浴衣お披露目

　世界的なデザイナーによる山鹿灯籠踊りの新作浴衣が昨日、お披露目されました。デザイナーの山本寛斎さんが手掛けた新作の浴衣は茜色から撫子色へのグラデーションが鮮やかでよへほ節の歌詞があしらわれています。昨日、発表された浴衣は山鹿灯籠保存会が去年、発足から60周年になったことを記念し灯籠祭りのアドバイザーだった山本寛斎さんに依頼して製作されたものです。保存会の意見も取り入れた山本さんのデザインは3種類の染めの技法や山鹿市のチブサン古墳の文様を活かした帯や帯締めなど山鹿地域の伝統と主役の踊り手が綺麗に見えるように考えられているということです。いまでは国の内外を問わず年間400回以上の公演で灯籠踊りを披露している保存会では、新作浴衣の一般お披露目を来年2月1日に開催するイベント「百華百彩」で予定してるということです。

ビデオ④　埼玉県伝統工芸士8人を新たに認定

　県が指定する工芸品についての優れた技術を持つ職人に与えられる「伝統工芸士」に今年度、新たに8人が認定されました。

　県は毎年、県内20の産地にある30種類の伝統的な工芸品で高度な技術を持つ職人

を「伝統工芸士」として認定しています。

　今年度は、県内で3人しかいない鬼瓦の職人で、深谷市在住の塚越久義さんを初め、岩槻人形や行田足袋など6種類の工芸品に携わる8人が選ばれ、上田知事から認定証が手渡されました。このあと、職人たちは上田知事に自ら手掛けた工芸品について製法や特徴などを説明していました。今回の認定により県の伝統工芸士は228人になります。

　「まだ若いって言われるんですが、まあ、一応15年経ってやっと、あのう、ずっと楽しみにしたので、取れて大変嬉しいと思っています。関東にもう一桁台なので、守ると同時に伝えるというのもやらないと、もうなくなってしまうので、えー、頑張りたいと思います。」（鬼瓦職人　塚越久義さん）

ビデオ⑤　人間国宝「志野焼」の鈴木藏さんの陶芸展　名古屋のデパートで

　これは、岐阜県土岐市出身で、83歳の陶芸家鈴木藏さんの作品を紹介するもので、会場には、17点が展示・販売されています。鈴木さんは、桃山時代から伝わるとされる「志野焼」と呼ばれる陶芸に取り組んできたことが高く評価され、1994年、人間国宝に認定されました。「志野焼」は、暖かい白色を基調とし、ところどころに赤いまだらの模様が現れ、優美で深い味わいがあるのが特徴です。この展示会は、名古屋市中村区のジェイアール名古屋タカシマヤの美術画廊で、今月27日まで開かれています。

第9課　通過儀礼

ビデオ①　TDLで成人式　ミッキーたちが門出を祝福

　今日は「成人の日」。千葉県浦安市では、東京ディズニーランドで成人式が行われました。

　およそ2000人が集まるディズニーランドでの式典ではミッキーマウスなどの人気キャラクターが登場し、歌やダンスで二十歳の門出を祝いました。

　「20代は飛ばしていきたいです。本当！」（新成人）

　「社会人としての自覚を持って仕事に励みたいと思います。」（新成人）

　「20年間、育ててくれてありがとうございます。」（新成人）

　参加した新成人たちは大人としての決意を新たにしていました。

　また、全国の市町村で最も多い、3万6995人の新成人を迎えた横浜市では、横浜アリーナで成人式を行いました。

　「20年間、育ててくれて本当にありがとうっていう気持ち伝えました。お互いちょっと照れちゃいました。」（新成人）

　「接客してなんか皆を楽しませるようなことができたらなと思います。」（新成人）

横浜市は去年に引き続き、入り口に新成人が飲酒して参加しようとしていないかチェックするコーナーを設けるなど厳戒態勢の中、式を行いました。式の最中には一部の新成人が壇上に向かい警備員が取り押さえる騒ぎがあり、一時、式が中断しました。

ビデオ②　七五三

今日11月15日は七五三です。

　子どもの成長をお祝いする節目の行事で、数え歳で3歳、5歳、7歳の時に神社などに参拝する習わしです。七五三といえば、晴れ着に加えて千歳飴も欠かせませんね。この飴にどんな願いが込められているんでしょうか。

　千歳飴の始まりには諸説ありますが、なかでも代表的なのは江戸時代の江戸浅草で見られた千年飴が元祖という説です。当時千年という長寿や繁栄を連想させるネーミングが話題となりました。その後、千年飴から千歳飴と変わり今に至ります。千歳飴は、鶴は千年亀は萬年の言い伝えにちなみ、子供が千歳まで長く生きられますようにという長寿の願いが込められております。この飴を鶴と亀や松竹梅など縁起の良いデザインを施した袋に入れて長寿と健康を願う縁起物となったようです。

　昔は今に比べると子どもの生存率は高くありませんでした。そのため、無事に成長してほしいという願いは今以上に強かったのかもしれません。ではなぜ飴なのでしょうか。

　七五三が始まったとされる江戸時代は、砂糖はとても高価な食べ物でした。貴重な砂糖からできた飴は超高級品で、お祝いの日にはピッタリだったというわけです。また飴は引っ張ると伸びることから健やかな成長と長寿を連想し喜ばれたといいます。現在の千歳飴は直径15ミリくらい。長さ1m以内という決まりがあるようです。

　今日は秋晴れで青空が広がるエリアが多くなっています。千歳飴と晴れ着と青空を写真に収めて思い出づくりを楽しんでみてはいかがでしょうか。

ビデオ③　西尾半田甲羅本店儀式のご紹介

　こんにちは。西尾半田甲羅本店の女将です。

　今日は地域によって少しずつ違う「お食い初め」当店のおもてなしをご紹介します。

　一生食べ物に困らないようにと願いを込めて赤ちゃんの生後100日を祝う「お食い初め」、西尾半田甲羅本店ではお部屋を特製のタペストリーで飾り、お子様のお名前を書いた記念の台紙でお客様をお迎えします。

　こちらがお祝いのお膳です。お頭付き鯛をはじめ、縁起物でいっぱいの献立を用意しております。

　儀式にかかる時間は15分ほど。私が進行します。

　まずはみなさまで写真撮影。記念フレーム付きでプリントしたものをご希望の枚数プレゼントいたします。赤ちゃんに食べさせる役の「養い親」はご長寿にあやかり、同席される同性のご年長のお客様にお願いしております。

私たちが一つ一つご案内しますのでご安心ください。「祝い箸」と「歯固めの石」は記念にお持ち帰りいただけます。以上で儀式は終了です。

お祝いのお膳はみなさまで分けてお召し上がりください。お食い初めは西尾半田甲羅本店で。自慢の料理をご用意してお待ちしております。

ビデオ④　子どもの成長を願って　毎年恒例「仁尾八朔人形まつり」香川県三豊市

昔ながらの町並みが今もなお残る三豊市仁尾町。仁尾八朔人形まつりは、その町並みを舞台に子どもの健やかな成長を願おうと毎年行われているイベントで今年で21回目です。歴史上の人物やおとぎ話の名場面を、人形やジオラマを使って店先や住宅に再現しています。29の会場、およそ1.8キロを歩きながら楽しめるようになっています。

「こちら白い壁が特徴の姫路城なんですが。屋根をよく見てみると全てダンボールで作られているんです。」（リポーター　糸瀬彩実）

屋根瓦をダンボールのでこぼこをうまく使って表した姫路城の前には、「暴れん坊将軍」の一幕が描かれています。

訪れた人は、細かく再現されたお城や人形を写真に収めていました。こちらは、香川高専詫間キャンパスの学生が作った「さるかに合戦」です。

からくり人形とスクリーンの映像を組み合わせて物語を表現しています。

初めて見る子どもにも分かりやすい作りになっていました。

「サルの上から丸いものが落ちてくるのが面白かったです。」（訪れた子ども）

この他にも町全体にたくさんの人形が飾られていて、風情ある昔ながらの町並みが多くの家族連れでにぎわっていました。

「癒されるしね、ロケーションがまたいいですね。」（訪れた人）

「想像よりも完成度が高く非常に良かったと思います。まぁ、歴史の物語とかそういうのも見られて非常に良かったです。」（訪れた人）

「すごいかっこよかった。斉彬と隆盛が一緒に映っていたところ…」（訪れた子ども）

「子どもも飽きずに歩きながらだと遊びながら楽しくうん回れるので、はい、良かったです。」（訪れた人）

「歴史上の人物も飾っておりますので、歴史をですね…勉強していただいたら、なおいいんかなということでございますね。はい…」（仁尾八朔人形まつり実行委員会　西山弘茂会長）

ビデオ⑤　岸和田だんじり祭始まる　やりまわしに歓声

大阪府岸和田市で、恒例の「岸和田だんじり祭」が始まり、城下町は祭りムード一色に染まっています。

「午前6時です、岸和田だんじり祭りの始まりです。男たちの熱い熱い2日間の祭

りの始まりです。」（読売テレビ　鈴木潤）

　午前6時、重さ4トンを超えるだんじり34台が、威勢のいい掛け声とともに次々と走り出しました。江戸時代から300年以上続く「岸和田だんじり祭」。今年は台風21号の影響で資材が不足し、観覧席の設置が中止となりましたが、祭りは例年通り行われています。だんじりが勢いよく直角に向きを変える豪快な「やりまわし」では、息の合った迫力ある技に観客から大きな歓声や拍手があがっていました。明日は、だんじりが神社を参拝する「宮入り」が行われます。

第10課　年中行事・しきたり1

ビデオ①　春日部市の恒例行事　「押絵羽子板と特産品まつり」

　毎年1万人が訪れるとされる春日部市の恒例行事「押絵羽子板と特産品まつり」が今日から3日間の日程で始まりました。

　春日部市の伝統工芸品「押絵羽子板」は、戦時中に浅草の職人たちが桐の産地だった春日部に移り住んだことをきっかけに、女の子の出産や成長を祝う縁起物として現在も受け継がれています。

　会場となっている東武鉄道の春日部駅東口には、日本で春日部と浅草の2本しかない、およそ3メートルの「ジャンボ羽子板」が展示されています。また、会場には、市内に工房などを構える職人のブースも設けられていて、制作する職人の技を間近で見ることができます。

　最近は、大ぶりの羽子板よりも、40センチほどの小さいながらも飾りつけの豪華な羽子板が人気だということです。

　訪れた人はタレントや人気のキャラクターが描かれた羽子板を見たり、職人のアドバイスを受けたりしながら気に入った一品を買い求めていました。

　「春日部押絵羽子板と特産品まつり」は明後日まで東武鉄道春日部駅の東口駅前で開かれています。

ビデオ②　2018「福男選び」　一番福は誰の手に？

　その戦いは前日から始まっていました。

　「抽選まで二時間半、そして開門まで八時間半なんですけれど、なんとすごい人の数ですね、並んでいます。」（読売テレビ　鈴木潤）

　今年はおよそ5,000人が参加した福男選び。商売繁盛を祈願する十日えびすの恒例行事で、本殿に参拝するのが早かった3番目までの人がその年の福男として認められます。

　「午前6時です、開門神事です、福男選びです、うわ、すごい、すごい、すごいスピードです。」（読売テレビ　鈴木潤）

　午前6時、太鼓の音を合図に表大門が開かれ、勢いよくスタートしました。参加者

は一斉に本殿へ一番乗りを目指して参道を駆け抜けます。

今年の一番福を射止めたのは、市立尼崎高校3年生・佐藤玄主さん（18歳）。陸上部に所属し、100メートルのベストタイムは10秒台だということです。

「僕自身あの、大学受験なんですけど、まあ、あのー、（福を）独り占めせず、あのー、まあ、いろんな人にですね、あのー、まあ笑顔になっていただきたいなと思います。」（佐藤玄主）

福男に選ばれた3人はこの後、鏡開きを行い、1年の幸福を祈りました。

ビデオ③ 新春の縁起物 「蓬莱」づくり盛ん

正月の縁起物、「蓬莱」作りが中能登町で今、盛んに行われています。

白い紙に描かれた来年の干支・イノシシの絵や家内安全などの文字を切り抜き、赤い紙の上に乗せた紅白の切り絵の「蓬莱」。神棚の下に貼り、能登地方に古くから伝わる正月の縁起物です。

その蓬莱を切り絵で製作するのは中能登町に住む切り絵蓬莱作家の林栄美子さんです。

林さんは高校生の頃から切り絵作家の父、高柳常栄さんの影響で切り絵を初め8年前に常栄さんが亡くなってからは、能登の伝統を守ろうと本格的に蓬莱づくりを始めました。今では毎年、およそ1 000枚の蓬莱を製作しています。

林さんの蓬莱は中能登町の天日陰ひめ神社（あめひかげひめじんじゃ）のおはらいを受け、神社からは「神璽」の印を押す事が認められています。また、使用する和紙も富山県・五箇山から取り寄せたもので来年の干支であるイノシシの絵と福寿や家内安全などの文字を織り交ぜた林さんオリジナルのデザインとなっています。

「そうですね、各家庭の幸せ、一年の幸せを願いつつ、作っております。」（林栄美子さん）

父、常栄さんの意思を引き継ぎ能登の伝統を守り続ける林さんの蓬莱づくりは今月30日まで続くということです。

ビデオ④ 松本市で正月の縁起物「お神酒の口」作り

正月の「お神酒の口」作りが松本市で行われています。

江戸時代から伝わるお神酒の口は神棚などに飾る竹製の縁起物で、以前は松本地域で盛んに作られていましたが、今では千野恵利子さんと母親の矢澤松子さんの2人だけが伝統の技を引き継いでいます。

細く裂いた竹ひごを松や梅を表す形に編み上げるのは娘の恵利子さんが、編み上がった飾りを組み合わせ飾り布を付けるのは松子さんが担当しています。

「願いを込めてやっぱり飾ってくださっていると思うので、その願いがかなってくれたらいいなっていう気持ちで作っています。」（千野恵利子さん）

国の無形民俗文化財にも指定されているお神酒の口は25日から松本市の縄手通りで行われる「歳の市」で販売され、一組5000円前後のものが良く売れるということです。

ビデオ⑤　帰省ラッシュ　新幹線や空の便で混雑続く

年末年始をふるさとで過ごす人たちの帰省ラッシュが本格化し、新幹線や空の便で今も混雑が続いています。

「おばちゃんに会いに行きます。羽根つきとか、えーと百人一首やります。」（女の子の乗客）

「何か楽しみなものある。」（記者）

「お年玉」（女の子の乗客）

JR各社によりますと、今日、東京駅を出発する各新幹線の指定席は終日ほぼ満席だということです。また自由席では午後1時半発の東北新幹線で乗車率180％になるなど混雑が続いています。新幹線の下りの混雑のピークは今日で、明日以降は一部列車で空席もあるということです。

また、航空各社によりますと、羽田空港から各地へ向かう国内線は今日終日ほぼ満席となっており、明日もほぼ満席の状態が続くということです。

一方、高速道路の下り線の渋滞は解消に向かっていて、午後4時現在、首都圏の下り線では大きな渋滞はありません。明日も東名高速道路下り大和トンネル付近で20キロと予想されている以外、目立った渋滞はないということです。

第11課　年中行事・しきたり2

ビデオ①　震災復興支援　薬師寺で会津米奉納式/奈良

福島県の会津から奈良市にある薬師寺に、もち米などが贈られ、きのう奉納式が行われました。

米を奉納したのは福島県喜多方市のJA会津いいでの旧姥堂農事組合長会のメンバーです。今回は6人が薬師寺を訪れ、金堂の薬師三尊像に10月に収穫した、もち米240キロとコシヒカリ180キロを納めました。この奉納式は、奈良から福島県など南東北地方に赴き仏教を広めたとされる南都の高僧・徳一にちなみ2015年に始まったものです。東日本大震災以降、風評被害により関西への出荷が一時ストップしたという会津の米。薬師寺では、米を通じた交流で復興支援を続けるとともに、今後も奈良と会津の縁を深めたいとしています。

「福島からこんなふうに毎年毎年続けてしていただいているっていうことを皆さま方にお話をしていきたいと思っておりますし、これが5回、10回、20回と、100回と続けば、さらに大きな歴史に繋がっていくのではないかとこんなふうに思っておりま

す。」（薬師寺　加藤朝胤執事長）

「こんなに続けていけてるのがなんか不思議な気がしますけれども、少しでも（地域を）応援できる活動になればいいなと思っています。」（JA会津いいで旧姥堂農事組合長会　渡部孝雄会長）

ビデオ②　新年を迎える準備　中尊寺で破魔矢づくり始まる/岩手・平泉町

新年を迎える準備が本格化しています。平泉町の中尊寺では今日、正月の縁起物、破魔矢を作る作業が始まりました。

世界文化遺産の中尊寺は、昨夜からの雪で境内が白く覆われ、本格的な冬の訪れを感じる風景となりました。新年に向けて、魔除けとされる縁起物の「破魔矢」を作る作業が今日から始まりました。作業する4人の女性職員は、木でできた長さおよそ70センチの矢に鈴や来年の干支「亥」が描かれた絵馬をひとつひとつ丁寧に取り付けていました。作業は1週間から10日ほど続き、1500本の破魔矢が用意されます。

「最近はやはり天災による被害が多いので、何事もなく無事平穏に過ごせるような一年になってほしいと思いながら作っております。」（職員）

中尊寺では正月3が日の人出を平年並みの10万人と見込んでいます。

ビデオ③　一年で最も寒い日「大寒」　各地で恒例行事

今日は一年で最も寒いとされる大寒です。各地では、この季節らしい行事が行われました。

「神の御前にみそぎして…」（みんな）

日の出前、ふんどし姿で砂浜に現われた男たち。大寒の今日、徳島県鳴門市（なると）の海岸では地元の神職たちが恒例のみそぎを行いました。

鳥舟と呼ばれる舟の櫓を漕ぐしぐさで和歌を歌ったあと、海に入ることで各地で続いた災害からの復興を願います。

今日の徳島県の気温は3月並みと、例年に比べ寒さは和らいだものの、冷たい海の中、神職たちは肩まで浸かり祝詞をあげていました。

神戸市の六甲山では、冬の風物詩、天然の氷を切り出す作業が行われました。

六甲山の展望台では、毎年この時期に、「氷棚」と呼ばれるため池に張った分厚い氷を切り出して保管し、夏になると自然のクーラーとして利用しています。

今日は、厚さ約8センチ、120平方メートルの氷が切り出されましたが、この冬は暖かい日が続いた影響で、例年よりも氷の出来は良くないということです。

この切り出し作業は、今月末から来月にかけて、あと2回行われるということです。

ビデオ④　1000人参加の書き初め　墨鮮やか　新春の書　静岡市

静岡市で約1000人の子どもたちが一堂に会する書き初めの大会が行なわれま

した。
　今年で71回目を迎えた「静岡地区書き初め展」の席書大会には毎年、1000人ほどの子どもたちが参加していて、静岡市の体育館が書き初めをする子どもたちでいっぱいになります。今日は幼児から高校生まで一次審査を通過した1062人が参加し、小学2年生は「ふるさと」、中学2年生は「未来を描く」など学年ごとに決められた課題に取り組みました。子どもたちは、みな真剣な表情で筆を握り、練習の成果を発揮して納得のいく文字を書きあげようと半紙に向かっていました。この1000点を超える子どもたちの作品は来月、静岡市民文化会館に展示される予定です。

ビデオ⑤　こたつでお雑煮　真備町で被災者にお雑煮がふるまわれる岡山・倉敷市

　地元住民からなる「真備美しい森を守る会」が被災者においしいお餅を食べてもらおうと企画した「お雑煮を食べる会」です。用意されたお餅はおよそ4000個。朝10時の開始を前に多くの人が訪れました。
　お雑煮だけでなく、お餅に大根おろしをのせ、ポン酢をかけた食べ方も楽しめます。会場にはこたつも置かれ家族で囲んでおいしそうにお雑煮を食べていました。
　「落ち着いてお餅を食べる機会がなかったから、こういうイベントをしてもらってお餅が食べれて、ちょっと、今、うれしいかなと思っています。」（訪れた人）
　「皆さんとお会いができるという場ができたということが本当に良かったというふうに思います。」（真備美しい森を守る会　片岡公省会長）
　また、会場から近くの「まびファームかけはし」で飼育されている奇跡のポニー「リーフ」も訪れ、被災者らは手で触れたりして、交流を楽しんでいました。

第12課　教育

ビデオ①　英検　来年度から一部にAI自動採点導入へ

　来年度から英検のスピーキングとライティングの一部にAIによる自動採点が導入されます。
　AIによる自動採点は、来年度からの英検のスピーキングとライティングの一部で導入されますが、当面の間は、従来の方法でも採点を行うということです。
　「実際にスピーキングのテストを体験してみます。」（記者）
　「Where is Sarah's book?（サラの本はどこにありますか。）」（記者）
　「Sarah's book is on the desk.（サラの本は机の上にあります）。」（AI）
　「点数がでました。5点中4.82と書かれています。」（記者）
　2020年度からは新たな大学入試の共通テストとあわせて英検が活用されることから、受験者の増加が見込まれていて、日本英語検定協会は、より多くの受験者を効率

的に採点したいとしています。

ビデオ②　複数の大学で女子受験生を不利に扱いか　文科省調査

　文部科学省が、東京医科大の不正入試を受けて、全国の大学の医学部医学科がある入試状況を調査したところ、複数の大学で女性受験生などを不利に扱っている疑いがあることが分かりました。

　「各大学から不適切な操作はないとの回答を得ていたにもかかわらず、え、このような事態に至っていることは、え、わたくしは問題だと考えます。」（柴山文科相）

　東京医科大の不正入試を受けて、文部科学省が、全国の医学部医学科がある81の大学のうち、30校程度に追加で訪問調査などを実施したところ、複数の大学で、女性や多く浪人した受験生の扱いに差をつけたり、特定の受験生を有利にした可能性があることが判明したということです。

　文科省は今後、残りの50校程度の大学でも訪問調査を実施し、今月中にも中間報告を行う方針です。

ビデオ③　京大・本庶特別教授「ノーベル賞」受賞決定

　今年のノーベル生理学・医学賞に免疫細胞の働きを抑制する蛋白質PD-1を発見し、癌治療薬の開発に大きく貢献した京都大学の本庶佑（ほんじょたすく）特別教授が選ばれました。日本のノーベル賞受賞は2年ぶりです。本庶佑特別教授はPD-1と呼ばれる蛋白質が免疫細胞による癌細胞への攻撃にブレーキをかけていることを発見、PD-1の働きをコントロールすることで、免疫細胞による癌への攻撃が再び活性化され、抗癌治療につながることを突き止めました。この発見により、免疫細胞の働きを活発にする「オプジーボ」と言う癌治療薬が開発され、癌患者への投与が始まるなど、新たな免疫療法の発展に貢献しました。

　本庶特別教授は京都市生まれの76歳、1971年に京都大学大学院を修了した後、大阪大学や京都大学の教授を経て、現在は京都大学高等研究院の特別教授を務めています。

　一昨年、ノーベル賞の登竜門とも言えるトムソン・ロイター・引用栄養賞を受賞し、期待が高まっていました。日本の生理学・医学賞の受賞は5人目で、一昨年の大隅良典（おおすみよしのり）さん以来2年ぶりです。これで日本のノーベル賞受賞者は26人となりました。授賞式は12月にスウェーデンのストックホルムで行われる予定です。

ビデオ④　デジタル教育現場変わる

　少子化が進む中、デジタル化の推進によって教育現場の姿も変わろうとしています。予算案ではデジタル採点システム整備事業に4 200万円。遠隔教育の推進におよそ1 200万円が計上されました。

スクリプト

　その遠隔教育の現場を取材すると…
　「教室の中では授業が行われていますが、先生が文字を書いているのは黒板ではなくタブレットです。このタブレットを活用した授業を受けているのは佐渡の学校に通う生徒たちです。」（記者　桶屋美圭）
　「数学的帰納法を使って、整数の性質の証明をしましょうっていうことで。」（新潟翠江高校　佐藤新弥先生）
　新潟市の新潟翠江高校で行われていたのは佐渡中等教育学校5年生の数学の授業です。県は離島や中山間地の高校でも様々な分野の学習ができるよう、2021年度から遠隔教育を導入。新潟翠江高校を拠点に佐渡市と阿賀町の6校に専門教員による授業を配信しています。
　受講する生徒たちは…
　「楽しく授業は受けられているので、この授業の形態で続けていければと思います。」（受講する生徒）
　一方、教師側も遠隔教育の利便性や可能性を感じています。
　「数学だと、ま、ほとんどの学校に数学の先生っていらっしゃると思うんですけど、理科や社会になれば、当然、ええ、専門の科目の先生が、ま、いらっしゃらないってなると、こういった取り組みで、えー、生徒の授業の選択の幅が広がるっていうのは、すごくいいことだなあと思っています。」（新潟翠江高校　佐藤新弥先生）
　県は来年度、魚沼地域などの小規模高校などで遠隔授業システムを導入する予定です。

ビデオ⑤　盲導犬に教育

　視覚障害や盲導犬についての正しい知識と理解を深めてほしいという取り組みです。
　岡山市北区の小学校でPR犬が講師を務める特別授業が開かれました。
　「ヒカ、アップ！　はい、どうぞ。ちゃんと起きてくれました。ね。アップって言うたら立てるし、はい、ヒカ　シット！　グッド！　はい、　グッド　シット。」
　岡山中央小学校で盲導犬の役割を伝えたのは、ラブラドールレトリバーのヒカちゃん7歳です。日本盲導犬協会と岡山西ライオンズクラブによる特別授業。子どもたちに、目の不自由な人の暮らしを考えるきっかけをと開かれました。
　「ピヨピヨていうたらな、ストレートで渡ろうな。はい、コーナー　グッド。オッケー、ストレート。」
　視覚に障害がある人の目となる盲導犬。角や段差、障害物を伝え、安全な歩行を助ける役割を担っています。現在岡山県では15頭、香川県では7頭が活躍中です。
　「じゃあ、わかる人みんな声出していいよ。せーの！　お、すごいね。ヒカ」
児童らは盲導犬は色がわからないので信号付近で出会ったら、飼い主に話しかけてほ

しいなど、できることを学びました。

「犬が人の手助けするっていうのがまずすごいと思いました。」

「目が見えない人たちがどんな風に生活しているかがわかったりして、それがすごいと思いました」

「盲導犬ユーザーも視覚障害の人も外で困ることたくさんあるので、声をかけていただいたりとか困っている時の手助けしてもらいたいと思っております。」

障害のあるなしに関わらず、やさしく声を掛け合える社会を、協力しあって生きていく大切さを教えてくれた盲導犬特別授業です。

第13課　僻地教育

ビデオ①　オクシズ4小中学校の統合

　少子化と過疎化に悩むオクシズで学校再編に向けた動きです。こちらの4つの小中学校を1つに統合してほしいと今日、藁科地区の住民などが市に要望しました。

　「今後ですね、ま、数年たちますと、もう児童数が半減ぐらいなってしまいます。」（中藁科地区自治会連合会　長野正義会長）

　今日、田辺市長のもとを訪ねて危機感を訴えたのは、静岡市山間部の中藁科地区と清沢地区の自治会連合会のメンバーです。小中一貫校の整備を求めて要望書を提出しました。この地区には3つの小学校と1つの中学校がありますが、そのうち清沢小学校の全校生徒は22人、水見色小学校は6人と、児童・生徒数の減少に歯止めがききません。清沢小と中藁科小は2024年度に統合される見通しですが、今回の要望では、ここに水見色小と藁科中も加わる形で、藁科中の敷地内に新たな小中一貫校などを整備するよう求めたのです。

　もし、要望通りに学校の再編が進めば、明治時代から続いた歴史ある3つの小学校は、すべて廃校となります。

　「やっぱりそれは、寂しい気持ちはありますね。（水見色小は）子どもたちだけでなく町内にも愛されていた学校ですので、非常になくなるのは残念ですけども、やはり時代にあった方向に進むのが正しいと思いますよね。」（水見色小学校　勝山佳紀PTA会長）

　藁科地区の一部地域で実施したアンケートでは、施設一体型の小中一貫教育に9割近くの保護者が賛成したといいます。

　「この要望に寄り添って（市教委と）共同作業を、連携して、共同作業をしていきたいなあという風に思っております。」（静岡市　田辺信宏市長）

　要望を受けて市は、4つの小中学校の将来的な統廃合に向けた検討を進めていくことを決めました。

「これからの子どもたちのため、地域のためを考えての強い気持ちで決断されたのだなと思います。計画的に地域の方々に丁寧に説明しながら進めてまいりたいと思います。」（静岡市教育委員会　栗田保孝教育調整監）

ビデオ②　伊達市の石田小学校

伊達市の石田小学校は全校児童が11人、今日が最後の始業式です。

「石田小学校最後の3学期です。11人で仲良く楽しい学校生活を送れるように1日1日を大切に過ごしていきたいと思います。」

150年近い歴史がある石田小学校ですが少子化に伴い適切な規模の教育環境を整備するため今年の3月で閉校。掛田小学校に統合されます。

「あ、載せたのね、ケーキに？」（武藤尚子先生）

冬休みの思い出を絵日記にした1年生の遠藤栞さん。石田小学校にとって最後のたった一人の1年生です。

「石田小がなくなるから、本当はずっといたかったけど、1年生栞で最後だから寂しい。楽しいものがいっぱいだから。」（遠藤栞さん）

去年4月から栞さんの学校生活を支えてきたのが担任の武藤先生です。

「担任と、あの児童っていう関係よりはやっぱりちょっと近いのかも、密接なつながりでこう何でも話してくれるようになったり。」（武藤尚子先生）

2人はどんな時も二人三脚。二人きりで寂しく見える教室は栞さんが描いた9ヶ月間の思い出で彩られていました。

「私の方が寂しく思うんじゃないかって思って、あの、言われてしまうほど、はい、あのう、だんだん寂しさが増してくるんじゃないかなと思います。」

武藤先生の心配は栞さんが4月以降の新しい生活に馴染めるかどうか。

でしたが、

「友達がいっぱいだから、テーブルがいっぱいだから縄跳びができないと思う。」

石田小学校最後の日まで。二人だけの教室に笑顔が絶えることはありません。

ビデオ③　島留学してみよう

島留学してみよう。

「岩手県から来ました。」

「岡山県です。」

島根県隠岐諸島の小さな島に、全国から若者たちが次々と島留学しています。理由は単純。この島が魅力的だから。過疎化を防ぐために魅力的な高校を作ろうと、全国から生徒を島に募りました。

原恵利華さんも東京から島留学した一人。

「これからどんな高校生活が始まるんだろうかとかわくわく感が強かったです。」

（原恵利華さん）
　ネットで見たこの島にひとめぼれ。隠岐島前高校へ入学。普段は寮で生活していますが、この日は隣の西の島に住む島親の下へ。
　恵利華さんの島親、第2のお母さんこと近藤さん。
　「すごく楽しい。だってねえ、今子供が出た後だから、なんか子供がいると、明るくなります。」（島親　近藤さん）
　島での暮らしを応援しようと、地域の皆さんがそれぞれの生徒の親代わりを務めてくれています。今夜は島親の近藤さんの家にお泊まり。
　「家でやってんの？　ちゃんと。」（島親　近藤さん）
　「あ、でもたまに自分で作って、それをみんなに振る舞います。」（原恵利華さん）
　「あ、何を作る？」（島親　近藤さん）
　「ロールキャベツ。」（原恵利華さん）
　「お帰りお帰り。」
　楽しい夕食が始まりました。
　「で、恵利華ちゃんはうん、あの得意な料理がロールキャベツ。今度作ってもらいましょうね。」（島親　近藤さん）
　夏休み恵利華さんは東京へ。半年ぶりの帰省。友達と秋葉原の街へ。隠岐の島もいいけれど、華やかな東京の暮らしも。卒業後の進路はすぐにやってきます。
　「でも、まあ、やっぱこっち帰ってくると仕事モード。自分がやりたい事とか結構真面目な、なんか自分になるっていうか。」（原恵利華さん）
　早速仕事モード。自由研究の発表会。
　「私たちが考えた観光プランは島民生活というものです。」（恵利華さん）
　空き家をゲストハウスとして活用し、島民生活を体験してもらおうというもの。英会話を教えるジョセフが。ヤングジェネレーション。隠岐の魅力を伝えたいのは、自分たちと同じ若い世代。
　春休みに東京に戻った恵利華さん。
　「東京は、そんなに正直なところ帰って来たくない。」（恵利華さん）
　「だから、なんで？　二年で、すごいな。その島でいい経験したのね。」（母　安喜子さん）
　大好きになった隠岐の島。来年は島根の大学を目指すといいます。島親の近藤さんの家では約束のロールキャベツが。
　「ん、うまい。」（島親　近藤英史さん）
　「嬉しいですか？」
　「もちろんですよ。」（島親　近藤さん）
　島が学校。そこにはキラキラとした青春が。

ビデオ④　保育園留学

　人口減少を解決していきましょうというところから始まったものなんですが、教育のプログラムとしても大変魅力的なものであります。まず保育園留学というものはどういうものなのか、改めてみていきますと、1週間から3週間、えー、選べるんですが、大体ひと家族、滞在は平均2週間になるということなんですね。で、保育園留学にいらした家族は、去年だけで150組いるということなんです。厚沢部町としては、6家族分の住宅を用意していますので、みなさんホテルなどではなくこういったおうちを、まあ、使って、そこからリモートでお仕事をされる方もいるということなんですね。で、この保育園留学にいらっしゃるこの6家族が、入れ替わり立ち替わり、こう交換っこに滞在していくことで、移住と同じ効果をもたらすということなんです。

　え、さきほどこの保育園留学、およそ20万円からということだったんですが、それとは別に生活費や飲食費などで、およそ3 000万円の消費が厚沢部町に生まれるということなんですね。そして、私も実際にいただいたんですが、厚沢部のお野菜、あの、食べ物たいへんおいしいんです。地元の美味しいものを味わってほしいということで、えー、農家の方々がですね、「農家カフェ」というものをオープンされて、こちらでは郷土料理を味わうことができる。さらに道の駅などももちろんですけれどもありますので、そこでお買い物をするということも可能なわけです。

　他にも、先ほどのアスパラガスのようにですね、子供たちが収穫体験をしますと「ああ、厚沢部の食べ物美味しかったな」、「お取り寄せして、また食べたいな」ですとか、「ふるさと納税で応援したいな」ということで、都市に戻ってからも、こういった交流、それから、ま、経済的な循環というものが生まれるそうなんですね。

　で、元々はやはり"移住を増やしたい"ということでしたので、保育園留学自体はリピーターが大変多いんですが、実際に移住予定なのがひと家族。1年半で初めていらっしゃると。で、移住したいかのアンケートを取ったところ、「移住したい」と答えた方は4%にとどまったということなんですね。保育園留学は、大変魅力的なんですけれども、移住するとなると"仕事もある"、"おうちもある"、一体どうしよう。それから厚沢部町ならではの課題もありそうなんです。隣町、およそ自転車で約30分ほど行かないと小児科がなかったり、中学校までしかなかったりということで、たいへんこういったところが課題になってくるそうなんですね。

　「移住まではやはり課題があるとはいえ、留学というその手があったかと驚きましたけれども。」

　「本当ですよね。すごく素晴らしい試みだと思いますよ。特にテーマごとを決めればね。ま、今回は北海道ですけれども、こう、いろんな地域地域でテーマを決めたら、沖縄は海を体験するとか、新潟だったらお米だとかね。あの、素晴らしいと思うけどね。行ってみたくなりました。」（ハロルド・ジョージ・メイ）

「ねえ、子供たちもほんとうにホランさんのびのびしてましたね。」
「そうなんです。きらきらと輝いておりました。」

ビデオ⑤　僻地、小規模校体験実習

「先生、昨日丸付けしてノート返しました。あそこにやること書いてあるんですけど、16番から18番で皆さん、小数点がそろってないとか、そういう間違いが多かった。」（僻地校体験実習参加者　八代若葉さん）

今、僻地と呼ばれる地方や全国各地で小中学校の小規模校化が急激に進んでいます。

小規模校では複式学級や少人数学級等に対応した指導力のある教員が求められています。

しかし、教員の人数不足が進んでいることと、教員養成段階で小規模校での授業について学ぶ機会がないため、全国的に小規模校での授業に対応できる教員が不足しています。

北海道教育大学ではこの課題を解決するために僻地小規模校教育研究センターを設置し、地域の教育の実態に触れながら、僻地小規模校での教育に実践力を持った教員の育成に取り組んでいます。

僻地小規模校体験実習は通常の教育実習に加えて実際に小規模校で体験実習を行う取り組みです。

僻地校体験実習は選択科目として種免教育実習とは別に実施されます。

「1年生から6年生まですごいとても明るくて挨拶ができる子なので、それは2週間毎日すごいなーって思いながら、子どもたちの明るい雰囲気に負けないように私も毎日頑張ってました。教育実習は大きな学校で5週間やった後だったので、そこから比べると、すごい小さい学校なこともありますし、あと、複式授業っていうのがやるのが実際初めてだったので、その2つの学年を渡りあるかなければいけないっていうことで、単純に授業の時間が半分しか取れなくなるので、その間にいかに子どもに大切なことをどうやって伝えようかなあっていうのを考えながら、楽しく大変でしたけどとても充実した2週間でした。」（僻地校体験実習参加者　八代若葉さん）

僻地小規模校の教育にはきめ細やかな少人数指導、教員と児童生徒との密接な信頼関係、地域と連携した学校経営などの特徴があります。

それらの特徴を実際に僻地校で実習を行うことを通じて学びます。

「子供たちがスゴイ元気いっぱいで、いつでも遠くにいてもおはようございますとか、こんにちはとかっていうふうに声をかけてくれるので、とっても明るくて元気のある学校です。2週間複式の授業を、あの、初めて子どもたちを目の前にやってみて、なかなか思うように進まないことが、あの、単式と違って難しいことたくさんあったんですが、でも子どもたちが一生懸命声を上げて、あの、先生こうでしょうとかって

ふうに答えてくれたので、とっても楽しかったです。他の複式の学級に行ったとしても、この力を生かせればなというふうに思っています。」（僻地校体験参加者　江渡明香さん）

　実習の前にはオリエンテーションのほか、全体の事前指導や実習校ごとの個別指導が行われます。

　実習は1週間または2週間現地に滞在して行います。実習後は事後指導が行われます。実習報告会も実施され、それぞれの学生が行った小規模校での体験を共有します。また、毎年僻地小規模校教育フォーラムを開催しています。

　北海道教育大学は急激に進む小規模校化や人材不足に対応する教員教育に向けて、教育委員会や関係機関と連携して取り組んでいます。

　「私はこの2週間とても大変だったんですけど、本当に（この課程を）とってよかったなっていうのはすごい思っています。」（僻地校体験実習参加者　八代若葉さん）

　「教育実習の5週間での学びはもちろん、それを生かしたうえでさらに改善してこの2週間臨むことができたので、将来教師になった時に役立つ、すごいためになる実習だったと思います。」（僻地校体験実習参加者　八代若葉さん）

　「2週間という短い時間なんですが、すごいためになることだらけの実習です。少し大変だなとか、講義行かないで休んでいくっていうのが不安な人もいるかもしれないんですが、ぜひ、他の、お友達とかを誘って参加するべきだなぁと思います。」（僻地校体験参加者　江渡明香さん）

　僻地小規模校体験実習は希望する学生が実際に僻地小規模校で実習を体験することによって、小規模校での教育実践力を身につけます。さらに様々な学級や子供に対応できるようになり、教育の実践力そのものも高めます。

　僻地小規模校体験実習の取り組みでは、小規模校化が進むことで必要とされている個々の子どもの理解と少人数学級経営、学習指導など、現代に求められる教員の実践的資質、能力を養成します。

第14課　医療技術

ビデオ①　3Dプリンターで「血管」「神経」を作製!?

　福岡市天神のオフィスビルの一角にあるベンチャー企業「サイフューズ」の研究所です。ここでは、3Dプリンターを使って人の血管や神経を作っています。

　「こちらがバイオ3Dプリンターになります。細胞をインクとしてプリントするタイプになります。」（サイフューズ研究員　松林久美香さん）

　「バイオ3Dプリンター」でインクの役割を果たしているのが、人の細胞を培養して作られたスフェロイドと呼ばれるだんご状の組織です。

　「細胞のだんごを積み上げてチューブ状の構造体を作っています。」（サイフューズ

研究員　松林久美香さん）

　　細胞の塊を、針が並ぶ「剣山」に積み上げていきます。
　　「細胞のだんごを吸い上げて、そして剣山の針の位置をカメラで認識して、そこにだんごを設置していく。」（サイフューズ研究員　松林久美香さん）
　　細胞同士が自然にくっつきあう性質を生かして、血管や神経などのチューブを作っていくといいます。
　　「細胞を立体的にするという技術は、治療の選択肢を増やすことに貢献ができるんではないかと。」（サイフューズ研究員　松林久美香さん）
　　完成したものを見せてもらいました。
　　「これが細胞でできたチューブです。」
　　「実際に持ち上げてみます。はい、思ったより硬いですね。弾力があります。」（レポーター　岩本大志）
　　3Dプリンターで作られた血管や神経は、患者自身の細胞を使っているため、拒絶反応が起きにくいというメリットがあります。
　　京都大学医学部附属病院では、サイフューズが3Dプリンターで作ったチューブ状の「神経導管」を指の神経を損傷した患者3人に移植する臨床試験を実施。1年間経過を観察した結果、3人とも手の知覚神経が回復し、仕事に復帰することができました。
　　「今回は神経ですけども、いろんなものが、その、えー、障害を受けたり欠損したり、で、苦しんでられる方がおられるので、まあ、ゆくゆくはですね、あの、自分の細胞から。えー、そのなくなったものを作れるということになれば、あの、すごく、あの、患者さまにとっても、ま、喜びというか生きがいが出ることだと思いますし、あの、すごく、あの、夢のある治療法じゃないかなと。太い神経の長い欠損だと、もう諦めざるを得なかった部分があったんですけど、えー、そういうのにも、あの、ゆくゆくは応用が効くんじゃないかな、と。」（京都大学医学部附属病院　池口良輔准教授）
　　福岡のオフィス街から世界に向けて再生医療の研究を進めていきます。
　　「手作業で、こう臓器を作るというのはなかなか難しいんですけれども、私たちのように細胞版の3Dプリンターを使って、えー、臓器を作るということを少しずつ、ま、知っていただいて、実際の治療にまでつながっていけばと思っております。アジア、アメリカ、ヨーロッパ、世界に展開したいと考えています。」（サイフューズ秋枝静香代表）

ビデオ②　iPS細胞で脊髄損傷治療へ　慶大チーム　来年にも開始

　　世界初の再生医療が日本で計画されています。
　　iPS細胞から作製した神経幹細胞を移植して、脊髄損傷の患者の治療を目指す慶応

スクリプト

大学の臨床研究計画を、大学の審査委員会が大筋で了承しました。慶応大学の岡野栄之教授のチームが計画しているもので、スポーツ中のけがや交通事故などで脊髄を損傷した患者が現れた場合、治療効果が期待できる、負傷してから4週間以内にiPS細胞を注射して、神経の再生を促すということです。脊髄の損傷で身体の一部を動かすことができなくなっている患者は、国内に20万人以上おり、毎年5000人ずつ増えています。

今後、国に認められれば、来年にも世界で初めてとなる移植が開始されます。

ビデオ③ センサー付きの服で健康状態や転倒を把握 高齢者見守りシステム実証実験 高松市

「高齢者が倒れた時にこちらの加速度センサーが転倒を検知し、そのことを離れたところにいる人にも伝えることができます。」(記者)

高松市は、香川高専と医療ソフトウェア開発会社のミトラと連携して、IOT(＝モノのインターネット)を活用した介護予防推進事業に取り組んでいます。

今日は、高松市のデイサービス施設の利用者12人にセンサーの付いた服を試着してもらい、システムが正常に動いているかを確認しました。GPSによる高齢者の位置情報や、健康状態、転倒など異常事態をスマートフォンで把握することができます。香川高専が特許を取得したセンサーを使っていて、服の上からでも呼吸や心拍数を正確に測定できます。高松市は今後、実証実験を重ねてデータを集め、来年までにシステムの実用化を目指しています。

「新しい機器を導入してそれによって、見守りを、まあ、人の見守りを補完をしていくという風なことを考えています。」(高松市 長寿福祉課 藤澤晴代さん)

ビデオ④ 国内初 ES細胞使ったヒトへの治験を許可

ES細胞を使った「ヒト」の治療について、国が国立の小児専門の病院による「治験」を、今日付で、許可したことが分かりました。ES細胞を使ったヒトへの治療は国内初となります。

ES細胞は受精卵から作られるもので、iPS細胞と同じように、様々な細胞に変化するため、臓器などの機能回復に使えると期待されています。国立成育医療研究センターの研究チームは、生まれつき、肝臓でアンモニアが分解されずに血液の中にたまる「高アンモニア血症」の赤ちゃんの肝臓に、ES細胞から作った肝臓の細胞を移植する研究を進めていて、国は今日付で、「治験」としての実施を許可したということです。

この治療は、肝臓移植を待つ間に赤ちゃんの状態が悪化するのを食い止めるのが目的で、センターは、早ければ秋に1例目を行い、2年間で5例の手術を予定しています。

「臓器移植をする前にですね、高アンモニア血症で命を落としてしまって、我々の所にまでたどり着けないお子さんたちをたくさん見てきてますので、そういったお子

さんたちを大きく育ってってほしい。」（国立成育医療研究センター　笠原群生医師）

　海外では、ES細胞を使ったヒトへの治療が行われていますが、国内では初めてとなります。

ビデオ⑤　風疹、患者数1000人に迫る

　風疹の最新の患者数は、1000人に迫る勢いです。

　風疹は熱や発疹が出たり、耳の後ろのリンパ節が腫れる病気で、妊娠初期の女性がかかると赤ちゃんに障害が残るおそれがあります。

　今日、国立感染症研究所が公表した最新の患者数は、952人となりました。4週連続で100人単位で増加していて、去年1年間の患者数の10倍を超えています。

　厚生労働省は、患者数の多い東京など5都県に通知を出し、抗体検査や予防接種を受けるよう呼びかけています。

第15課　ハイテクノロジー

ビデオ①　日本初の水星探査機打ち上げ　7年後に到着

　7年間、およそ88億キロに及ぶ宇宙での冒険が始まりました。日本初となる水星探査機が今日、南米のフランス領ギアナから打ち上げられました。

　日本初の水星磁気圏探査機「みお」をのせたロケットは、日本時間の今日10時45分ごろ、南米フランス領ギアナで打ち上げられました。「みお」は2025年12月ごろ、水星に到着する予定で、一緒に打ち上げられたヨーロッパの探査機と協力しながら、およそ1年間、水星周辺の環境の観測を行います。

　JAXA（宇宙航空研究開発機構）によりますと、水星は太陽に一番近いため、熱で探査が難しいとされています。水星は、地球のように固有の磁場があるなど謎に満ちていて、「みお」の観測には太陽系の惑星の起源を解明する鍵となることが期待されます。

ビデオ②　駅の売店　「無人決済」JR東が実証実験へ

　JR東日本は、AI（人工知能）を活用して、駅の売店の支払いを店員がいなくてもできる実証実験を明日から始めます。

　AIで支払いの計算をする実証実験は、明日から2か月間程度、JR赤羽駅のホーム上の売店で行われます。

　「天井に取り付けられたカメラで利用者を追跡し、商品内に付けられたセンサーで手に取った商品を認識します。」（日本テレビ　南　大樹）

　商品を持った利用者が出口の手前にある決済ゾーンに入ると、ディスプレーに商品の明細と合計金額が表示され、Suicaなどの交通系電子マネーのみで支払いできます。

　レジで会計を待つ必要がなく、手早く支払いできるのがメリットで、JR東日本は、

人手不足が深刻な地方などにある駅での導入も見越して実用化を検討しています。

ビデオ③　全国初　複数の車を同時に遠隔監視運転　愛知　豊橋

　実験に使われた2台の車です。1台にはハンドルがついていません。車の自動運転の実用化に向けて、愛知県豊橋市の総合動植物公園で行われた実験では、2台がおよそ1.5キロのコースを時間差で同じ方向に走らせました。

　2台には、センサーやカメラが搭載され、あらかじめ入力した地図情報を照合しながら自動で走行し、ほかの車両や歩行者などはセンサーで感知して衝突を避ける仕組みです。一方、不測の事態には、遠隔で制御することになっています。

　実験はさまざまな状況に応じた走行性などの確認のため行われ、2台は、時速およそ7キロで走行しました。愛知県によりますと、運転席にドライバーが乗っていない複数の車を遠隔監視で走らせる実験は全国で初めてです。

　「実際に、そういう市民の方に乗っていただいて、自動運転というものをご理解いただくための取り組みを今後も進めていきたいというふうに思っております。」（愛知県の担当者）

　愛知県は、今後、より走行速度を上げることが可能なのかなどについて、公道を使って実験を行う方針です。

ビデオ④　「AI面接官」爆誕！　就活女子もたじたじ

　面接官はスマートフォン。

　「力を入れて熱中してきた活動の内容と期間を教えてください。」（スマートフォンからの質問）

　こちらは人材採用コンサルティングなどを行う企業が開発したAI面接サービス。人が持つ資質を見極めることに特化しています。

　「困難な状況を乗り越えたという経験はありますか。」（スマートフォンからの質問）

　「はい、あります。」（大学生）

　「その苦労や困難はどのような状況だったのですか。」（スマートフォンからの質問）

　初めは順調にAI面接官の質問に答えていきます。しかし。「その提案をしようと思った理由を、もう少し詳しくお話しください。」（スマートフォンからの質問）

　「えー。詳しく…」（大学生）

　AIの鋭い質問にたじたじ。

　このAI面接、3つのAIの組み合わせでできています。まずは「会話するAI。」次に「答えを文字にするAI」、3つ目が「適切な質問を選ぶAI」です。これらを瞬時に処理しています。

時間や場所の制限を受けず、優秀な人材に出会いたいと願う企業の声から開発。応募時のエントリーシートや1次試験のスタッフなど、初期段階でのコストや労力を減らすことができます。すでに60社ほどから問い合わせがあり、来年度、5000人以上がこのAI面接を受けることになりそうです。

面接時間は短い人で60分ほど。この学生の場合、126問、85分にも及びました。受けてみた感想は?

「紙1枚よりは、こっち側の情報を向こうが検討してくれているっていいと思います。」(大学生)

AI面接後には詳細なレポートが作成され、採用する側の判断材料となります。しかし、「AIは感情を見抜くものではないということですね。この人と一緒に働きたいと思うかどうか、人が面接で見抜くべきものだと思っております。」(タレントアンドアセスメント　山﨑俊明代表取締役)

ビデオ⑤　「空飛ぶ車」実現へ計画の素案公表　「2020年代に実用化」

「空飛ぶクルマ」は、主にドローンの技術を応用し、電動で飛行と離着陸ができる機体のことで、交通渋滞の解消や物流サービスの効率化などにつながるとして、世界で開発が進められています。

その実現に向けて、経済産業省と国土交通省は、開発を進める企業などが参加した協議会で計画のロードマップの素案を公表しました。

それによりますと、2020年代半ばに離島や山間部での移動手段として実用化したあと、2020年代後半には都市部でも利用できるようにします。

これに向けて来年から試験飛行を許可し、実証実験の候補地としては、東京と大阪、それに三重県と福島県があがっているということです。

協議会では、来月の会合で最終的なロードマップを決定したいとしています。

第16課　心理健康

ビデオ①　高橋祐也被告　「覚醒剤使用」認める

女優の三田佳子さんの次男・高橋祐也被告(38)は今年9月、東京・渋谷区の自宅で覚醒剤を使ったとして起訴されています。

今日の初公判で高橋被告は、「間違いございません」と述べ、起訴内容を認めました。高橋被告は被告人質問で、知人から覚醒剤を勧められて手を出したとし、「依存症の認識が希薄になっていた。本当に申し訳ありません」と謝罪しました。

検察側は論告で、「常習性と依存性は顕著で、再犯のおそれが極めて大きい」として、高橋被告に懲役2年6か月を求刑しました。

一方、弁護側は最終弁論で、「今後は沖縄の依存症治療施設で治療に専念すると約

束している」として、執行猶予付きの判決を求めました。

判決は来月13日に言い渡されます。

ビデオ②　塾大手「ステップ」で労災認定、48日連続勤務で精神疾患

神奈川県内にある大手の塾で教室長をしていた男性が48日間休日なしで勤務し、精神疾患を発症したとして労災の認定を受けていたことがわかりました。

「いまだおそらく同様の状況で働いている教師がいると思うと、心が痛みます。」
(「ステップ」で教室長をしていた男性)

労災が認められたのは、神奈川県内で150近くの教室を運営する塾大手「ステップ」の教室長だった41歳の男性です。男性はおととし10月から高校入試に向けた対応などで多忙を極め、48日間休日なしで勤務が続き、その後、体調を崩し、適応障害を発症しました。

会見に同席した弁護士は「教育産業でも過度な労働が蔓延していることが示された」としています。

「ステップ」は「事実関係を確認中で、現時点でのコメントは差し控える」としています。

ビデオ③　精神科病院で入院患者が別の患者を殺害…争点は「責任能力」　高松地裁で裁判員裁判

殺人の罪に問われているのは、住所不定の無職田中信行被告（66）です。

起訴状などによりますと、田中被告は去年10月2日、当時入院していた高松市の精神科病院で、同じ病棟の男性（当時77）の頭を消火器で複数回殴るなどし、殺害した罪に問われています。

田中被告はアルコール依存症の治療のため、入退院を繰り返していました。今日の初公判で田中被告は「間違いない」と起訴内容を認めました。

冒頭陳述で検察側は、「被告はアルコールによる軽度の認知障害があるものの、善悪を判断する能力はあった」と主張しました。

一方、弁護側は「アルコール依存症による精神疾患を患い、心神喪失か心神耗弱状態だった」と主張しました。

裁判員裁判では、田中被告の責任能力が争点となります。

判決は今月24日に言い渡されます。

ビデオ④　ひきこもりの人に社会復帰してもらうには

およそ80から90万人にのぼるとみられる中高年のひきこもり。昨夜の深層ニュースでは、長期化・高齢化したひきこもりの人に社会復帰してもらうには、何が必要かを議論しました。

「（社会復帰への）入り口としては、とりあえずお金を稼げたという経験をして

もらう。ちょっと稼いでもらって、自信をつけたら、次は実際に職場に行って試してみる。段階的にやっていくこともあっていいと思いますね。」（精神科医　斎藤環氏）

「ひきこもりが長引くと自然とハードルをめちゃめちゃ上げるんですよ。やっぱり。あのすごい者になりたいというか、まあ、あるいは、普通になりたいと思っても普通ってだいぶレベルが高い状態ですから、ひきこもりの人からすると。あんまり遠くに高くに目標を置かずに、もう本当にもうちょっとだけ、この紙をこうするぐらい、きょうはこれだけぐらいの感覚で積み上げていった方が、たぶんゴールは近くなる。」（山田ルイ53世氏）

10代の頃、6年間自宅にひきこもっていた経験を持つお笑いコンビ「髭男爵」の山田ルイ53世さんは、家族や社会の支援も大事だが、自らが動く気持ちがないと事態は変わらないと指摘しました。

ビデオ⑤　校長からのパワハラでうつ病　小学校教諭が県と甲府市に賠償命令

パワハラを受け、うつ病を発症したとして訴えていたのは、甲府市立の小学校に勤務する深沢佳人教諭です。

判決文によりますと、深沢教諭は2012年に家庭訪問先で犬にかまれてけがをしましたが、その後、校長は被害者の深沢教諭に児童の家に一人で行き、謝罪するよう指示しました。

甲府地裁は、この行為は指導としては明らかに逸脱し、精神的苦痛を与えたと訴えの一部を認め、県と市に連帯しておよそ300万円の損害賠償を支払う判決を言い渡しました。

県教育委員会は「甲府市とともに今後の対応について検討する」とコメントしています。

第17課　健康管理

ビデオ①　運動や健康診断で保険料がお得に…競争激化

住友生命は、運動をすると年間の保険料が最大で30％安くなる新しいタイプの保険を発表しました。

住友生命が発表したのは健康増進型の保険です。ウォーキングしたり、提携するジムに通うなどすると、その分、保険料が安くなります。スマホやウエアラブル端末と連動していて、心拍数や歩数などのデータが保険会社側に送られ、ポイントに換算され、獲得したポイントに応じて保険料が決まる仕組みで、最大で30％安くなります。

また、ポイントに応じてスターバックスやローソンの商品がもらえるなどの特典も受けられます。

スクリプト

　健康への意識が高まる中、生命保険各社は健康増進型の保険に注目しており、第一生命でも健康診断の結果を提出すると保険料が安くなる保険を発売するなど、顧客の囲い込みが激しくなっています。

ビデオ②　神宮球場で1300人が「ナイトヨガ」

　健康意識を高めて日頃の運動不足を解消しようと、およそ1300人が神宮球場で「ナイトヨガ」を行いました。

　「不祥事の対応をするだけがスポーツ庁の仕事じゃありません。国民のみなさんがですね、健康になって、そして活力ある社会、これを目指しております。」（スポーツ庁　鈴木大地長官）

　この「ナイトヨガ」は、厚生労働省がスポーツ庁と連携して行っているイベントの一つで、普段は入ることができない神宮球場のグラウンドにおよそ1300人が集まり、ヨガを行いました。

　「たまには立ち止まって、いまこの瞬間を味わい尽くしてみます。」

　厚生労働省の調査によりますと、20代30代の女性で「運動習慣がある」と答えたのは、全体の1割にも満たなかったということで、厚労省とスポーツ庁は、「ヨガ」を通して、特に若い女性に、運動不足の解消に取り組んで欲しいとしています。

ビデオ③　要介護を防げ！　筋トレを習慣化するには

　「将来要介護にならないためにも日々の筋トレとストレッチが大事ということなんですが、これ、でも、その習慣を付けるというのがなかなか難しいんですよね。」（吉竹キャスター）

　「はい。」（中野ジェームズ修一氏）

　「どうしたらいいんでしょうか。」（吉竹キャスター）

　「まずですね、毎日やろうというハードルの高い目標設定をしないことが重要だと思います。」（中野ジェームズ修一氏）

　「毎日やろうって…」（近野キャスター）

　「しなきゃいけないなあとおもってました。」（吉竹キャスター）

　「やあ、しなくていいです。」（中野ジェームズ修一氏）

　「そう思いこまなくていいんですね。」（近野キャスター）

　「運動を普段からしていない方がいきなりそうしてしまうと、ハードルがすごく高くなってしまいますので…」（中野ジェームズ修一氏）

　「おっしゃるとおり！」（近野キャスター）

　「まず三日坊主をすることを目標にしてください。」（中野ジェームズ修一氏）

　「三日坊主をする。」（吉竹キャスター）

　「はい、三日やってサボってください。そしたら、また三日坊主をまたやってサボ

りましょう。」（中野ジェームズ修一氏）

「心強い！」（近野キャスター）

「長野さん、私ね、要介護にならないためには生活習慣病対策もしなくてはならない。そのためにはやっぱりこう体重を。標準体重だと、あと11キロ落とせと言われてるんですけど、このストレッチ、筋力トレーニングやると11キロ痩せられます？」（吉田キャスター）

「それと、有酸素運動と摂取カロリーのコントロールですね、合わせていかないと難しいと思います。」（中野ジェームズ修一氏）

「やるべきことはたくさんありますね。」（吉田キャスター）

「でも三日坊主でもいいっていうことですから。」（近野キャスター）

「三日坊主を、ようは10回繰り返せば1か月運動していたのと全く同じですので…」（中野ジェームズ修一氏）

「前向き、前向き。」（近野キャスター）

「三日坊主を何回繰り返すかを考えながらやってみてください。」（中野ジェームズ修一氏）

ビデオ④　働き盛りに流行の兆し？「はしか」対策とは

さて、今日の目線は流行の兆し、「はしか」の対策とはです。いま広がりつつあるはしかですが、厚生労働省の調べでは、感染者はすでに100人以上。はしかといえば子どもがかかるイメージですが、近年、大人の感染者も増えているんです。私たちはどのように対処したらいいのでしょうか。そもそも、はしかとはどのような病気なのでしょうか。

「麻しんウイルスによって起こる感染症です。麻しんウイルスを吸い込みますと、10～12日間の潜伏期、発熱、せき、鼻水、喉が痛い、そういう、風邪のような症状で始まります。」（国立感染症研究所・感染症疫学センター第三室の多屋馨子室長）

その後、口の中に白い斑点ができ、首筋から赤い発疹が全身に広がるのが特徴です。はしかは感染力が強く、重症化すると40度以上の高熱や、肺炎などの合併症で死に至ることも。

子どもがかかると思いがちなはしか。しかし現在、発症している人たちは…

「いまは75％～80％程度の人が、大人が発症している、そんな状況です。」（多屋馨子室長）

特に、働き盛りの20～49歳がかかる場合が多いといいます。今回、大人の感染が増えている理由、それは「予防接種」の回数にありました。現在、厚生労働省では、はしかの予防接種を2回受けると、ほぼ確実に予防できるとしています。しかし、年代ごとに見ると、現在28歳以下の人たちは予防接種を2回受けていますが、28～45歳までの人たちは1回しか受けていないことが多く、免疫が十分ではないことも。一方、45歳以

上の人たちは定期接種のない時代なのですが、知らないうちに感染し、抗体をもつ場合も多いのだそうです。予防接種の回数は、母子手帳で確認できます。

ビデオ⑤　歩きやすい服装で出勤PR〜スポーツ庁

歩きやすい服装での出勤をPRするため、スポーツ庁の職員がスニーカー姿で出勤しました。足元はスニーカー、リュックサックを背負う人も。

この人たちスポーツ庁の職員なんです。スポーツ庁では運動不足をウオーキングで解消してほしいと、歩きやすい服での出勤を呼びかけるキャンペーンを行うことにしていて、今朝は、鈴木長官も職員と一緒に13階まで階段を上りPRしました。

「ちょうどいい運動になるなと思って…」（参加した職員）

「日常生活の中で動く、スポーツをする、歩く、こういったものをですね、取り入れていただきながら、健康になって活力のある社会をつくっていくと…」（スポーツ庁　鈴木大地長官）

スポーツ庁では健康促進につなげてほしいとしています。

第18課　現代健康問題

ビデオ①　「全国がん登録」がん患者は約99万5千人

初めて「全国がん登録」制度によるデータがまとめられ、2016年にがんと診断された人はおよそ99万5000人だったことがわかりました。

「全国がん登録」制度は、2016年から始まり、がん患者の個人情報や治療歴などをデータベース化して、国が一元管理するもので、初めてデータが公表されました。

それによりますと、2016年にがんと診断された患者は99万5132人でした。

部位別では、一番多かったのは大腸で、次いで、胃、肺、乳房、前立腺となっています。男性は、胃、前立腺、大腸の順で多く、女性は、乳房、大腸、胃の順でした。

また、「地域がん登録」をもとにした2015年のがん患者数が89万1445人だったと国立がん研究センターは発表しました。前年よりもおよそ2万4000人増えています。

ビデオ②　認知症予防に効果も！インナーマッスル運動

体の姿勢を保つことに重要な働きをしているインナーマッスルと呼ばれる筋肉が、最近、注目されています。昨夜の深層ニュースでは、東京大学の名誉教授が、このインナーマッスルを動かすことで認知症の予防にも効果があると指摘しました。

「いろんな運動をやったときに、頭の活動がどうなるかっていうことを実際に調べてみました、そうしてみるとですね、普通の体を小さく動かすよりは全身を動かす、深いところの筋肉を動かした方が、脳にすごい血液がいってですね、脳が活性化すると。で、実際に認知症になっちゃったような人も、テストしてやってみると、なんか回復してくるんですよね。それで、やっぱり最近は、運動が認知症の予防になるとい

うことは一般的に認められてきましたが、どういう運動がいいかというと、やっぱりいろいろ考えて、インナーマッスルを使う運動が一番いいんじゃないかなというところまでは近づいています。」（東京大学名誉教授　小林寛道氏）

東京大学名誉教授の小林寛道氏は、また、体の芯に当たるインナーマッスルを鍛えることで、肩こりや腰痛の予防にもつながると説明しました。

ビデオ③　結核、都内病院で集団感染2人死亡　感染拡大防ぐには？

東京都は昨日、大田区の総合病院で結核の集団感染が発生し、60代の患者2人が死亡したと発表しました。区内で起きた集団感染に不安の声が聞こえています。

「結核の集団感染はこちらの総合病院で起こりました。計24人の感染者が出たということです。」（リポーター　増田有記）

ことの発端は去年11月、牧田総合病院に60代の男性が全身衰弱で緊急入院し、肺結核と診断されました。男性は12月に死亡し、病院ではその後、結核の感染が相次いで発覚。一連の集団感染で入院患者や職員合わせて24人が感染しました。そのうち10人が発病し、死者は2人となりました。東京都は原因として、病院が最初に搬送された患者に結核を疑わず対応したことや、院内の換気が不十分だったことを挙げています。

そもそも結核とは、「せきとか、たんとか、まあ、熱とかでるような、あとは、全身的な症状としてはすごくだるさがあったり、食欲がちょっとなくなるとかっていう症状が出てきます。体の抵抗力とかが落ちている場合は、まあ、あの重症化することもあって、なかには亡くなるかたもいらっしゃる…」（大田区　感染症対策課の高橋千香課長）

風邪に似た症状が続く結核は都内で減少傾向にあるものの、毎年2 000人以上が感染し、去年は241人が死亡しています。

ビデオ④　風邪？体調が悪い？それ「秋バテ」かも…

今日の目線は、その症状秋バテ？家庭でできる対策とは、です。

猛暑もおさまり最近まあ日中でも気過ごしやすい気候になってきましたよね。皆さんの中には、何となく風邪っぽかったり、体調が悪かったりという人もいるかもしれませんが、実はそれ「秋バテ」という症状かもしれないんです。

「秋バテ」の見分け方とは…

都内のクリニックへ聞きにいくと、「いわゆる秋バテは寒暖差によって起こりやすいんです。けん怠感、だるかったり、冷え、寒さを感じたり、様々な体調不良が起こるんですね。」（池袋大谷クリニック　大谷義夫院長）

こちらは大谷先生が作成した秋バテチャックリスト、皆さんも見てください。

（1）季節の変わり目に体調を崩しやすい。

(2) 体の一部が冷たく感じることが多い。
(3) 体が冷えて眠れない。
(4) 筋肉量が少ない。
(5) 風邪ではないのにせきが出る。
(6) 風邪ではないのに鼻水が出る。
(7) そして、麺類など炭水化物やファストフードばかりを食べている。

　この7個のうち3個以上当てはまる人は、注意が必要なんだそうです。
　秋バテの症状が悪化すると、過敏性腸症候群やぜんそく、季節性うつ病を発症する場合も。では、どのように対策すればよいのでしょうか。
　大谷先生によると「服装」「食事」「入浴」の3つのポイントがあるといいます。
　「いまは寒暖差が激しい季節ですので、1枚ストールなど羽織る物を持って出かけていただくこと…」(大谷義夫院長)
　そして、つづいては食事面です。血管を拡張し、血流をよくするとされるタマネギをとってください。そして、豚肉はエネルギーの代謝を促します。「生姜焼きとかよさそう」うん、まさにその通り、「冷え」対策には、ショウガやトウガラシをとることで体があたたまります。「ぴったりだ、生姜焼き」さらに、この時期手軽にできるのが、牛乳で溶かした温かいミルクココア。血管拡張作用のあるポリフェノールや、牛乳のタンパク質が一緒にとれるので、オススメなのだそうですよ。
　そして、「お風呂の入り方、おすすめは就寝前の1時間前に39℃程度のお風呂に10～15分つかるということ。」(大谷義夫院長)
　「ぬるめですね。」
　そのぬるめ、どんなつかり方でもいいそうですが、お風呂に入って、内臓の温度、深部体温を上げてから布団に入ることで、より質の高い睡眠がとれるんだそうです。寒暖差から来る秋バテ、対策をしっかりと行い体調管理を心がけましょう。

ビデオ⑤　パーキンソン病患者の脳にips細胞移植

　京都大学の高橋淳教授らは先月、50代のパーキンソン病患者の脳にips細胞を移植したと発表しました。パーキンソン病は、手足が震え、筋肉がこわばるなどの症状が出る難病で、国内に16万人ほどの患者がいるとされています。
　この病気は、「ドーパミン」と呼ばれる神経伝達物質が減少することで発症するもので、高橋教授らは、患者の脳にips細胞から作った神経細胞およそ240万個を移植しました。
　ips細胞を使ったパーキンソン病患者への移植は世界で初めてで、経過は良好だということです。高橋教授らは、安全性や有効性を確かめた上で、5年以内の実用化を目指すことにしています。

第19課　社会福祉

ビデオ①　店員は吃音の若者

「アイスコーヒーです。はい。ごゆっくりどうぞ。」（店員　畑中日菜さん）

北海道で初めて1日限定で開かれたカフェ、その名も「注文に時間がかかるカフェ」です。

店員は吃音のある若者たち。話し言葉が滑らかに出なかったり、繰り返してしまったり、注文には時間がかかるかもしれません。そこで店員のマスクには客に配慮してほしいことが書かれていました。

「僕は言葉に詰まった時、自分がまあ言おうとしていることを推測できそうであったら、推測してほしいなというふうに。」（店員）

「どもっても、言葉が出るまで待ってほしい」と書いていたのは大学生の畑中日菜さん22歳です。

「少しでもその、人に対してこう、ポジティブになれるようになったらなと思っています。」（畑中日菜さん）

声が詰まってしまう症状が多く、接客業を避けてきたという畑中さん、思い切ってカフェの店員に挑戦しました。

「言葉が、あの、上手には出ませんが、他の人と、同じように、接していただけると、あの嬉しいです。」（店員　畑中日菜さん）

客も遮ったりせず言い終わるまで待つなどといったルールのもと、店員の言葉に耳を傾けます。

カフェの事前予約は満員で、およそ30人の客が訪れました。

「私と同じそのあのその吃音を持っていらっしゃる方が、普段、普段、その普段、その一生懸命にその、にあのそのにに説明ですとか、接客をあのされてらっしゃる姿を見て、そのすごいなと言いますかあのその、勇気がないとできないことだというふうには本当につくづく思うので。」（客さん）

メニューにも工夫が。滑らかなさつまいものペーストはスムーズに話すイメージを。トッピングされた歯ごたえのあるさつまいものお菓子は吃音の症状を表し作られていると言います。

最初は緊張していた様子の畑中さんも時間が経つにつれて笑顔が見られました。

「ありがとうございます。」（店員　畑中日菜さん）

「結構なんか思ってた以上にはちゃんとこう、はな、話せたなって、あの思いました。はい」

客として訪れた同じ吃音の当事者からは「夢は叶う」という激励が寄せられました。

「吃音でも、あの、夢は叶います一緒に頑張りましょうと書きました。あの、小学校の先生になりたくて、けど、あの、この吃音があるから1回はもういいかなっていうふうに諦めたんですけど、なれたので、夢は叶いますって書きました。」(客さん)

このカフェの発起人は吃音当事者の奥村亜莉沙さんです。

「吃音がある若者は、私はもうずっといろんなことを諦めて大人になってきたので、吃音の影に隠れないでほしい。また、あの自分のやりたいことを諦めずに挑戦していってほしいっていうふうに思ってます。」(奥村亜莉沙さん)

諦めずに挑戦すれば夢は叶う。注文に時間がかかるカフェの体験は吃音の若者たちの自信につながっているようでした。

ビデオ②　障害者雇用水増し28機関で3 700人分に

中央省庁の障害者雇用の水増し問題で、第三者による検証委員会は今日、報告書をまとめました。10年前に退職した職員を算入するなど、国の各機関で障害者雇用に対する意識の低さが浮き彫りとなりました。

検証の結果、33の国の行政機関のうち、不適切な算入は国税庁や国土交通省など28機関で3 700人分に上り、実際の雇用率は1.18でした。報告書では、各機関の実態が報告され、2番目に水増しが多い国土交通省ではおよそ10年前に退職した人など、実際には在職していない81人を計上していました。

視覚障害での水増しも多く、総務省、環境省、特許庁、農水省では、本来は矯正視力で0.1以下の人が対象となるにもかかわらず、裸眼視力で算入するなどしていました。また、こうした水増しを21年前から行っていた機関が4機関あるということですが、意図的な水増しについては、把握していないとの認識を示しました。

報告書では、法定雇用率を達成させようとするあまり、恣意的に解釈された基準で、不適切な実務慣行を継続してきたと指摘しています。

ビデオ③　「無償化」より「待機児童解消」優先が8割

政府が実施するとしている「幼児教育の無償化」よりも「待機児童の解消を優先すべき」と答えた人が、子育て世代の8割近くにのぼることが、民間グループの調査で分かりました。

SNSなどを中心に活動する民間グループ「希望するみんなが保育園に入れる社会をめざす会」は、去年の衆院選で政府が「幼児教育の無償化」を打ち出したことから、去年10月、ツイッターでアンケートを行いました。その結果、書き込みをした約6 000人のうち、77%が「無償化」より「待機児童の解消」を優先すべきと答えたということです。

そのグループは今日、「待機児童」についての意見交換会を行い、参加者からは、「社会全体の問題という意識が必要だ」「保育士の負担軽減のためにもベビーシッター

などの活用も考えるべき」といった声があがりました。

「決まっても、もやもやするっていうか。他人事にしちゃいけないなと思う。」（子どもが認可保育園に入園予定の母親　41）

「保育の今の課題のほうの勉強をしていたら、課題がこんなに山積みなんだっていうのに気づいて、一緒に、なんか地域とかで保育とか子どもとかお父さんお母さんのことを考えていければ、いいのかなあと思っています。」（保育士を目指す大学3年生）

このグループは、今後もSNSを通じて待機児童問題を議論していくということです。

ビデオ④　男性の育児休暇　理想と現実　10月19日は「イクメンの日」

1日も取っていない人が65％。厳しい現実が、明らかになりました。10月19日は、「トウサン（父さん）」「イクジ（育児）」で、「イクメンの日」。イクメンといえば、フリマアプリ「メルカリ」の小泉社長が、去年、およそ2か月の育児休暇を取り話題となりましたが、多くの男性にとって、長期の育休はまだ難しいのが現状のようです。

明治安田生命が、0歳から6歳までの子どもがいる既婚男女1100人に行った調査で、「イクメン」の理想と現実が明らかに。男性に理想の育児休暇日数を聞いたところ、最も多かったのが「1か月以上3か月未満」。それに対し、実際に育児休暇を取れた日数は、およそ65％が「0日」と回答。次いで1日以上1週間未満が13.6％と、理想からはほど遠い結果となりました。

では、なぜ育児休暇を取らないのか、本音を街で聞きました。

「仕事に穴を開けてしまうって抵抗ありますか。」（現場の記者）

「それはありますね。やっぱり、まあ、仕事も楽しいので、どうしても僕はそこは譲れないなというのがあります。やっぱり自分の仕事がどうしてもあるので、周囲の協力というよりは、まあ自分個人の問題なのかな…」（商社勤務 20代）

「ぜひ、活用したかったですね。今は、テレワークとかっていう新しい働き方も出てますので、必ずしも育休で完全に仕事をオフにするっていう必要はないのかな…」（既婚　子ども2人 IT系　50代）

「（旦那に）取ってほしいですね。仕事で外せないときとかに、代わりになんか面倒見てもらえるとありがたいかなと…」（既婚　アパレル　40代）

「何人か取った人がその社内広報紙でこう記事が出ているとか、見たことあります。1年間くらいたとえば取って、その男性ならではの苦労とか、いろいろあったけど、結論悪くないから、ほかの社員のかたもぜひ、取ってみてくださいみたいな。会社としてバックアップしてくれているなとは感じました。」（通信系　30代）

「実情、こう働いている人たちはそんな休んでる暇なんてないみたいな状況なの

で、上がいい意味でこう圧力をかけるみたいな風潮ができたら、いろんな会社で育休がもっと浸透というか、はやっていくんじゃないかな…」（メーカー勤務　20代）

ビデオ⑤　福祉施設職員による障害者の虐待、過去最多

福祉施設の職員による障害者への虐待が、過去最多となりました。

厚生労働省の調査によりますと昨年度、福祉施設の職員が障害者を虐待したと判断されたケースは401件で、虐待を受けた障害者は672人となりました。

過去最多を更新していて、知的障碍者への虐待が多いということです。

厚労省は、障害者虐待防止法による通報義務などが定着してきたのではないかと分析しています。

第20課　社会問題

ビデオ①　東京都が「結婚について知事と語ろう！」

少子高齢化や生涯未婚が社会的課題となる中、東京都は昨日、結婚の機運を醸成しようと、小池知事や人気タレントらが参加するイベントを開きました。

「結婚について知事と語ろう！」と題して都庁で開かれたイベントには、「婚活」という言葉を生んだ大学教授や婚活を支援する企業の社長、独身代表としてタレントのクロちゃんや稲村亜美（いなむらあみ）さんらが参加しました。

「いい人見つけたら、すぐにでも結婚したいです。」（クロちゃん）

「自分の自由な時間が取れなくなる、っていうのが一番心配かなあと思いますね。」（稲村亜美さん）

国の機関の調査で、未婚者の「いずれ結婚するつもり」と答えた人が9割近くいた一方で、都の生涯未婚率は女性が全国1位、男性は全国3位だということです。

小池知事はイベントで、「結婚したい人はたくさんいる中で、その背中をちょっと押してあげるようなことができたら」と話しました。都は東京オリンピック・パラリンピックに向けた結婚の機運を醸成する動画を作成するなどしていて、今後も婚活イベントに会場を提供するなど、結婚支援に積極的に取り組む方針です。

ビデオ②　2030年の人手不足は644万人　サービス業が深刻

2030年、最も人手不足が深刻なのは「サービス業」です。

2030年の日本、人手不足が一段と深刻化するという調査結果を、シンクタンクのパーソル総合研究所と中央大学が、今日発表しました。

国が調査したGDP（国内総生産）や就職者数などのデータをもとに試算したところ、2030年には、全国で644万人の人手不足が生じるといいます。これは、厚生労働省が発表した、去年6月時点の人手不足の推計値、121万人の、およそ5倍となる人数です。産業別で人手不足が最も生じるのは、外食などのサービス業で400万人、次

いで医療・福祉の187万人、卸売り・小売りが60万人となっています。また、都道府県別で最も不足が生じるのは、東京都の133万人。次いで、神奈川県の54万人。千葉県と愛知県が36万人などと推計されています。

人手不足解消の対策として、パーソル総合研究所と中央大学は、女性や高齢者、外国人の就労を促すほか、AI（人工知能）の活用で、生産性を上げるべきだとしています。

ビデオ③　「解約できない」スポーツジム契約トラブル増加

「解約ができない」「解約料が高い」などスポーツジムの契約トラブルが増えているとして、国民生活センターが注意を呼びかけています。

全国の消費生活センターなどに寄せられたスポーツジムの相談は昨年度で3 500件を超え、今年度はそれを上回るペースで増えています。具体的には「強引な勧誘で契約させられ、解約を申し出たが、できないと断られた」「1か月でダイエットの効果が出ない場合は全額返金すると言われていたのに対応してもらえなかった」などというものです。被害額が100万円を超えるケースは5年間で270件以上もあったということです。国民生活センターは「契約内容や解約条件、スポーツジムの店舗での契約ではクーリングオフが適用されないことなどを理解してから契約するように」と注意を呼び掛けています。

ビデオ④　日中が協力へ…高齢者介護に関わる人材育成

深刻な人手不足が問題となっている高齢者介護に関わる人材を育成するため、日本と中国の団体が協力していく方針で合意しました。

民間の介護関係の団体などがつくる日中介護実習プログラム委員会によりますと、去年11月、介護職種が外国人技能実習制度の対象に追加されたことに対応するため、中国人実習生の受け入れ体制などについて検討を重ねてきました。そして今日、中国民政省の監督下にある中国老齢事業発展基金会との間で覚書に署名し、今後、介護人材の育成を巡って提携していくことで合意しました。

「中国より優秀な実習生を日本に受け入れさしていただいて、そして日本の介護技術を学んでいただいてですね、中国にもどり中国の、中国介護の発展にですね、寄与していただきたいなあというふうに強く考えております。」（日中介護プログラム実習委員会　伊藤重来委員長）

高齢化は日本のみならず中国でも大きな問題になっています。日本側は、実習生が学んだ介護技術を中国に戻ってもいかせるよう、中国側と協力して民間の資格を創設したい考えなどを伝えました。

ビデオ⑤　去年の技能実習生の失踪者は9 000人

去年技能実習生として日本に在留しながら行方が分からなくなった外国人がおよそ

9 000人に上り、過去2番目の多さだったことが分かりました。
　技能実習生として日本に在留している外国人はおよそ32万人いますが、関係者によりますと、去年一年間で9 006人の行方がわからなくなったということです。統計開始以降、最も多かった2018年に、次いで過去2番目の多さとなります。技能実習生は原則、転職が禁止されていますが、より高い賃金を求め、失踪した人が相次いだとみられます。
　技能実習制度をめぐっては、低賃金での重労働や実習生への暴行などが問題となっていて、制度を廃止した上で新たな制度の創設について議論されています。